高等职业院校“双高计划”建设教材
“十四五”高等职业教育财经商贸类系列教材

职场沟通技巧

宛　红　周　琦◎主　编
马啸晴　郭　彧◎副主编
胡秉峰　徐秀芹◎主　审

中国铁道出版社有限公司
CHINA RAILWAY PUBLISHING HOUSE CO., LTD.

内 容 简 介

本书针对高等职业教育人才培养目标，立足于以职业素质为基础的全面教育和素质培养，按照“急用优先”的顺序组织结构，融理论讲授、实践训练、案例分析、情景模拟于一体。本书主要讲述了有效沟通认知基础、有效沟通基本技能、求职沟通技能、与同事有效沟通技能、与领导有效沟通技能、与下属有效沟通技能、跨部门有效沟通技能和与客户有效沟通技能，旨在提升学生的职场适应能力、沟通能力和对客户的服务能力，提高学生分析问题和解决问题的能力，以适应新时代新征程的职场工作需要。

本书适合作为高等职业院校的通识课教材，也可作为职场人员提升沟通能力的读物。

图书在版编目(CIP)数据

职场沟通技巧/宛红，周琦主编．—北京：中国铁道出版社有限公司，2024.2

“十四五”高等职业教育财经商贸类系列教材　高等职业院校“双高计划”建设教材

ISBN 978-7-113-30884-1

Ⅰ.①职…　Ⅱ.①宛…②周…　Ⅲ.①人际关系学-高等职业教育-教材　Ⅳ.①C912.11

中国国家版本馆 CIP 数据核字(2023)第 250559 号

书　　名：职场沟通技巧
作　　者：宛　红　周　琦

策　　划：潘星泉　　　　**编辑部电话**：(010)51873090
责任编辑：潘星泉　许　璐
封面设计：尚明龙
责任校对：苗　丹
责任印制：樊启鹏

出版发行：中国铁道出版社有限公司(100054，北京市西城区右安门西街 8 号)
网　　址：http://www.tdpress.com/51eds/
印　　刷：北京联兴盛业印刷股份有限公司
版　　次：2024 年 2 月第 1 版　2024 年 2 月第 1 次印刷
开　　本：787 mm×1 092 mm 1/16　**印张**：12.25　**字数**：295 千
书　　号：ISBN 978-7-113-30884-1
定　　价：45.00 元

前　言

职场沟通能力是高职院校学生步入职场的必备能力之一。本书以教育部关于高等职业教育人才培养目标为指导思想，全面落实项目导向，充分体现复合型技能型人才培养的特点，主要培养学生的有效沟通技能。

本书在企业调研及充分征询企业专家意见的基础上，基于职场实际情况，从职场沟通的特点出发，全面、综合地介绍了职场沟通的认知基础及有效沟通的基本技能。本书包括八个项目，分别是有效沟通认知基础、有效沟通基本技能、求职沟通技能、与同事有效沟通技能、与领导有效沟通技能、与下属有效沟通技能、跨部门有效沟通技能及与客户有效沟通技能。紧扣职场中沟通能力及技巧的实际，结合职场中的真实案例进行分析，注重理论与实践相结合，内容系统、简明、实用，充分体现了职业性与实践性。

本书具有以下特色：

(1)以学生形成正确职业认知为出发点，以学生养成良好职业素养为主线，以指导学生进行科学职业规划为归宿，以解决问题为目标，按“急用优先”的顺序组织结构，按解决问题的难易顺序划分层次，循序渐进，强调实践操作的可行性，促进“教、学、做”一体化教学。

(2)以新型高职教育教学理论为指导，与高职学生的认知水平、心理规律相适应，构建知识结构和能力体系，对基本概念、基本理论、基本方法论述清楚明晰。

(3)从应用和实际出发，强化学生的实践能力训练，把提高学生的职业能力放在突出位置，加强实践环节，贴近学生、贴近岗位、贴近社会，符合中国国情。

(4)融理论讲授、实践训练、案例分析、情景模拟于一体，尽可能让学生进入真实的生活空间和工作情境，切实理解与掌握人际沟通和职场沟通的知识与技能。

本书适合作为高职高专各专业学生在步入职场前提升职场沟通技巧的职业规划课程的教材，同时也可供已在工作岗位但急需提升职场沟通能力的人员参考学习。

本书由黑龙江农业工程职业学院宛红、周琦任主编，由马啸晴、郭彧任副主编。具体编写分工如下：项目一、二由宛红编写；项目三、四、七由周琦编写；项目五、六由马啸晴编写；项目八由郭彧编写。全书由哈尔滨香格里拉酒店人力资源部经理胡秉峰及黑龙江省省直机关第三幼儿园徐秀芹主审。

本书在编写过程中参考了国内许多作品的观点和相关资料，在此谨向相关作者表示衷心的感谢。由于编者水平有限，书中难免有欠妥之处，恳请广大读者批评指正。

编　者

2023 年 9 月

目　录

项目一　有效沟通认知基础

学习目标

1. 理解沟通的内涵，理解沟通的特点、活动要素、类型等；理解有效沟通的内涵和有效沟通的原则，识别沟通障碍，掌握克服障碍的技能。

2. 理解感觉和知觉的类型，了解沟通中的心理效应和心理暗示。

3. 理解情绪管理的内涵和方法。

能力目标

1. 能够克服沟通障碍，掌握并运用有效沟通的技能进行有效沟通。

2. 理解沟通情境，有敏锐的知觉，避免心理偏差，掌握心理效应和心理暗示，能够有效处理人际关系。

3. 理解情绪管理的重要性，掌握情绪管理的技能。

素质目标

1. 能够关注并理解他人的反应，能够换位思考，能够做到理解、关爱和尊重。

2. 培养正确的世界观、人生观和价值观，具有科学的思维方式、灵活机智的沟通情商和随机应变的素质。

3. 培养职业修养、职业自觉和社会责任感；接受沟通中的挫折，培养逆商，提高心理素质。

任务一　有效沟通的内涵

秀才买柴

有一个秀才去集市买柴，他对卖柴的人说："荷薪者，来！"卖柴的人听不懂"荷薪者"（担柴的人）三个字，但是看他招手的手势，听到"来"字，于是把柴担到秀才面前。秀才问他："其价如何？"卖柴的人也听不太懂这句话，但是听得懂"价"这个字，于是就告诉秀才价钱。秀才接着说："外实而内虚，烟多而焰少，请损之。"（你的木材外表是干的，里头却是湿的，燃烧起来，会浓烟多而火焰小，请降些价钱吧。）卖柴的人实在听不懂秀才的话，于是担着柴就走了。

（资料来源：孟正民，房日晰．中华经典中的寓言；元明卷[M]．西安：三秦出版社，2018.）

案例思考：卖柴的人为什么听不懂秀才的话？沟通失败的原因是什么？

相传我国唐朝著名诗人白居易，每当作好了一首诗，总是先念给牧童或老妇人听，然后再反复修改，直到他们听了拍手称好，才算定稿。像白居易这样的著名诗人，并不因牧童和村妇的无知而轻视他们，因为他懂得真正的文学作品，必须得到人民的承认，所以他虚心求教于人民群众，这才使他的诗通俗易懂，为后人传诵。

孔子云："独学而无友，则孤陋而寡闻。"

列夫·托尔斯泰说："与人交谈一次，往往比多年闭门劳作更能启发心智，思想必定是在与人交往中产生，而在孤独中进行加工和表达。"

每个人都不可能脱离社会而独自存在，沟通能力是人在生活、学习、工作中所需的一种社会交往能力。心理学家认为，一个人除了睡眠外，其余80%的时间要花在各种人际交往和沟通上。作为一个社会人，在生活中要与亲朋好友沟通，在学习中要与同学、老师沟通，在工作中要与同事、上级、下属、合作者、竞争者、客户沟通，可见沟通无处不在。

在职场中，如果沟通能力强，善于与他人协作，则易于解决工作中的问题，更能得到领导同事的认可与帮助，得偿所愿，利于职业发展；如果沟通不畅，工作中就会被动沮丧，四处碰壁，一团乱麻。所以，提高职场沟通能力至关重要。而沟通是一种能力，是在生活、学习和工作实践中培养和训练出来的。

一、沟通概述

沟通，简言之就是传递信息的过程：发送者发出、传递信息→接收者接收、反馈信息。由沟通的一般过程，可以概括沟通的基本内涵：沟通就是传递、反馈信息。沟通是一个完整的行动过程。沟通的过程包括信息发送者、信息、发送信息的媒介、信息接收者、信息反馈等基本要素。完整的沟通不是单向性的信息传递，而是需要信息反馈，传、收双方在传递、反馈等一系列过程中获得信息，包括情感的交流。通过双向的信息互动、情感交流，传、收双方的认识趋于一致，行动也趋于协调。

沟通是人与人之间、人与群体之间思想与感情的传递和反馈的过程，以求思想达成一致，感情得以通畅。其目的在于分享信息、交流情感、交流意见、表明态度、传达思想和表达愿望等。如果传递、交换、分享成功，则该沟通是有效沟通。

专家研究表明:20% 的沟通是有效的，80% 是无效的。决定一项沟通活动能否成功的因素有很多，但对于沟通特点的理解掌握、沟通过程中每个环节要素的领悟运用及沟通方式的选取，都可能影响沟通活动的成败。

(一)沟通的特点

(1)沟通要有明确的目标和合适的对象。这样才能有的放矢，选择适当的方法，传递正确的信息、思想和情感，达到共情效果。

(2)沟通需要选择恰当的媒介。信息是通过媒介来传递的。沟通媒介主要有口头语言、书面语言、非语言、电子媒介等。选择何种媒介进行沟通，对沟通效果有直接影响，因此，选择沟通媒介要恰当。

(3)沟通具有情绪性和双向性。人不仅有情感，还有意识和思想，所以人际沟通不能只是单纯的信息交流，还要包括情感、态度、思想和观念的交流，沟通双方的情绪变化直接影响沟通效果。完整的沟通过程，不能只是被动或不变地接收，而是要主动接收信息，还要积极反馈、给予信息。

(二)沟通活动的要素

细节决定成败。沟通活动要获得成功就要关注每一个沟通活动要素，要在合适的沟通环境下，通过合适的沟通渠道，选择合适的沟通方式，向合适的沟通对象传递并反馈正确的信息，进行有效的双向沟通。这就至少涉及以下六个要素:

1. 发送者和接收者

沟通是人们在分享和交流信息、思想和情感，而分享和交流是在信息、思想和情感发送者和接收者的双向作用下产生的。

信息的发送者就是信息的来源，其必须充分了解接收者的情况，选择合适的沟通渠道以利于接收者理解;接收者是指获得信息的人，他必须进行信息解码的工作，即将信息转化为能够了解的想法和感受。这一过程要受到接收者的知识、才能、经验、个人素质以及对信息发送者的期望等因素的影响。

2. 信息

信息是沟通的核心要素，是指在沟通过程中发送者传给接收者的内容。沟通中所要交换的信息包括目标、理念、方法、人生观、价值观、世界观等，沟通涵盖了想说的、实际说的、听到的、理解的、反馈的五方面内容。同样的信息，发送者和接收者可能有着不同的理解。而沟通的最终目标就是把想要表达的思想或情感准确、完整地传达给对方。信息传递的方式可以是书面的，如信件、文书、备忘录等;也可以是口头的，如交谈、演讲、电话等;甚至还可以通过身体动作来传递信息，如手势、面部表情、姿态等。

3. 渠道

渠道也称作通道或媒介，是信息经过的路线，是发送者把信息发出、接收及反馈的手段。渠道的选择直接关系到信息传递和反馈的效果，按沟通的组织结构特征，沟通渠道可分为正式沟通渠道和非正式沟通渠道。

正式沟通渠道是指在组织系统内,依据一定的组织原则所进行的信息传递与交流,是组织内沟通的主要方式。例如,各组织之间的公函来往,组织内部的文件传达、会议召开,上下级之间定期的工作任务分配、汇报、总结,团体所组织的参观访问、技术交流、市场调查等。正式沟通具有严肃性、程序性、稳定性、可靠性及信息真实性等特点。其优点是正规、严肃、权威、约束力强、沟通效果好;缺点是比较刻板、缺乏灵活性、沟通速度慢。

非正式沟通渠道指正式沟通渠道以外信息交流和传递的渠道,它不受组织监督,途径多,主要是通过个人之间的接触传递信息,是正式沟通渠道的有机补充。例如,员工之间私下交换意见、交流思想感情等。非正式沟通渠道具有灵活性、自发性、迅速性、随意性等特征。其优点是能提供大量的通过正式沟通渠道难以获得的信息,便于及时了解到正式沟通渠道难以提供的"内幕新闻";能增进情感交流,有利于促进人际沟通交往。缺点是随意性强,难以控制,传递的信息易失真扭曲,不利于团队的人心稳定和凝聚力的形成。

4. 反馈

反馈是指信息接收者对信息的反应,信息反馈实现了信息的双向沟通。发送者通过反馈来了解其想传递的信息是否被对方准确地接收,沟通中的人越少,反馈的机会越多。根据信息接收者对信息的理解和接收状态,反馈可分为正反馈、负反馈和模糊反馈。

如果反馈显示出信息接收者理解并接收了信息,例如,客户对推销员所说话题饶有兴趣或点头称是,则这种反馈称为正反馈。如果反馈显示出信息没有被理解和接受,例如,听者一脸茫然或表现出不耐烦的神态,则这种反馈称为负反馈。如果信息接收者对信息的反应处于不确定状态时,即信息不够充分,接收者无法决定接受与否,这种反馈则为模糊反馈。

沟通是一个双向、互动的过程,沟通中最大的错觉是人们总是假设它会有效地进行。在实际的沟通过程中,沟通的双方都在不断地将反馈信息回传给对方,任何一方既是沟通者也是反馈者,如果一方缺乏反馈或者出现负反馈,则会造成沟通的阻断,沟通者的沟通则不会成功。

5. 噪声

噪声是阻止准确理解和解释信息的障碍,有外部噪声、内部噪声和语义噪声三种形式。外部噪声来自环境,它阻碍听到或理解信息,主要来自交通运输类噪声、邻里间的生活类噪声、建筑施工类噪声、动物的鸣叫类噪声、各种活动的社会环境类噪声等;内部噪声发生在发送-接收者的头脑中,主要源于思想开小差(即思想和情感集中在沟通以外的事情上)、信念或偏见等;语义噪声指由于文化或社会差异而带来的编码和解码的差别,从而导致信息不能得到准确解读,是由人们对词语情感上的反应而引起的。

6. 环境

环境是沟通发生的地方。人们之间的沟通总是在特定的、自然的和人文的环境中进行的。环境能够对沟通产生重大的影响,它涉及时间、空间、温度、通风、光线和色彩等外在的因素。

(1)时间。要想让沟通能够有成效,就应该在沟通成员彼此时间都比较充裕的情况下进行。时间太短,沟通不充分,会造成沟通失败。

(2)空间。沟通宜选用相对封闭的空间,视沟通人员的数量定。太大易产生空旷感和距离感;太小虽然拉近了沟通各方的距离,但容易在严肃的议题上让被沟通方产生随意感。同时,空间相对独立可以隔绝周围的噪声影响和无关人员的打扰,让沟通效果达到最佳。

(3)温度。一般情况下,温度控制在 20 ~ 25 ℃比较适宜。太冷容易让人思维枯竭,太热容易让人头脑发热并烦躁不堪。

(4)通风。沟通的空间应该是空气可以流通的地方。需要注意,空间内不能太闷,否则会让沟通者产生不适感;空气对流也不能太快,这样会分散沟通者的注意力。

(5)光线。对于人类来说,光和空气、水、食物一样是不可缺少的,没有阳光直射的、采光充足的环境是最适宜进行沟通的。

(6)色彩。色彩是人类沟通的一种语言,是重要的视觉交流形式,可以与人产生强烈的情感共鸣,会影响人的心理情绪。

(三)沟通的类型

沟通的类型很多,而每一种沟通类型又各有优缺点,要根据沟通活动要素具体分析,采取最适合的一种沟通类型或几种沟通类型的结合。

根据不同的角度,沟通可以分为不同的类型,见表 1-1。

表 1-1　主要沟通类型

沟通分类	沟通类型	具体表现形式
按沟通媒介划分	口头沟通	面谈、讲话、电话、演讲、讲座、会议、广播等
	书面沟通	文件、信函、通知、备忘录、告示、刊物、总结、汇报等
	非语言沟通	副语言、体态语言、着装、时空距离、触摸、吸引力等
	电子媒介沟通	电话、电视、传真、计算机、手机、互联网、电子邮件、即时通信工具等
按沟通范围划分	自我沟通	自我内在沟通
	人际沟通	与他人的沟通
	团队沟通	组织内部的沟通
	公众沟通	公众范围的沟通
按沟通方向划分	上行沟通	组织内自下而上的沟通
	下行沟通	组织内自上而下的沟通
	平行沟通	组织内同一级别的横向沟通

二、有效沟通概述

任何沟通都是有目标的,沟通双方都希望通过沟通满足自己的某种需求。如果能找出双方的共同需求和共同利益,且求同存异,让双方都获利,那么沟通双方就会实现双赢。

(一)有效沟通的概念

有效沟通是指通过恰当的沟通形式,如听、说、读、写等载体,演讲、会见、对话、讨论、信件等方式,将思维准确、恰当地表达出来,充分而有效地把信息传递给对方,促使对方更好地接受,并与对方达成某种意义上的共识,从而使双方增进理解,减少误会,达到合作的目的。

若要使沟通顺利有效,关键在于是否能够换位思考、共情、愿意分享权力,并使用恰当的沟通礼仪。例如,有意识地努力传递清晰、直接的信息,认真倾听,即使出现争执仍保持礼貌和克制等。

(1)沟通是一个满足需求的感知过程。沟通的过程,也就是编码解码的过程。沟通是符号的传递,需要一致的编码和解码。编码和解码不一致,就会导致鸡同鸭讲,毫无效果。有效的沟通需要注重传递者与沟通者之间的语言符号力求达成一致,才能取得最好效果。理解有效沟通的内涵,第一个要点就是所发出的信息是否在接收者的接收范围之内,对方能否感知到你所发出的信息。如果所发出的信息超出了对方的感知能力,则意味着沟通无效。因此,要使沟通有效,应该使用对方熟悉的语言,所传递的信息不仅要被对方感知,还需要被对方理解。

(2)沟通是一种期望和良好意愿。有效沟通必须了解对方的期望,以便利用其期望来进行有针对性的沟通,同时管理者对对方的期望要合理,切实可行。在沟通过程中还要善于营造良好的沟通氛围,以积极的心态与沟通对象进行平等交流。展示对对方的关注和尊重,认同对方的价值与能力,把握客观原则,坚持对事不对人。

(3)沟通需要换位思考和可信度。站在对方的立场考虑问题,换一种角度看待问题。沟通双方要明确对方最关注的问题是什么,如何能够在满足对方意愿的基础上达成合作共识,或双方各退一步探讨寻求最优解决问题的方案,而不是只坚持己见,强迫对方牺牲个人利益。换位思考就要知己知彼,可以从了解沟通对象的性格、过往、诉求等几方面入手,这样就可以在很大程度上提高沟通者在沟通对象面前的可信度,在此可信度的基础上就沟通事件本身达成合作共识,同时需要注意的是如何维护自己在沟通对象中的可信度,为下一次的有效沟通打好基石。

(二)有效沟通的原则

要实现有效沟通,沟通双方在沟通之前应该尽可能地掌握相关信息,提供全部必要信息,向沟通对象提供5W1H,即何人(who)、何时(when)、何事(what)、为何(why)、何地(where)和如何(how)六个方面的信息,并根据对方的提问及反馈回答相关问题,在需要时提供额外的信息,同时要遵循以下三原则:

1. 有效果沟通

强调沟通的目标明确性。通过交流,沟通双方就某个问题可以达到共同认识的目的。

2. 有效率沟通

强调沟通的时间概念。沟通的时间要简短,频率要增加,在尽量短的时间内完成沟通的目标。

3. 有笑声沟通

强调人性化作用。沟通要使参与沟通的人员认识到自身的价值。只有心情愉快的沟通才能实现双赢。

三、有效沟通的障碍

有效的沟通应该是:接收者得到的信息与发送者发出的信息完全一致。但在实际沟通过程中常常会产生一些问题,形成沟通的障碍,导致沟通失败。

(一)沟通失败的原因

沟通失败的原因主要包括以下几方面:

(1)缺乏信息或知识;

(2)没有说明重要性;

(3)只注重了表达,没有注重倾听;

(4)没有完全理解对方的话,以致询问不当;

(5)时间不够;

(6)不良情绪;

(7)没有注重反馈;

(8)没有理解他人的需求;

(9)职位的差距、文化的差距也会造成很多沟通的失败。

(二)沟通障碍

沟通障碍是人际、团体之间交流意见、传递信息时所存在的困难,主要包括如下几种类型:

1. 语言障碍

语言是交流思想的工具,但不是思想本身,加之人们用语言表达思想的能力千差万别,故用语言表达思想、交流信息时,难免出现误差。

2. 观念障碍

人们的社会经历不同,信念不同,对事物的态度和观点也必然不同,不能避免意见沟通中的观念冲突。

3. 气质障碍

人的个性不同,气质不同,交流信息时难免发生困难。

造成沟通障碍的因素很多,除了人的因素之外,还有物的因素。领导者的责任就在于采取办法消除这些障碍,疏通渠道,使组织、个人之间的沟通畅通无阻。

案例

小王不在人事了

小王在公司10楼人事部门工作,一个月前,被调到9楼行政部门去了。

这天,小王的同学打电话到人事部门找他:“小王在吗?”

接电话的同事说:“小王已不在人事了。”

小王的同学:“啊?不在人世了?什么时候的事啊?我怎么不知道呀?还没来得及送他呢!”

接电话的同事:“没关系,你可以去下面找他呀。”

(资料来源:陶莉. 职场沟通技巧[M].2版. 北京:中国人民大学出版社,2020.)

课堂互动

你认为造成“小王不在人事了”这一通电话的沟通障碍的主要原因是什么?如何改善?

在沟通过程中,由于自身、对方、外界干扰等各种原因,经常会造成信息丢失或被曲解等各种沟通障碍。常见的沟通障碍见表1-2。

表 1-2　常见的沟通障碍

障碍主体	存在问题	改善措施
发送者	思路不清,语言不通	理清思路,选择最佳的信息发送方式
	表达不清,信息传送不全	准备充分,条理清楚,选择恰当的沟通媒介
	信息传递不及时或不适时	考虑接收者的情况,及时发送信息并倾听反馈
接收者	忽视信息	克服偏见,对接收的信息给予足够的注意
	信息理解不准确	积极倾听,及时询问,避免出现臆断
	拒绝接收信息	摆脱心理障碍,主动接收信息
外部干扰	沟通媒介不合适	考虑信息和接收者的特征,选择恰当的媒介
	几种媒介相互冲突	考虑信息内容的特征
	沟通渠道过长,中间环节过多,信息在传递过程中歪曲、走样	考虑信息传递的效果

任务二　有效沟通的心理现象

两小儿辩日

孔子东游,见两小儿辩斗,问其故。

一儿曰:“我以日始出时去人近,而日中时远也。”

一儿曰:“我以日初出远,而日中时近也。”

一儿曰:“日初出大如车盖,及日中则如盘盂,此不为远者小而近者大乎?”

一儿曰:“日初出沧沧凉凉,及其日中如探汤,此不为近者热而远者凉乎?”

孔子不能决也。

两小儿笑曰:“孰为汝多知乎?”

[译文]

一天,孔子向东游历,看到两个小孩在争辩,便问是什么原因。

一个小孩说:“我认为太阳刚刚升起时离人近一些,中午的时候离人远一些。”

另一个小孩说:“我认为太阳刚刚升起时离人远些,而中午时离人近些。”

一个小孩说:“太阳刚出来时像车盖一样大,到了中午却像个盘子,这不是远时看起来小而近时看起来大吗?”

另一个小孩说:“太阳刚出来时有清凉的感觉,到了中午却像把手伸进热水里一样,这不是近时热而远时凉吗?”

孔子也无法判断谁是谁非。

两个小孩笑着说:“是谁说您十分有智慧呢?”

(资料来源:《列子·汤问》)

案例感悟:这则故事中两个孩子的答案为什么不同?给我们的启示是什么?

心理学家曾做过一个实验:给两组大学生看同一个人的同一张照片。在看这张照片之前,对一组大学生说,照片上的人是一位屡教不改的罪犯;对另一组大学生说,照片上的人是一位著名的学者。然后,让这两组大学生分别从这个人的外貌中说明他的性格特征。结果两组学生的解释截然不同:第一组大学生说,深沉的目光里隐藏着险恶,突出的下巴表现他死不悔改的决心;第二组大学生说,深沉的目光表明他思想的深刻性,突出的下巴表明了他在科学道路上勇于攀登的坚强意志。

人们在知觉的过程前总是受各种资料的影响,看似很客观,实际上是完完全全的主观。第一次的很多印象往往是不准确的,尤其是在还没见到对方或不了解对方的时候。如果人们事先被灌输了对对方的一种感知,那么,在见到对方的时候,就倾向于把他的各种表现都和已经建立的感知去比较、同化,但往往一开始的感知就是错误的和有偏差的。所以,在还没有认识一个事物前,就被灌输各种有明显感情色彩的信息时,就要客观理解。

一、感知概述

感知,是客观事件通过感觉器官在人脑中的直接反映,是认识世界的开端,是人获得感性知识的主要形式。只有在感知的基础上,人们才能进行思维,获得理性认识,进而产生情感、意志、自我意识等高级心理活动。

(一)认识感觉

根据感觉反映事物的个别属性和特点的不同,可将感觉分为两大类:外部感觉和内部感觉。

1. 外部感觉

外部感觉接受外界刺激,并反映它们的属性,包括视觉、听觉、嗅觉、味觉、肤觉(触觉、压觉、温度觉及痛觉)。这类感觉器官位于身体表面,或接近身体表面的地方。在以上各种感觉中对人影响最大的是视觉,其次是听觉。我们所获得信息的80%是通过视觉获得的,10%是通过听觉获得的。但研究表明,嗅觉刺激可以唤起人们的记忆和情绪。“如入芝兰之室,久而不闻其香……如入鲍鱼之肆,久而不闻其臭”,这就是嗅觉的适应。

2. 内部感觉

内部感觉是指接受机体本身的刺激,反映自身的位置运动和内脏器官不同状态的感觉。内部感觉包括运动觉(身体的位置变化和运动,如闭眼、两个食指相对)、平衡觉(头部运动的速率和方向,如转圈再行走,体操表演、晕车晕船、太空失重)、机体觉(内脏的活动和变化,如身体疲劳、饥渴和内脏器官工作不正常)。当内脏器官工作正常时,各种感觉便融合为一种感觉——自我感觉。

(二)认识知觉

知觉分为三大类:物体知觉、社会知觉和错觉。

1. 物体知觉

物体知觉包括时间知觉、空间知觉和运动知觉。

1)时间知觉

时间知觉是人脑对客观事物的延续性和顺序性的反映。对时间的知觉不能只通过感官直接获得，还有一些影响时间知觉的因素：

（1）感觉通道的性质。在判断时间的精确性方面，听觉最好，触觉其次，视觉较差。

（2）事件的数量性质。在一定的时间内，事件发生的数量越多，性质越复杂，时间估计得越短；反之，人们倾向于把时间估计得越长。在回忆往事时恰恰相反：同样一段时间，经历越丰富，越觉得时间长；经历越单调，越觉得时间短。

（3）主体的兴趣情绪。人对自己感兴趣的事情，会觉得时间过得很快，从而产生对时间的低估；相反，人对自己没兴趣的事情，会觉得时间流逝缓慢，从而产生对时间的高估。在期待某种事件时，会觉得时间过得很慢；在逃避某种即将发生的事件时，会觉得时间过得很快。

2）空间知觉

空间知觉是人脑对物体的空间特性的反映，是对物体的形状、大小、距离、方位等空间特性的知觉。空间知觉是通过后天学习获得的，它是由视觉、触觉、动觉等多种感觉系统协同活动的结果，其中，视觉起着主要的作用。一个人如果不能认识物体的形状、大小、方位、距离等空间特征，就不能正常地生活。

3）运动知觉

运动知觉是人脑对物体空间位移的知觉，为人类正常的生活与工作提供了前提条件。例如，行人穿越马路，既要估计来往车辆的距离，也要估计它们行驶的速度。运动知觉包括真动知觉和似动现象。

真动知觉是指物体发生实际的空间位移所产生的运动知觉，运动知觉直接依赖于对象运动的速度。如果物体运动得太慢，人是感觉不到它的移动的，如自然中花朵的绽放等；如果物体运动得太快，人同样感觉不到它的移动，如高速转动的车轮等。运动物体距离近，看起来运动快；运动物体距离远，看起来运动慢；运动物体在广阔的空间运动看起来慢，在狭窄的空间运动看起来快；在垂直方向上运动比在水平方向上运动看上去速度要快得多。

似动现象是将实际不动的物体知觉为运动的，或在没有连续位移的地方看到了连续的运动。似动现象的主要形式有动景运动、诱发运动和自主运动三种。当两个刺激物按一定的空间距离和时间间隔相继呈现时，人就会感觉到一个刺激物在向另一个刺激物做连续运动，这就是动景运动。电影就是按照动景运动的原理制成的。由于一个物体的运动使相邻的一个静止的物体产生运动的印象，称为诱发运动。例如：由于夜空中的浮云是运动的，使人们感觉到好像是相对静止的月亮在云朵间穿行。许多电影的特技镜头就是利用诱发运动的原理来拍摄的。如果你在黑暗的房间紧盯一个燃烧的烟头，过一段时间后，便会感觉它似乎在不停地游走，这就是自主运动。

2. 社会知觉

在社会心理学中，社会知觉是指对人的知觉，包括对个人的知觉、人际知觉及自我知觉。

对个人的知觉是通过知觉个人的表情、语言、姿态等外部特征来认识其内在心理特点。人际知觉是对个人与个人之间的关系、个人与群体之间的关系以及群体与群体之间的关系的知觉。自我知觉是通过对自己的言行分析及他人对自己的态度来认识自己。

感知-社会知觉

社会知觉常出现以下四种偏差：

1）首因效应与近因效应

首因效应和近因效应是信息出现的顺序作用的结果，不同之处在于作用的对象，首因效应发生在对陌生人的知觉上，而近因效应发生在对熟悉的人的知觉上。这两种效应均属于人际交往中的心理效应，各有积极和消极的一面。

首因效应，又称首次效应、优先效应、第一印象或先入为主效应，是指个体在社会认知过程中，通过“第一印象”最先输入的信息对客体以后的认知产生的影响作用。它是第一印象所产生的影响和效果。由于它是最初的不全面的认识，因而是有偏差的。作为认识的主体，要尽量避免第一印象产生的不良影响，要把第一印象与日后的观察结合起来，客观、公正地认识一个人，给人一个正确的评价。

近因效应，是指当人们识记一系列事物时对末尾部分项目的记忆效果优于中间部分项目的现象，是最新出现的刺激物促使印象形成的心理效果，是在知觉过程中最后给人留下的印象最为深刻，导致对该知觉对象的印象起着强烈影响的一种知觉效应。在交往过程中，人们对他人最近、最新的认识占了主体地位，掩盖了以往形成的对他人的评价，也成为“新颖效应”。它是相对于首因效应而言的，主要产生于“熟人”之间，由于最近时间的某一信息，使过去形成的认识或印象发生了质的变化。

2）晕轮效应

晕轮效应又称“光环效应”“成见效应”，是指在观察某人时，由于对他的某种品质或特征印象极深，像月晕一样掩盖了对这个人其他品质和特征的知觉。即是指在人际知觉中形成的以点概面或以偏概全的主观印象。指人们对他人的认知判断首先是根据个人的好恶得出的，然后再从这个判断推论出认知对象的其他品质的现象。晕轮效应是在第一印象的基础上产生的。

3）刻板效应

刻板效应，又称刻板印象，它是指对某个群体产生一种固定的看法和评价，并对属于该群体的个人也给予这一看法和评价。在认知他人、形成有关他人印象的过程中，由于受到各种环境因素的影响，很容易发生这样或那样的偏差。生活在同一地域或同一社会文化背景中的人，在心理和行为方面总会有一些相似性。同一职业或同一年龄段的人在观念、社会态度和行为方面可能比较接近。人们在认识社会时，会自然地概括这些特征，并把这些特征固定化，这样便产生了社会刻板印象。刻板印象不一定有事实依据，也不考虑群体内部的个体差异。它只是人们心中存在的一种固定的观点，却能对人们的感知和行为产生重大影响。它可以简化社会认知活动，使人们更容易、更快地理解事物的作用，但在给人们带来方便和快捷的同时，也带来了一些负面影响。

4）投射效应

投射效应是指将自己的特点归因到其他人身上的倾向，即“以己之心，度人之腹”。在认知和对他人形成印象时，以为他人也具备与自己相似的特性的现象，把自己的感情、意志、特性投射到他人身上并强加于人，即推己及人的认知障碍。例如：心地善良的人总是对他人宽容，愿意付出，乐于付出，懂得感恩；而敏感多疑的人，则总是疑虑，难以信任他人；等等。投射使人们倾向于按照自己是什么样的人来知觉他人，而不是按照被观察者的真实情况进行知觉。

3. 错觉

错觉是人们观察物体时，由于物体受到形、光、色的干扰，加上人们的生理、心理原因而误认物象，会产生与实际不符的判断性的视觉误差。错觉是知觉的一种特殊形式，它是人在特定的条件下对客观事物的扭曲的知觉，也就是把实际存在的事物被扭曲地感知为与实际事物完全不相符的事物。错觉可以发生在视觉方面，也可以发生在其他知觉方面。错觉的种类很多，最常见的是视错觉、听错觉、大小错觉、形重错觉（铁与棉花的重量）、空间错觉、运动错觉（当你坐在正在开着的火车上，看车窗外的树木时，会产生树木在移动的错觉）以及时间错觉等。

二、人际交往中的心理学效应

（一）不完美效应——适当地示弱更能拉近与他人的距离

心理学家曾经做过这样一个实验：在一场竞争尤为激烈的演讲会上，有四位演讲者，其中两位有很高的演讲水平，属于才华出众的一类；而另外两位则相对平庸。在演讲的过程中，一位才华出众的演讲者不小心将桌上的水杯打翻在地，水流了一地，演讲台上原本很严肃的演讲者露出了窘迫的表情，随即向大家道歉；而另一位才华出众的人则完美无缺，丝毫差错都没有出现，顺利做完了演讲；另外两位才能平庸的选手也出现了相似的情况，其中一个在演讲时打翻了桌子上的水杯，另一个平平淡淡地完成了演讲，没有出现错误。等到演讲结束了，实验者在听众中进行了一次“最受欢迎演说家”的评选，结果是：才华出众、在演讲时打翻了水杯的演讲者留给大家的印象最深，被评为“最受欢迎演说家”；才华出众、未犯任何错误的演讲者投票数位居第二；才华平庸者中，那个同样打翻了水杯的演讲者投票数居于第三位；才华平庸、没有犯错的演讲者排在最后。

根据实验的结果总结出，完美的人因为距离感使人有种望尘莫及的感觉，因而很难接近。

人们愿意结识那些优秀的人，但往往又会因为他们表现得太过完美而令人敬而远之；从另一个角度来说，那些具有优势的人往往会给人一种心理上的压力，但一个小小的错误，就可以很快降低或消除这种心理压力，拉近双方的心理距离。这就是人际交往中的“不完美效应”，因此适当地示弱更能拉近与他人的距离，因为多数人都有种怜爱弱者的意识。彼此心理距离拉近了，就会有更进一步的交往机会。

（二）刺猬效应——适当的距离产生美

心理学家总结得出，人与人之间其实就像是希望相互取暖的刺猬，只有适度的距离才能更加和谐地相处，不被彼此刺伤。这就是心理学上的“刺猬效应”。也就是说，人们在相处的时候，要根据彼此的关系保持适当的距离，有时候过近过远都会影响人际关系的正常发展。

因此，无论在生活中还是在工作中，无论是在亲情、友情还是爱情中，都要学会与他人保持适当的距离。太过亲近会显得透明，透明的不见得就是好的，每个人都有自己的隐私，不该近的不要近，否则会造成不必要的误会，但太远又很难建立起良好的人际关系，唯有适当的距离才能保证和谐相处。心理学实验得出结论，人与人之间的身体距离近了，并不代表心理距离就会近，“刺猬效应”说明，人与人相处要学会给他人留下适当的空间，将关系控制在一个适度的范围内是最好的。

（三）多看效应——长相见不如常相见

心理学上的实验表明，在人际交往的过程中，增加人际吸引力的最有效方法，就是要加强他人对自己的熟悉程度，接触的次数越多，别人对你的印象也就越深刻。这种对越熟悉的人或事就越喜欢的现象就是心理学上的“多看效应”。

在日常生活中，积极活跃的人更容易结交新朋友，其中一个很关键的原因就是他们有效利用了“多看效应”。可见,如果想增强自己的人际吸引力,就要学会提高自己在别人面前的曝光频率。当然,“多看效应”最好是建立在良好的“首因效应”的基础上。一个内心封闭的人,往往不会主动,始终处在被动的位置,别人很难走近了解,很可能就会成为一个不受欢迎的人。良好的人际交往始于积极制造双方接触的机会,以此来提高彼此间的熟悉程度,增强相互吸引力。所以,见面时间的长短并不是很重要,重要的是要经常见面,增加见面的次数。

(四)古德曼心理效应——要懂得倾听

在人与人的交往中,喋喋不休不是沟通的有效途径,而是要善于倾听,适当地保持沉默。在人际交往中最有价值的人,是那些能够真正把对方所说的话放进脑子里的人,而非能说会道,却根本不把对方的话放在心上的人。

没有沉默就没有沟通,说话者很重要,但是倾听者一样有着不可替代的作用。“古德曼心理效应”核心思想是:没有恰当的沉默,就没有良好的沟通。在与人沟通过程中,每一方既是说话者,又是倾听者。倾听会拉近彼此的心理距离,产生亲切感与熟识感,能够更快地建立起良好的关系。

(五)互悦效应——如果你喜欢别人,别人也会喜欢你

人们总是倾向于喜欢那些喜欢自己的人,在人际交往中,如果想得到大家的欢迎,获得大家的好感,让别人喜欢自己,前提是要先去喜欢他们,这在心理学上被总结为“互悦效应”。每个人都希望自己能够被别人接纳和喜欢,聪明的人会想方设法满足这种心理,从而紧紧地抓住对方,让自己的观点或行为更容易被接受,这对于建立良好的人际关系有很大的帮助。

“互悦效应”诠释了在日常交际沟通中,尊重是相互的、真诚是相互的、认同是相互的、欣赏是相互的、分享是相互的、热爱更是相互的,真挚友好的人总是会得到更多的回报。因此,无论是在家、在职场,还是在社会,都要善于给予对方尊重、真诚、认同、欣赏、分享和热爱。

(六)互惠效应——欲先取之必先予之

多数情况下,那些接受了他人恩惠的人总是想要做点什么来作为回报,心理学上称为“互惠效应”。友好的行为赢得友好,付出会有相应的回报,想要别人怎么对待你,就要怎样对待别人。“互惠效应”是人们日常生活中较为常见的一个现象,一旦人们在无条件的情况下接受了别人的好处,一般都会在心理上产生一种亏欠感,往往需要做些什么才能平衡这种心理,否则会觉得在精神上饱受折磨。人们当然不会都以同样的方式回报,但只要对方提出帮忙的需求,他们都会积极回应。在日常交往中,善待别人其实就是在善待自己,关怀他人就是在关怀自己。付出得越多,得到的也就越多。

三、心理暗示

心理暗示是指人接受外界或他人的愿望、观念、情绪、判断、态度影响的心理特点。这是人们日常生活中最常见的心理现象之一。

暗示是人类最简单、最典型的条件反射。从心理机制上讲,它是一种被主观意愿肯定的假设,不一定有根据,但由于主观上已肯定了它的存在,心理上便竭力趋向于这项内容。人们在生活中无时不在接收着外界的暗示。比如,广告对购物心理的暗示作用。

受暗示是一种本能,暗示有积极的,也有消极的。

《课堂中的皮格马利翁》中提到的积极的心理暗示——罗森塔尔效应

1968 年的一天，美国心理学家罗森塔尔到一所小学进行心理实验。他从一至六年级各选了三个班，对这 18 个班的学生进行了“未来发展趋势测试”。之后，罗森塔尔将一份“最有发展前途”的名单交给了校长和相关老师，并叮嘱他们务必要保密，以免影响实验的正确性。

但实际上，名单上的学生是随便挑选出来的。8 个月后，罗森塔尔对那 18 个班级的学生进行复试，结果奇迹出现了：凡是名单上的学生，个个成绩都有了较大的进步，且性格活泼明朗，自信心强，求知欲望旺盛，更乐于和别人打交道。

罗森塔尔认为，教师认为名单上的学生最有发展前途，所以对名单上的学生抱有更高的期望，而且有意无意地通过态度、表情、体谅、辅导、赞许、给予更多提问等行为方式，将隐含的期望传递给学生，学生则给老师积极的反馈；这种反馈又激起了老师更大的教育热情，维持其原有的期望，并对这些学生给予更多的关照。如此循环往复，这些学生的智力、学习成绩朝着教师期望的方向靠拢，使期望成为现实。

（资料来源：根据网络资料整理）

（一）心理暗示的种类

心理暗示分为自我暗示和他暗示两种。

1. 自我暗示

自我暗示是指自己接受某种观念，对自己的心理施加某种影响，使情绪与意志发生作用。例如，有的人在上班前、面试前或出去办事前整理好自己的仪容仪表，让自己感觉到精神抖擞，更有自信。有的人晚间睡眠不好，又从镜子里看到自己脸色不太好看，继而觉得自己全身无力、头痛、腰痛，甚至认为自己生病了，这就是对健康不利的消极自我暗示作用；而有的人则是用积极的自我暗示，当在镜子里看到自己由于睡眠不好而精神有些不振，眼圈发黑时，马上用理智控制自己的紧张情绪，并且暗示自己：到户外活动活动，呼吸一下新鲜空气就会好的，于是精神振作起来。不同的心理暗示，会产生不同的结果。

新 鲜 空 气

威尔逊喜欢新鲜空气的程度无人能及。在一个奇冷的冬天，他到芬兰的一家高级旅馆住宿。旅馆的窗子都关得严严实实的，以防寒流袭击。

尽管房间里舒服无比，但威尔逊一想到新鲜的空气一丝都透不进来就非常苦恼，辗转难眠。到了最后，他实在无法忍受，便捡起一只皮鞋朝一块玻璃砸去，听到了玻璃碎裂的声音后，他才安然进入梦乡。第二天醒来，展现在他眼前的是完好的窗子和墙上破碎的镜框。

（资料来源：吴雨潼．人际沟通实务教程[M].3 版．大连：大连理工大学出版社，2018.）

2. 他暗示

他暗示是指个体在与他人交往中产生的一种心理现象，别人使自己的情绪和意志发生作用。

最典型的例子就是《三国演义》中的“望梅止渴”。曹操有次率兵远途跋涉，天气炎热，官兵们又累又渴，偏偏又找不到水井和溪流。于是曹操大谈：“前面山上有一片梅林，那里的梅子是红红的……”因为梅子是酸的，所以一提到梅子，“酸”的心理暗示便发挥了作用，于是，人们的口腔便大量分泌唾液，起到了暂时解渴的效果。

（二）心理暗示的作用

1. 可以增强自信心

每个人都有优缺点，不应该为自己的缺点和过失自责，多给自己一点积极的暗示，才能获得成功。

2. 可以优化自己的情绪

情绪在日常生活中是非常重要的，同样的事情，情绪不同，结果也会不同，所以可以通过积极的心理暗示来调整自己的情绪。

3. 可以减轻压力

心态决定了人们对于不同事物的看法，如果在生活中遇到了不公正的待遇，就会产生很大的压力，可以通过积极的心理暗示来减轻压力。

4. 可以激发潜能

积极地自我暗示，自我鼓励，相信自己能做到，人的潜能才能得到最大程度的激发。

（三）进行积极的心理暗示

1. 把挫败当作最后一次

在遭遇不顺和挫败时，可以对自己说：“这是我遇到过最糟糕的情况了，不会再有更倒霉的事了。‘最糟糕的事’都已经发生，那么接下来就会‘否极泰来’，走向顺畅。”这样做会给自己信心，增强心中的安全感。

2. 对自己说：“我可以，我能行，我有信心！”

不要给自己贴上“这不行、那不行”的失败“标签”，这样只会打击自己的积极性，要知道，真正能够击倒自己的人有时恰恰正是自己，应该多给自己一些信心和激励，告诉自己“我可以，我能行，我一定成功。”鼓励自己去努力，去尝试。

3. 学会忽视负面信息

学会忽视生活、工作中的负面信息，例如“我今天的工作做得不是很好”“上次的表现很差”等“失败感受”。在内心过度强调只会让自己感到更糟糕，正确的对待方法应该是：“我明天一定能把工作做好的”“上次表现有了很多启发，下次我一定能表现好”等。积极的暗示和指导，比起强调负面结果，效果会好很多。

4. 将失败的原因归咎于可改变因素

做一件事失败时，不要把原因归结于“是我能力太差”“看来我就是不行”这样的定性因素。而是要告诉自己“我还不够努力”“我没有完全用心对待”，把失败的原因归结于可改变的因素，这样才会促使自己在未来处事时，能够更加积极努力，而非自暴自弃。

任务三 有效沟通的情绪管理

斗 鸡

周宣王很喜欢观看斗鸡,他的门下有位专门驯养斗鸡的纪浪子。有一天,有人从外地送来一只很强壮的斗鸡给国王,周宣王很高兴地将它交给纪浪子。过了几天,周宣王便问道:“几天前交给你的斗鸡,你将它训练得怎么样了?可以上场比斗了吗”纪浪子说:“还可以,但是这只鸡血气方刚,斗志昂扬,还不宜上场。”再过几天,急性的周宣王又问同样的问题,纪浪子回答说:“还不能上场。因为这只鸡看到其他鸡的影子,就会冲动,所以还不能上场。”又过了几天,周宣王再问。这回,纪浪子便说:“可以了,因为当它看到其他斗鸡,听到它们的声音时,一动不动,它的心已不受外物所动,就像木鸡一样,现在可以上场了!”于是,周宣王便用这只鸡去参加斗鸡,它一上场就稳稳站立,毫无摆动,即使其他斗鸡在它身边百般挑衅,它仍然无动于衷,以眼睛注视对方,对方被吓得自然后退,没有一只鸡敢向它挑战。

(资料来源:根据《庄子》一书整理)

案例思考:在《庄子》中,为什么“呆若木鸡”被认为是斗鸡的最高境界?给我们的启示是什么?

要以宽容的心去对待每个人,不要心浮气躁。例如:当别人对我们的建议或言论提出异议时,不要轻易动怒,应心平气和地聆听,有时则应大智若愚,发挥斗鸡的心理战术,以静制动,往往会取得意想不到的效果。

一、情绪管理的内涵

(一)情绪管理的概念

情绪管理,指通过研究个体和群体对自身情绪和他人情绪的认识,培养驾驭情绪的能力,并由此产生良好的管理效果。由此不难看出,要想做好情绪管理,关键在于自己,是自己对自己反应的一种管理,所以说做好情绪管理取决于自己,而并非取决于他人,每个人自己有100%的可控权。很多时候,人们常听到有人在情绪失控后会抱怨说“若不是他这样的态度,我也不会有这样的冲动之举。”其实这句话只是在为自己的情绪失控寻找理由,情绪管理的遥控器一直都在自己的手中,一旦对对方的反应有要求的时候,就是将情绪的遥控器无条件地交给了对方,故而失控也在所难免。

(二)情绪管理能力

情绪管理的能力其实就是情绪管理的商数,俗称情商(emotional quotient,EQ),即情感智商,也叫情绪智商,是心理学家们提出的与智力和智商相对应的概念,它反映的是一个人把握和控制自己的情绪,对他人情绪的描摹和驾驭,以及承受外界压力,不断激励自己和把握自己心理平衡的能力。情商促进了人类社会的产生与发展,也决定着人类社会生存与发展的方向。

专家研究指出，情商与智商不一样的地方在于，智商很大一部分来自遗传，后天改变的概率不大，但情商是可以经人指导通过自身的努力而得以改善的。面对同一个环境，例如，对于雨天，不同的人会有不同的情绪体验：相约出去游玩的人会觉得扫兴；担心干旱影响收成的农民又会有庆幸之感。反应不同的关键在于人不同，所以情绪其实是人对于内外在环境的一种主观反应而已，很多时候情绪带给人们的不适生理反应以及所产生的不良后果会让人们感觉有些情绪是坏的，其实不然，情绪无好坏，只是人们的一个主观反应。

研究发现，人生事业成功与否主要取决于情商，而不是智商。

为此，心理学家们推出的成功方程式为：

80% 情商 + 15% 智商 + 5% 逆商（逆向思维能力）= 成功人士

情商的水平不像智力水平那样可用测验分数较准确地表示出来，它只能根据个人的综合表现进行判断。心理学家们还认为，情商水平高的人具有如下特点：社交能力强，外向而愉快，不易陷入恐惧或伤感，对事业较投入，为人正直，富于同情心，情感生活较丰富但不逾矩，无论是独处还是与许多人在一起时都能怡然自得。

情商可以概括为以下五大类：

（1）了解自我。能够察觉某种情绪的出现，观察和审视自己的内心体验，监视情绪时时刻刻的变化，是情感智商即情绪管理能力的核心。

（2）自我管理。调控自己的情绪，使之适时适度地表现出来。

（3）自我激励。能够依据活动的某种目标，调动、指挥情绪。

（4）识别他人的情绪。能够通过细微的社会信号敏感地感受到他人的需求与欲望。

（5）处理人际关系。调控与他人的情绪反应的技巧。

二、情绪管理的方法

每个人都有自己的情绪形态与模式，在愤怒之时，乱发脾气会影响人际关系；不发脾气，长期压抑又伤害自己的身心。也就是说，无论你是哪一种情绪形态，都存在一个控制的问题。古语有句话："大智者必谦和，大善者必宽容。"成熟的人，不会太计较那些细枝末节的事情，他们内心有标尺，行事有格局。他们不会被情绪控制，而是懂得收敛脾气，能更冷静地处理事情。稳住情绪、从容以对，是成年人最了不起的姿态。懂得控制情绪的人，实际上已经成功了一半。遇事不急不躁，沉稳应对；做事踏实可靠，言行一致，这样的人能走得更远。一旦任由情绪泛滥，人就会失去理性思考的能力。而正确认识情绪，是实现情绪控制的第一步。

（一）认识情绪

情绪有三个表现：主观感受、生理唤醒和行为表达。例如，小张收到心仪企业的录用通知的时候激动得跳了起来。其中，主观感受是激动（或者高兴），生理唤醒是肾上腺激素升高，行为表达是跳了起来。情绪是一个连续体，从激动到低落，从紧张到放松，从欢欣到悲伤，这些都不是非此即彼的两极化，人们的情绪往往处于这两极中的某一个位置。而对于人们普通的生活，大多数时间是处于一种平静的状态，也就是情绪是平稳的，既不是激动开心，也非低落忧郁，而是处于这个连续体的中间位置。只有外界一个事件偶尔出现的时候，人们的情绪会朝向某一极波动。情绪有许多不同的面，可以从不同的方面看情绪的特点，而这些特点不仅仅是一个词语(高兴、悲伤、难过等)就能全面描述的。不同的人对同一件事感受不同,同一个人在不同环境和时期对同一件事感受也是不同的。

(二)发现情绪

人的情绪多种多样,有开心、有悲伤、有愤怒,当情绪出现后,要学会发现情绪,判断出自己处于哪种情绪中,让自己保持冷静,然后分析情绪的来源。当人们想要解决情绪问题时,首先得意识到,到底被什么情绪所困扰。如果连自己被什么情绪所困扰都不知道,那就谈不上解决情绪问题了。所以,管理情绪的第二步,就是发现情绪。要沉下心来,仔细想想自己处在哪种情绪中,是愤怒?还是悲伤?抑或是焦虑?

(三)接纳情绪

不管哪种情绪都不是无缘无故出现的,当情绪出现后,要学会接纳情绪,即便是在悲伤或者愤怒的情绪中,也要尝试着接受,只有这样才能管理情绪。心理学博士汪冰说:“情绪是我们内在需求的指南针。”每种情绪的产生都是有原因的,如果在消极情绪发生时,一味去抗拒压抑的话,只会让情绪堆积起来,影响身心健康和人际关系。积极心理学家泰勒·沙哈尔博士说:“当我们试图压抑心中的怒火,恐惧或悲伤时,他们不但没有消失,反而会更快速地侵入我们的精神世界。”情绪的产生和发展,都遵循着自然规律,人们无法抵抗。如果觉得自己的情绪出现的不应该,那就是和自然规律对抗,无疑是在自寻烦恼了。接纳自己,接纳情绪,给自己一个机会来解决情绪问题。

(四)表达情绪

出现不好的情绪时,很多人都选择压抑情绪,实际上这种方法是错误的,要学会将情绪用委婉的方式表达出来,只有学会运用情绪,才能缓解压力,调节人际关系。例如,一个人现在比较烦,就可以告知身边人自己现在的情绪不好,而不是选择压抑自己的情绪来笑对大家。不要担心别人看到了自己的负面情绪会对自己产生什么样的印象。情绪的表达是一种很正常的行为,掌握情绪,从来不是压抑情绪。人们需要做到的,是与负面情绪和解;人们需要避免的,是被极端情绪控制。

(五)宣泄情绪

管理情绪的最后一步,是要将情绪宣泄出来。要知道,情绪是很难自己消散的,要通过一些方法,让它从人们的心里离开。日常生活中,很多事情都会导致负面情绪的出现,若一味选择压抑,会导致压力过大,选择合适的方式宣泄情绪,不仅能清除负面情绪,还有利于人体健康。

管理情绪,带来的不仅仅是平和的心境,更是面对生活的积极态度,重新看待自己和世界的视角。

三、情绪管理的技巧

情绪管理是一种能力,是一种创造,是一种修养,是一种技巧。掌握情绪管理的技巧,能让人际沟通变得简单。

(一)了解自我

1. 了解自我的类型

在生活中,有的人乐观向上,有的人却悲观绝望,究其原因,是他们观察和处理自己情绪的方式不同。根据这些不同的方式，心理学家迈耶将人分成几种类型：

1）自我觉知型

自我觉知是一个人了解自己的过程。然而，认识自己并非易事，所谓“不识庐山真面目，只缘身在此山中”，讲的就是这个道理。事实上认识别人难，认识自己更难。自我觉知型的人能有效地管理自己的情绪，是高情商者。一旦情绪出现，自己便能觉察，这种人情绪复杂丰富，心理健康，人生观积极向上。

2）难以自拔型

难以自拔是一个人身陷某件事情之中无法控制自己，形容面临某种困难或问题，不能自己解救自己。这种类型的人卷入情绪的低潮中无力自拔，情绪多变而又不自知，常常处于情绪失控状态，精神极易崩溃。

3）认可型

很了解自己的感受，接受认可自己的情绪，并不打算改变。主要分为两种：一是乐天知命型，整天开开心心，自然不愿也没有必要去改变；二是悲观绝望型，虽然认识到自己处于不良的情绪状态中，但采取不抵抗主义，他们束手待毙于自己的绝望和痛苦。

2. 了解自我的途径

1）通过别人的评价

案例

莴苣姑娘

在《格林童话》中有一个童话故事《莴苣姑娘》里这样描写：有一位漂亮的长发姑娘，自幼被巫婆关在一座高塔里，巫婆每天对她说：“你的样子丑极了，见到你的人都会害怕。”姑娘相信了巫婆的话，怕被别人嘲笑，不敢逃走。直到有一天一位王子经过塔下，赞叹她貌美如仙并救出了她。

（资料来源：吴雨潼．人际沟通实务教程[M]．3版．大连：大连理工大学出版社，2018.）

其实，囚禁姑娘的不是什么高塔，也不是什么巫婆，而是姑娘认为“自己很丑”的错误认识。对待别人的评价，也要有认知上的完整性，不可只以自己的心理需要，注重某一方面的评价，应全面听取，综合分析，恰如其分地对自己做出评价并进行调节。

2）通过生活阅历

经历是宝贵的财富，成功和挫折最能反映一个人的性格情绪，因此，还可以通过自己成功或失败的经验教训来发现自己的情绪特点。

3）自省

《论语》中有云：“自省吾身，常思己过，善修其身。”意思是时常反省自己，检讨自己的过错，再予以改正。“自省吾身，常思己过，善修其身”一句主要体现了儒家“人非圣贤，孰能无过”“知错能改，善莫大焉”的中心思想，告诫人们要“严于律己，宽以待人”的道理。情绪管理能力强也就是情商高的人最善于通过自省来了解自我，要超越现实水平上的自我，必须首先坦白诚实地面对自己，对自身的优缺点有个正确的认识。

4)正确地评价自己

自我评价不仅具有独特的自我功能,促进自我发展、自我完善、自我实现,而且具有重要的社会功能,极大地影响人与人之间的交往方式。有自知之明的人既能够在他人面前展示自己的特长,也不会刻意掩盖自己的欠缺。让人感觉他是一个自信、谦虚、真诚的人,遇到挫折的时候不会轻言失败,在工作取得成绩时也不会沾沾自喜。

自我管理

(二)自我管理

自我管理又称自我控制,主要是指一个人管理自己情绪的能力。情商不是与生俱来的,通过有意识的相关训练,人人都可以得到提高。提高情绪管理能力的过程,其实就是一种修炼的过程。所以,必须运用各种情绪管理技巧,灵活地调控自己的情绪,疏解矛盾,保证情绪的稳定和行为的积极。

1. 让忧虑到此为止

林语堂在其著作《生活的艺术》中说道:“即使是最坏的事情也要照单全收,这便是获得内心平和的秘诀。”

案例

著名作家和朋友在报摊上买报纸,朋友礼貌地对摊贩说了声:“谢谢!”,但摊贩冷脸相对,一言不发。

作家问道:“这家伙态度很差,是不是?”“他每天晚上都是这样的”,朋友说。作家又问道:“那你为什么还是对他那么客气?”朋友答到“为什么我要让他决定我的行为呢?”

(资料来源:根据网络资料整理)

别人做错事或说话态度差,或许是他一贯的习惯,或许是他现在心情不好,但是没有必要因为他而弄坏自己的心情。当你产生忧虑时,可以从以下四个方面着手分析并解决:我忧虑的是什么?在现实情况下,我能怎么办?我决定怎么办?我从什么时候开始做?这四步,实际上就是告诉人们在忧虑时应该冷静地进行心理分析,以寻求解决问题的办法。

“对必然的事,要轻快地去承受。”这是高情商者懂得也能做到的事情,世界上没有任何问题值得付出太多的忧虑,让忧虑到此为止。

2. 烦恼时安慰自我

安慰自我就是通过积极的自我评价以及对自己适度的宽容,抚慰自己因失败、挫折、不幸而痛苦不堪的心灵,面对困境时要告诉自己这是合乎自然的事情。很多情况下,人们的痛苦与欢乐,并不是由客观环境的优劣决定的,而是由自己的心态、情绪决定的。遇到同一件事,有人感受到痛苦,有人却感受到快乐,情商不同的人会得出不同的结论。

案例

一个女儿对父亲抱怨事事都那么艰难,好像一个问题刚解决,新的问题就又出现了,她已厌倦抗争和奋斗,想要自暴自弃了。

父亲把女儿带进厨房,将三口锅里倒入一些水用旺火烧开后,分别放入胡萝卜、鸡蛋,咖啡豆磨成的咖啡粉。大约 20 min 后，父亲将胡萝卜、鸡蛋、咖啡分别盛出，问女儿看到了什么了，“胡萝卜、鸡蛋、咖啡”。

父亲让女儿用手摸摸胡萝卜，女儿注意到胡萝卜变软了；让女儿将鸡蛋打破并剥掉蛋壳，女儿看到了煮熟的鸡蛋；让女儿喝咖啡，品尝到香浓的咖啡时，女儿笑了，问道：“父亲，这意味着什么？”

父亲解释说，这三样东西面临同样的逆境——煮沸的开水，但反应却各不相同。胡萝卜入锅之前是强壮的，但进入开水之后，就变软了、变弱了；鸡蛋原来是易碎的，薄薄的外壳保护着它呈液体的内脏，但是经开水一煮，它的内脏变硬了；而咖啡豆磨成的咖啡粉则很独特，进入沸水之后反而改变了水。父亲问女儿：“哪个是你呢？当逆境找上门来时，你该如何反应？你是胡萝卜，是鸡蛋，还是咖啡豆？”

（资料来源：吴雨潼．人际沟通实务教程[M].3 版．大连：大连理工大学出版社，2018.）

3. 愤怒时控制自我

对人所造成的伤害，再多的弥补往往也无济于事，宁可事前小心，也不要事后悔恨。所以在生气的时候，不管怎样总要留下退一步的余地，以免做出无法挽回的事情来。

案例

有一个小男孩，常常无缘无故地发脾气。一天，他父亲给了他一大包钉子，让他每发一次脾气都用铁锤在他家后院的栅栏上钉一颗钉子。

第一天，小男孩共在栅栏上钉了 37 颗钉子。过了几个星期，小男孩渐渐学会了控制自己的情绪，每天在栅栏上钉钉子的数目逐渐减少了。他发现控制自己的坏脾气比往栅栏上钉钉子要容易得多了……最后，小男孩变得不爱发脾气了。

他把自己的转变告诉了父亲。他父亲又建议说：“从今天起，如果你一天没发脾气就从上面拔一颗钉子下来。”小男孩照着父亲的要求做了。终于，上面的钉子全拔完了。

父亲拉着他的手来到栅栏边，对他说：“儿子，你做得很好。但是，你看一看那些钉子在栅栏上留下的那么多小孔，栅栏再也不会是原来的样子了。当你向别人发过脾气之后，你的言语就像钉孔一样会在人们的心灵中留下疤痕。无论你说多少次对不起，那伤口都会永远存在。”

（资料来源：吴雨潼．人际沟通实务教程[M].3 版．大连：大连理工大学出版社，2018.）

这则故事，能让人们感同身受体会情绪管理的重要性。在现实生活中，有人只顾一时的口舌之快，有意无意地对他人造成了伤害，殊不知这些伤害就像钉孔一样，也许永远都无法弥补。

在愤怒时要注意两点：第一，不可恶语伤人，这不同于一般的对事情发牢骚，对别人会造成深刻的伤害；第二，不可因愤怒而轻易泄露他人的隐私，这会使你不再被信任。

（三）自我激励

毛泽东在《水调歌头·重上井冈山》中写道：“世上无难事，只要肯登攀。”

冯梦龙在《警世贤文·勤奋篇》中有云：“宝剑锋从磨砺出，梅花香自苦寒来。”

哈佛大学心理学家威廉·詹姆士研究发现，一个没有受激励的人，仅能发挥其能力的

20% ~30%，而当他受到激励后，所发挥的作用相当于激励前的3~4倍。

1. 乐观

乐观的人具有共同特质：能自我激励，能寻求各种方法实现目标，遭遇困境时能自我安慰，知道变通，能将艰巨的任务分解成容易解决的部分。

心理学家曾做过"半杯水实验"，较准确地预测出乐观者和悲观者的情绪特点。悲观者面对半杯水说："我就剩下半杯水了。"乐观者则说："我还有半杯水呢！"因此，对高情商的乐观者来说，外在世界总是充满着光明和希望。乐观使人经常处于轻松、自信的心境，情绪稳定，精神饱满，对外界没有过分的苛求，对自己有恰当客观的评价。

案例

一次，在物理学家霍金演讲结束后，一名记者冲到演讲台前问道："病魔已将您永远固定在轮椅上，您不认为命运让您失去太多了吗？"大师的脸上充满了笑意，用他还能活动的3根手指，艰难地叩击键盘后，显示屏上出现了四行文字："我的手指还能活动，我的大脑还能思维，我有终生追求的理想，我有爱我和我爱的亲人和朋友"……在回答完那个记者的提问后，他又艰难地打出了第五句话："对了，我还有一颗感恩的心！"现场顿时爆发出了雷鸣般的掌声。

（资料来源：吴雨潼．人际沟通实务教程[M].3版．大连：大连理工大学出版社，2018.）

是否拥有豁达大度的襟怀，积极乐观的心态，是一个人幸福与否的关键；一个豁达乐观的人更容易幸福快乐。拥有乐观的心态，就拥有了快乐的源头活水。面对困难，乐观是驱散阴霾的一把利剑。

2. 自信与希望

《史典》中有云："自信者不疑人，人亦信之。自疑者不信人，人亦疑之。"

蒲松龄先生有一个名对："有志者，事竟成，破釜沉舟，百二秦关终属楚；苦心人，天不负，卧薪尝胆，三千越甲可吞吴。"

自信心强的人有着共同的特点：能激励自己，相信自己有办法实现目标，在身处挫折、逆境时能重振信心，为实现目标能随机应变，发现目标不可能实现时就能及时重新修订目标，对于那些棘手的工作擅长化整为零，各个击破。

人在身处逆境时，适应环境的能力实在惊人。人可以忍受不幸，也可以战胜不幸，因为人有着惊人的潜力，只要立志发挥它，就一定能渡过难关。在这个世界上，有许多事情是人难以预料的。不能控制际遇，但可以掌握自己；无法预知未来，却可以把握现在；不知道自己的生命到底有多长，却可以安排当下的生活；左右不了变化无常的天气，却可以调整自己的心情。心有多大，舞台就有多大。

案例

1991年，一位女子成功地徒步穿越了非洲，战胜了森林和沙漠等险阻。当人们问她为何能完成这一令人难以想象的壮举时，她从容地回答说："因为我说过我能。"人们又问她曾对谁说过“我能”，她的回答是：“对自己说过。”

（资料来源：吴雨潼．人际沟通实务教程[M]．3版．大连：大连理工大学出版社，2018．）

由此可见，自信是学会自我激励的首要条件。英国著名作家萨克雷说过：“生活是一面镜子，你对它笑，它就对你笑；你对它哭，它也对你哭。”人生就是这样的，你觉得自己行，那么你就能行；你若觉得自己不行，那你就一定不行。

人生可以没有许多东西，却唯独不能没有希望。生命是有限的，但希望是无限的，只要不忘记每天给自己一个希望，就一定能拥有丰富多彩的人生。

3. 发现自我

唐代诗人李白有句名言：“天生我材必有用”，也就是说每个人在社会中都有机会实现自己的价值。人，唯有先认识自己，才能成就自己。

古希腊哲学家苏格拉底曾经被问到一个问题：“在这个世界上，什么事情是最难的？”对此，苏格拉底几乎毫不迟疑地回答：“认识自己。”这四个字说明人们认识自己的重要性，也让人们意识到一个人要想主宰命运，把控人生，当务之急就是要认识自己。

当一个人自我认识过高，远超自己的实际能力所能达到的高度时，就会眼高手低，也会变得狂妄自大和骄傲自满；反之，当一个人自我认识过低，总是自轻自贱、妄自菲薄时，就会否定自己，迷失自我，陷入被动的局面之中无法自拔，导致自己内心仓皇，无所依靠。人贵有自知之明，一个能够客观公正地认知和评价自己的人，知道金无足赤，人无完人；也知道自己既有优点，也有缺点。他们能适度评价自己，也能激励自己在成长的道路上不断努力进取，最终获得成功。

由此可见，要想拥有成功的人生，要想在成功的道路上始终坚持进取，绝不能畏缩和退却，一定要理性认知和客观评价自己，这样才能有的放矢发挥自己的所长，弥补自己的短处，才能够在人生的道路上不忘初心，砥砺前行。

案例

生物学家曾往一个玻璃杯里放进一些跳蚤，发现跳蚤立即轻松地跳了出来。重复几遍，结果都是一样。根据测试，跳蚤跳的高度均在其身高的100倍以上，所以，跳蚤称得上是动物界的跳高冠军。

接下来，实验者把这些跳蚤再次放进杯子里，同时在杯上加一个玻璃罩，“蹦”的一声，跳蚤重重地撞在玻璃罩上。但是它们不会停下来，因为跳蚤的生活方式就是“跳”。一次次地被撞，跳蚤开始变得聪明起来，它们开始根据玻璃罩的高度来调整自己所跳的高度。经过一段时间以后，这些跳蚤再也没有撞击到这个玻璃罩，而是在罩下自由地跳动。

一天后，实验者把玻璃罩轻轻拿掉，跳蚤不知道玻璃罩已经去掉了，还是按原来的高度继续跳跃。一周后，那些可怜的跳蚤还在这个玻璃杯里不停地跳动，但是它们已经无法跳出这个玻璃杯了，已从跳蚤变成了可悲的“爬蚤”！

后来，玻璃杯下放了一个点燃的酒精灯。不到五分钟，玻璃杯烧热了，所有的跳蚤自然发挥求生的本能，再也不管头是否会被撞痛（因为它们都以为还有玻璃罩），全部都跳到了玻璃杯以外。

（资料来源：吴雨潼．人际沟通实务教程[M]．3版．大连：大连理工大学出版社，2018．）

“自我设限”是一件悲哀的事情,跳蚤变成“爬蚤”并非自身已失去跳跃的能力,而是由于一次次受挫后习惯了、麻木了。现实生活中,有许多人也在过着这样的跳蚤人生。意气风发地屡屡尝试,但是往往事与愿违。几次失败以后,便开始抱怨这个世界的不公平,开始怀疑自己的能力,一再降低成功的标准,即使原有的限制已经取消了。

4. 确立目标

人的生命不能没有一个明确的目标和方向。目标与方向主导了生命的命运与成就,它是驱使人生不断向前迈进的原动力。若一个人心中没有一个明确的目标,就会虚耗精力与生命,就如一个没有方向盘的超级跑车,即使拥有最强有力的引擎,最终仍是废铁一堆,发挥不了任何作用。为了实现梦想,就要确定目标,才会有行动的方向和动力,同时向着那个目标不断地努力。但是,确定目标,并非要现实地对待任何事,也并非要把它缩小,而是应该更大、更清楚地把目标设定出来。

案例

曾有一项跟踪调查,对象是一群智力、学历、环境等条件差不多的年轻人,调查目的是测定目标对人生有着怎样的影响。

调查结果发现;27% 的人没有目标,60% 的人目标模糊,10% 的人有清晰但比较短期的目标,3% 的人有清晰且长远的目标。

25 年的跟踪研究结果表明,他们的生活状况及分布现象十分明显:

占 3% 的有清晰且长远的目标者,25 年来几乎都不曾更改自己的人生目标,他们怀着自己的梦想,朝着同一方向不懈地努力,25 年后,他们几乎都成了社会各界的成功人士。

占 10% 有清晰短期目标者的共同特点是,那些短期目标不断被达成,生活状态稳步上升,成为各行各业不可或缺的专业人士。

占 60% 的模糊目标者,几乎都能安稳地生活与工作,但没有什么特别的成绩。

占 27% 的那些 25 年来都没有目标的人群,他们的生活几乎都过得不如意,甚至失业,靠社会的救济,并常常抱怨他人、抱怨社会、抱怨世界。

(资料来源:吴雨潼. 人际沟通实务教程[M]. 3 版. 大连:大连理工大学出版社,2018.)

调查结果表明,目标对人生的影响深远,达到目标是实现梦想的重要步骤。由于目标更易于实现,因此它比梦想更贴近现实。没有目标,不可能有任何事情发生,也不可能积极采取任何措施。

(四)识别他人的情绪

1. 善于移情

移情,是一个心理学上的名词,简单地说,就是站在对方的角度去考虑问题,体验对方的情绪、情感或者是把自己内心的情感移给对方让对方与自己一起感受。换言之,移情,就是对事物进行判断和决策之前,将自己处在他人位置,考虑他人的心理反应,理解他人的态度和情感的能力。善于移情,是一种人际交往能力,它可以使人更具有亲和力,也就是通常所说的“人缘”。

唐代大诗人白居易说:“乐人之乐,人亦乐其乐;忧人之忧,人亦忧其忧。”

1)同理心

同理心要以自觉为基础,一个人越能坦诚面对自己的情感,就越能准确体会别人的感受。在发生冲突或误解的时候,当事人如果能将自己放在对方的处境中想一想,也许就可以更容易地了解对方的初衷,消除误解。在对他人的情绪进行识别、评价,并加以接受时,移情起着重要作用。需要把黄金法则和白金法则结合起来。黄金法则是你希望别人怎样对待你,你就怎样对待他;白金法则是别人希望你怎样对待他,你就怎样对待他。换言之,需要学会换位思考和角色转换,也就是变换一下自己与关系对象的角色。例如,通过换位思考,企业管理者在面对员工的时候,能够设身处地地站在员工的角度考虑问题,"如果我是对方,我希望得到什么样的态度和待遇。"经过这样的换位思考,往往棘手的问题可以得到很快的解决。

2)适当地提问

提问是引导话题、展开谈话的一个好方法,对方往往会以你的提问方式,决定如何向你表达自己的情绪和心理。但绝不要冒失地提问,而是要在适当的时机提出自己的问题。提问有三种功能:一是通过提问来了解自己不熟悉的情况;二是将对方的思路引导到某个要点上;三是打破冷场,避免僵局。

提问要注意不要问对方难以应对的问题,例如,超乎对方知识水平的学问、技术问题等;也不应询问人们难于启齿的隐私,以及大家都忌讳的问题,等等。提问的人应对提问方式进行设计,例如,家中来了一位东北客人,若这样问"你是东北人吧?""你刚到上海吧?""东北比上海冷吧?"等,对方只好一次又一次地重复"是"。如果换一个问法:"这次到上海有什么新的感受?""东北现在建设得怎么样?",这样客人不但可以介绍一些你所不了解的新鲜事,还会使其能充分表达自己的感受而使气氛自然融洽。如果提的问题对方一时回答不上来或不愿回答,不宜生硬地追问或跳跃式地随便问,要善于转换话题。如果对方仅仅是因为羞怯而不爱谈话,就应先问点无关的事,例如,他工作的情况或学习的情况,等他不再紧张了,再把话题纳入正轨。提问要有明确用意,提出的每一个问题,都要尽可能清楚明了地表达自己的真正意图。还要注意同一个问题的不同表达方式,往往可以对对方产生不同的影响效果,更有助于自己了解对方。例如,"咖啡?""要不要喝杯咖啡?""现在你不想来一杯咖啡吗?""你愿意和我一起去喝一杯咖啡吗?""要不要喝一杯咖啡让自己清醒一下?""你觉得现在喝一杯咖啡对你会不会有好处呢?""你给我一种感觉,好像你现在需要喝点什么,来杯咖啡怎么样?"这些不同的提法会给人不同的感受。

2. 善于领会"弦外之音"

中国有句老话:"说话听声,锣鼓听音。"指的就是要注意说话方的"弦外之音"。生活中有大量的话不用直接说出来,话里带出来就行了,更有不能直言的意思,得靠暗示来表达。这就要求人们要善于听出话外之意、弦外之音,这样才能在交流时更为精准地把握对方的想法,达到顺畅沟通的目的。人无意识中的言语或措辞特征比说话内容更能暗示他们的状态,一般说来,如果对于某人心怀不满,或者持有敌意,许多人的说话速度会变得很迟缓,而且稍有木讷的感觉。相反,如果有愧于心,或者有意要撒谎时,说话的速度自然会变得快起来。说话的语调里也经常深藏玄机。当一个人满怀浮躁的心情与人交谈时,他的语调也会突然高扬起来;对于那种心怀企图的人,他说话时就一定会有意地抑扬顿挫,制造一种与众不同的感觉,有一种吸引别人注意力的欲望,自我显示欲隐隐约约地透露出来了。在谈话方式中,除了含有声音的感性和语调之外,说话的节奏也是相当重要的。自信心很旺盛的人,一定具有决断性的说话节奏;缺乏自信心的人说话的语调里必然缺乏决断性的节奏。

3. 丰富的肢体语言

心理学研究发现:在两个人面对面的沟通过程中,50%以上的信息交流是通过无声的身体语言来实现的。在每天的人际交往中,讲话平均只占10%,其他时间都是在有意无意地进行着肢体语言的沟通。一般人的情感很少直接诉诸语言,多半是以其他方式表达,捕捉他人情感的关键就在于判读非语言的信息。有些时候,肢体语言就足以表达所有的信息,口头语言反倒是多余的。肢体语言包括头部(例如,点头表示答应、同意、理解和赞许;低头表示对谈话不感兴趣或持否定态度;微微侧向一旁表示对谈话感兴趣,正集中精神在听等。)、眼睛(例如,目光躲闪,在谈话中回避目光接触,常被视为不真诚或不值得信赖,然而,心理学研究表明,不诚实的人目光接触反而更多;目光接触少或者没有目光接触,可能是害羞、紧张或无聊等多种心理活动的表现;瞪大双眼,当人们对某人或某物感兴趣时,瞳孔会放大。)、嘴(例如,嘴唇半开或全开表示疑问、奇怪、有点惊讶,如果全开就表示惊骇;嘴角向上表示善意、礼貌、喜悦等)、肩(例如,肩部舒展表示有决心和责任感;肩部耷拉表示心情沉重,感到压抑;耸耸肩膀,加上双手一摊,表示无所谓,或无可奈何、没办法的意思。)、手(例如,双臂交叉显示了紧张期待的心情,也是一种试图控制紧张情绪的方式;用手指敲击桌子表示很无聊或不耐烦;用手拍拍前额表示健忘;如果用力一拍,则是自责,后悔不已等。)、腿(例如,手脚伸开懒洋洋地坐在椅子上表示相当自信并且有些自傲,不把对方放在眼里;坐在椅子边上表示不自信,还有几分胆怯,有随时"站起来"和中断话题的准备;双腿直伸,抖动腿部,不仅会让人心烦意乱,而且也给人以极不安稳的印象等。)、站姿(边说话边晃动脑袋表示嚣张、轻浮;站立时双腿频繁地换来换去,或用脚在地上不停地画弧线表示浮躁不安、极不耐烦;斜靠在其他物体上表示不重视对方等。)、走姿(例如,肚子腆起,身体后仰表示傲慢;蹭着地走,耷拉眼皮或低着头走表示不自信;身体摇晃,表示轻佻、缺少教养等)。

(五)管理好自己的情绪

1. 学会转移注意力

当人的情绪处于低潮时,对任何事情都提不起兴趣,总是想着那些伤心的事情。所以,要想摆脱这种情绪,首先应该让自己不要总是去想这些问题,转移注意力。有时候,一些事情是人们无法改变的,既然已经成为事实,就尝试着去接受,去面对现实。不要总是对现实的生活现状不满,不要总是和别人去攀比。比较是人的本能,但攀比是一种恶习。人生的很多烦恼,都是无谓比较而来的。不要只顾着欣赏他人的绚烂,而忘记了自己的芬芳。更不要因为盲目攀比,而停止了自己的成长,因为人生还有更多有价值的事情。

2. 学会宽容

宽容首先包括对自己的宽容。只有对自己宽容的人,才有可能对别人也宽容。宽容地对待自己就是心平气和地工作、生活,这种心境是生存的良好状态。人们常常对自己的缺失难以释怀,但往往越抱怨,越会感到痛苦。既然不能左右环境,那就改变自己的心态。每个人都有自己的长处与短板，清醒的人懂得扬长避短，放宽心态，与自己和解，就会感受到海阔天空。

宽容是一种美德，是对犯错误的人的救赎，也是对自己心灵的升华。宽容的过程也是“互补”的过程，宽容别人的过失，就意味着给别人醒悟的时间和悔悟的机会，并以适当的方法给予批评和帮助，便可避免大错。宽容可以解决许多棘手的问题，让生活中的许多难题迎刃而解。心态宽和的人，心胸广、度量大、见识远。他们总能够看到事物好的部分，宽慰自己，鼓励他人。与人相处时，不要太计较，不指责，学会换位思考，学会宽容体谅。宽和，看似是体谅别人，其实是疼爱自己。把心放宽，脚下的路也会越来越宽。

3. 学会变通

人一辈子会碰上许许多多的痛苦，这是无法避免的。痛苦可以让人颓废，也可以激发人的斗志。痛苦磨炼了人的意志，让人们不会轻易地被困难所打倒。不要把目光总盯在丑恶的方面，那样永远找不到快乐，永远不会有好的心情。当一个人遇到事情，不再固执己见，多从不同角度思考问题，就会发现适时的变通可以让看似棘手的僵局迎刃而解。如果一意孤行、固守在自己的思维定式里，视野只会越来越窄。

案例

一个小女孩趴在窗台上，看窗外的人正埋葬她心爱的小狗，不禁泪流满面。

她的外祖父见状，连忙引她到另一个窗口，让她欣赏自己的玫瑰花园。果然，小女孩的心情顿时明朗。

老人托起外孙女的下巴说：“孩子，你开错了窗户。”

（资料来源：吴雨潼．人际沟通实务教程[M]．3版．大连：大连理工大学出版社，2018.）

每个人都需要不断地根据形势，调整自己的节奏和行动。放下执念、学会变通，才能不负过往、无畏向前。

4. 学会控制自己

在心理学上，有一个术语叫“控制欲”。一个人对某件事、某一个人在一定程度上加以支配，并且不允许事情有偏差，言行和想法上不能有违背的意思。管理别人之前，先修身；情绪爆发之前，先责己。控制自己，做一个德才兼备的人，你自然就变成了领头羊。

案例

有一个人，看到自己的影子变得奇形怪状，就非常生气。因此他一直奔跑，希望摆脱影子。他一直跑，影子一直在动，让他更加生气了。一位智者对他说：“停下来，和我一起做影子游戏吧。”两个人站在一起，用手对着阳光，一会儿做出大雁的“影子”，一会儿做出“孔雀”的影子……生气的人，笑了起来。

（资料来源：根据网络资料整理）

人们无法强迫影子变成什么样子，只能改变自己的姿势。情绪就是自己的“影子”。身体变得柔软了，情绪也就温和了，说话的声音也降低了；身体歪了，情绪就乱了。

不管眼前的世界有多糟糕，都要笑着面对，世界就会变成风景；不管对面的人态度多不友善，主动和他握手，人心就温暖了；不管和人交往，还是和社会相处，控制自己，就是强者。控制自己，在愤怒的时候，就能釜底抽薪；在成功的时候，就能功成身退；在学习的时候，就能不耻下问；在与人争执的时候，就能低头认错。

5. 正确面对现实

不管是自然世界，还是人类社会，每天都有人们难以理解，甚至难以接受的事情发生，特别是在工作生活的周围，不合理、不公平的事时有发生。常有人说：理想是美好的，现实是残酷的。的确，很多事情想得很好，但不成功，达不到自己想要的目的，以为成功的，但是失败了。面对各种各样的不如意，逃避、悲观、失望或大发雷霆不解决问题，甚至会使情况变得更加糟糕，应该做的是正确坦然地面对。

正确面对现实，就是诚实面对自己的性格存在的优点和缺点，摆正自己的身份和地位，提醒自己需要注意的地方。正确面对现实，就是真实面对自己当时所处的场合及环境，客观地观察、分析和判断，权衡利弊，不要对自己所处的现实抱有幻想，不要对自己的成就有过高的要求，适合自己的才是最好的。正确面对现实，就是对人对事一定要分清场合，要把握分寸和界限，无须争强好胜，没有更好，没有最好，只有合适不合适。正确面对现实，就是求发展、求自强，做事一定要集中精力、全神贯注，要全面、正确、效率、到位，要结构化思维并处理，要确定目标、列出计划、整合资源、分出轻重、权衡利弊、循序渐进地解决问题。正确面对现实，就是要学会合作，不断地自我调整，不要对他人的错误和伤害抱有怨恨，那是和自己过不去；要在情绪失控的情况下清醒意识到自己的弱点并用最短的时间调整自己的状态和心态，这是实现自我强大的保证；要在情绪高涨时给自己泼冷水，牢牢记住凡事过犹则不及，乐极生悲。

 **案例**

早晨8点是上班的高峰期，一个人开车去上班，由于车流量很大，眼看就要迟到了。车龙好不容易向前移动了一些，可前面的司机偏偏像睡着了一样，丝毫不动弹。他开始冒火了，拼命地按喇叭，可前面的司机依然不为所动。他气极了，握住方向盘的手开始发白，额头开始冒汗，心跳加快，满脸怒容。

他简直无法控制自己了，车还是停滞不前，他终于冲上前去，猛敲车门，结果前面的司机也不甘示弱，打开车门，冲了出来。就这样，一场恶斗在大街上开始了，结果他打碎了前面司机的鼻梁骨，以故意伤人罪被起诉。等待他的将是法律的严惩。这下不仅没赶上上班的时间，反而连工作也彻底丢了，这一切都是由于他的脾气暴躁带来的。

（资料来源：石磊．墨菲定律[M]．北京：金盾出版社，2019.）

脾气暴躁、经常发火，不仅会强化诱发心脏病的致病因素，而且也会增加患其他病的可能性，它是一种典型的慢性自杀。因此为了确保自己的身心健康，必须学会控制自己，克服爱发脾气的坏毛病。

在成功的路上，最大的敌人并不是缺少机会，或是资历浅薄，而是缺乏对自己情绪的控制，是自己要战胜自己。愤怒时，若不能控制怒火，会使得周围的合作者望而却步；消沉时，若放纵自己的萎靡,会把许多稍纵即逝的机会白白浪费。人只要控制自己的情绪,就能掌握自己的命运,就能成为自己想成为的人。

项目小结

本项目介绍了沟通的内涵,有效沟通的内涵原则,沟通中的心理效应和心理暗示以及情绪管理等相关内容。要进行有效沟通,关键要科学有效地管理情绪,学会换位思考,学会理解、关爱和尊重。“己所不欲,勿施于人”是人们运用换位思考,在交流、沟通、处理实际事务过程中逐渐总结出来的友好相处的根本原则,是有效沟通的基础。卡耐基说过这样一句话:“在我们生命中的每一天,每个人首先面临的就是情绪管理。”要善于克制自我,用理智控制自己的喜怒哀乐,尤其是要管理好自己的不良情绪,因为情绪往往会影响人的判断能力。出现矛盾和问题时,应该先处理个人心情,再处理具体事情。一定要清醒地意识到,在职场竞争中,最大的敌人是自己,不要被自己的情绪打败,要有勇气和意志,控制好自己的情绪,成为情绪的主人,这是有效沟通,也是职场上取得成功的必要条件。

思考与练习

1. 网上查询沟通相关的理论知识及案例,进一步学习和领悟什么是沟通,什么是有效沟通。结合自己的沟通实例,找出自己与人沟通的过程中,有哪些值得借鉴的经验,存在什么困难,主要的沟通障碍是什么,如何改善。请制作一张表格详细列出,或用文字总结写出,在小组内分享并进行小组内互评。

2. 以小组为团队,网上查询情绪管理相关的理论知识及案例,进一步学习和掌握情绪管理技能,形成小组的案例分享和要点总结,制作 PPT,选择一人在全班同学面前汇报,其他成员模拟演示相关案例。

3. 案例分析:

阿维安卡 51 航班的悲剧——关系生死的沟通

1990 年 1 月 15 日晚 7 点 40 分,阿维安卡(Avianca)51 航班正飞行在美国南新泽西的海岸上空 3.7 万英尺(1 英尺 =0.304 8 m)的高空。机上的油量可以维持近两小时的飞行,在正常情况下飞机降落至纽约肯尼迪机场需要不到半小时的时间,可以说油量充足且十分安全。然而,此后发生了一系列的耽搁。

晚上 8 点整,肯尼迪机场航空交通管理员(以下称“机场管理员”)通知 51 航班的机组成员,由于严重的交通问题,他们必须在机场上空盘旋待命。

8 点 45 分,51 航班的副驾驶员向肯尼迪机场报告,他们“燃料用完了”,机场管理员收到了这一消息。此后,51 航班机组成员再没有向肯尼迪机场传送任何情况十分危急的信息,但飞机座舱中的机组成员却相互紧张地通知他们的燃料供给出现了危机。在 9 点 24 分之前,飞机仍没有被批准降落。

9点24分,51航班第一次试降失败。由于飞机高度太低以及能见度太差,因而无法保证安全着陆。当肯尼迪机场指示51航班进行第二次试降时,机组成员再次提到飞机的燃料将要用尽,但飞行员却告诉机场管理员新分配的飞机跑道"可行"。

9点31分,飞机的两个引擎失灵。1分钟后,另外两个也停止了工作。最终,耗尽了燃料的飞机于9点34分坠落于长岛,机上73名人员全部遇难。

当调查人员检查了飞机驾驶舱中的磁带,并与当班的机场管理员讨论之后,他们发现导致这场悲剧的原因是沟通的障碍。为什么一个简单的信息既未被清楚地传递,又未被充分地接受呢?

首先,飞行员一直说他们"油量不足",机场管理员告诉调查员这是飞行员们经常使用的一句话。当航班被延误时,机场管理员认为每架飞机都存在燃料问题。但是,如果飞行员发出"燃料危机"的呼声,那么机场管理员有义务优先为其导航,并尽可能迅速地允许其着陆。一位机场管理员指出:"如果飞行员表明情况十分危急,那么所有的规则程序都可以不顾,我们会尽可能以最快的速度引导其降落。"遗憾的是,51航班的飞行员从未说过"情况危急",所以肯尼迪机场的管理员一直未理解到飞行员所面对的真正困境。

其次,51航班飞行员的语调也并未向管理员传递有关燃料危机的严重信息。许多管理员接受过专门的训练,可以在这种情境下捕捉到飞行员声音中极细微的语调变化。尽管51航班的机组成员表现了对燃料问题的极大忧虑,但他们对肯尼迪机场传达信息的语调却是冷静而"职业化"的。

(资料来源:田耘. 阿维安卡51航班的悲剧:关系生死的沟通[J]. 中外管理,北京,2005(9).)

请分析:以小组为团队,分组研讨本案例沟通失败的缘由。运用所学的沟通相关知识分析,为什么一个简单的信息既未被清楚地传递又未被充分地接收呢?每组制作一份本案例的分析报告,派一名代表登台演讲,时间不超过5分钟。

项目二　有效沟通基本技能

学习目标

1. 理解并领悟倾听的内涵、层次和方式；能够识别倾听障碍，掌握克服倾听障碍的技能和有效倾听的技能。

2. 掌握有效说服的原则和技巧；掌握委婉巧妙拒绝的原则和技巧。

3. 理解赞美和批评在沟通中的重要性；掌握赞美的原则和技巧；掌握批评的方法及要点。

能力目标

1. 能够克服倾听障碍，准确接收和理解信息发出者意图，理解对方讲话的要点，明确对方的态度和肢体语言，掌握有效倾听的技能，进行有效沟通。

2. 掌握并运用人际沟通中有效说服和委婉巧妙拒绝的技巧和方法，达成沟通目标，使沟通更顺畅，说服更有效。

3. 掌握赞美技巧、方法及注意事项，能够在职场中适当赞美，使沟通顺畅、人际关系和谐；掌握批评的方法和技巧，使批评语言更具艺术性，提高沟通质量。

素质目标

1. 能够关注并理解他人传递的沟通信息，能够做到耐心和友善，学会理解和尊重。

2. 培养正确的世界观、人生观和价值观，具有科学的思维方式、灵活机智的沟通情商和随机应变的素质。

3. 具有团队合作精神，培养职业修养、职业自觉和社会责任感；培养爱岗敬业、无私奉献、诚实守信、开拓创新的职业品格和行为习惯。

任务一 倾听的艺术

引导案例

懂得倾听的汽车销售员

有一位汽车销售员，就是因为懂得倾听，十年内他卖出多达五百辆汽车，成为名列全球前几名的超级销售员。当他谈论此问题时，他告诉每一个人："每个顾客都像一本书，你要用心倾听才读得懂"。开始的时候，他是一个很业余的销售员，客人一上门，只交谈三句话他就希望客户赶紧付钱买车走人，于是他的业绩总是挂零。直到有一次，一位顾客要他先闭上嘴巴，忍无可忍地对他当头棒喝，他这才意识到了自己的问题："我说得太多，听得太少了。后来，我要求自己先不要说话，让客人先说话，这样才听得到对方的需求与考虑，而不是径自推销。"

有一位女士曾经下巴抬得很高地到他的店里看车，他的同事亲切地趋前问候："您是来看车吗？"女士很不悦地答道："我来这里不是看车，又是看什么呢？"这时，他端上一杯水，一语不发地站在一边，替下那名因此而生气甚至恼羞成怒的同事。女士冷冷地开口："你们的业务员服务态度很差，卖的车又贵。"他很谦虚地请教："您说得很对，那我们要如何改善呢？"他请对方到贵宾室坐下……30 分钟后，一笔两百万元的订单就到手了。

同事惊奇地问他是怎么做到的。他说："我什么都没说，只是安静地听她抱怨了 20 分钟。"原来这位客户早就锁定了一款车，但逛了几家车行都没碰到一位令她满意的业务员。这位推销高手用心地听她抱怨，一边附和响应，同时他也在整理自己的思绪。等到客户气消以后，他又开始与对方聊起对付那些推销狂的经验，还提醒她购车要选对地方。于是不到 30 分钟，交易就顺利地完成了。

（资料来源：高原．气场修成手册[M]．长沙：湖南文艺出版社，2012.）

案例思考：这位超级销售员成功的原因是什么？其具备了怎样的倾听技能？

在一项关于友情的调查中，调查的结果让调查者感到十分意外。调查结果显示，拥有最多朋友的是那些善于倾听的人，而不是能言善辩、引人注目的演说者。其实，这也没有什么不可思议的。生活中每个人其实都渴望表达自己，聪明的聆听者能够让说话者有充分的表达的机会，自然就更容易获得别人的好感。

最完美的说话艺术不仅是一味地说，还要善于倾听他人的内在声音。研究表明人们每天花在与人沟通的时间中，9% 写，16% 阅读，30% 说话，45% 倾听。"听"是"说"的基础，是有效沟通的前提。倾听是学习了解外部世界的重要渠道，是沟通过程中最重要的环节之一。倾听使他人感到被尊重，是识别他人内心情绪的最好方式。

一、倾听的内涵

有观点认为，学会倾听，把说话的权利让给别人，这是你学会人际沟通的第一步。因为沟通首先是倾听的艺术。倾听是沟通双方、尊重对方的桥梁；倾听是取人之长、补己之短的良方；

倾听是沟通的大智慧。因为善于倾听能激发对方的谈话欲,可以深入探测到对方的心理以及他的思维逻辑,这样才能更好地与之交流,促成更深层次的沟通,从而达到沟通的目的。因此,善于沟通的管理者必定是善于倾听的行动者。

(一)倾听的含义

倾听,国际倾听协会的定义是:接收口头和非语言信息,确定其含义并对此做出反应的过程。倾听是在接纳的基础上,积极地听,认真地听,关注地听,并在倾听时适度参与。倾听属于有效沟通的必要部分,以求思想达成一致和感情的通畅。

汉字是世界上历史悠久的文字之一,中国古代人在造字时往往把自己的感悟和理解融入其中,繁体字“聽”就形象地反映了听的含义。“耳”表示要用耳朵听;“王”表示对对方的尊重和恭敬;“目”表示要用眼睛看;“一”和“心”表示要一心一意,专心地听。

所以完整的倾听过程,不仅要听言语信息,还要认真观察、用心体会非语言信息,是真正把握说话者的含义并能对此做出回应的过程。

(二)倾听的作用

案例

钢盔的由来

1914 年,第一次世界大战期间,法国将军亚德里安去医院看望伤员,听到一个被德军炮弹打伤的士兵说:“我当时在厨房值日,德军炮弹打来时,我把铁锅倒扣在头上,保住了头部,很多人被炸死,我只受了轻伤。”亚德里安将军从士兵的话里受到启发,马上派人找来铁锅,下令军械所按人的头形做成了钢盔,后来被叫作“亚德里安钢盔”。用钢盔装备部队后,伤亡率下降了 2% ~5% ,这便是钢盔的由来。

(资料来源:李少林. 中外科学发明故事[M]. 北京:中国戏剧出版社,2003.)

说者无意,听者有心。士兵无意的话,让有心的亚德里安将军发明了钢盔。在现实生活中,许多创造发明都是倾听者及时捕捉表达者话语中的有用信息而获得灵感的。

倾听不仅是一种才能,也是一种修养,不仅能够使彼此的关系更加融洽,还能够提升自己的能力。在沟通的过程中,理解是人人都需要的,不只是被理解,同时也是理解别人。倾听是沟通的前提,倾听和说话一样重要,在沟通过程中占有重要的地位。

1. 体现尊重——培养亲和的关系

认真、耐心地倾听对方讲话,既体现了对对方的尊重,也是良好自我修养的表现。倾听是对他人的一种暗示性赞美,能让他人感到被重视,能激发他人的表达欲望并由此产生对倾听者的好感和信赖。听者在倾听过程中所表现出来的专注、微笑、附和等,能让对方感受到被尊重和理解,保持友好的沟通氛围,这样就能够进一步建立良好的亲和关系。

服务性行业大都注重倾听,有经验的员工在处理投诉时,往往会先默默无语地倾听客户的牢骚,甚至指责。这时倾听传达了理解和尊重,客户发泄完不满之后,火气也就消了一大半了。

2. 获取信息——发现对方的真实需要

倾听是人们获取信息、增长知识的重要手段。例如,学校教育中学生主要通过听讲来获取人类千百年来积累的知识和经验；职场中的各种培训主要通过倾听来学习和提升；在日常的生活和工作中，更是通过聆听了解各方面的信息和知识。所以相对于表达，人们在倾听时能学到更多东西。在沟通的过程中，懂得倾听的人能够在听的过程中摸清大意，心领神会。注意倾听别人讲话，可以从他们说话的语调、表情、肢体语言中，了解对方真实的需要、态度和期望。倾听，能够让听者专注于对方，抓住对方表现出来的许多细节，如一个不经意的动作、一个一闪而过的微表情等。对这些信息的捕捉，能让听者更了解对方的真实心理状况。

服务性行业的员工更是通过认真倾听，发现客户的真实需求，来为对方提供满意服务和惊喜服务。

3. 发现问题——处理不同的意见

有时人们的言语并不是真实情感的表达，需要倾听者细致观察、用心体会、洞悉说话者的真正想法，这样才能掌握问题的关键，更好地沟通交流。例如，一位房地产推销员向客户报出一幢房子的价格时，客户说“价格高低无所谓”，但从客户的语气和尴尬的表情中，推销员确定客户是想买但钱不够，于是有针对性地给客户介绍价位低些的房子，最终客户买到了自己满意的房子，推销员完成了一笔交易。

4. 维护关系——培养共情能力

当人们在倾听的时候，能得到什么？人们能得到关于对方的许多信息，例如，对方喜欢什么，对方对什么感兴趣等。而这些信息，对人际关系的维护十分重要。当一个人想要引起对方的注意，并让对方关注自己时，谈论对方感兴趣的事情是最好的方法之一。

众所周知，共情能力的培养，对于人际关系来说十分重要。共情(empathy)能力，也叫移情能力，指的是一种能设身处地来体验他人处境，从而达到感受和理解他人心情的能力。只有知道对方在想什么，知道对方的情绪状态如何，才能在交谈中更好地行动和言语。而倾听，则有助于人们培养共情能力。

(三)倾听的层次

《庄子·人世间》有云：“无听之以耳，而听之以心。”意思是：那时候你就不用耳去听，该用心去体会了。只是用耳朵来听是一回事，用理解去听是另外一回事，聆听的时候需要全然放空感官，感知面前的人或事物，这是永远无法用耳朵听见或者用头脑理解的。

倾听的层次

听与听是不同的，倾听可以分为五个层次，一个人从层次一倾听者成为层次五倾听者的过程，就是其倾听能力、沟通效率不断提高的过程。

1. 层次一——心不在焉地听

即听而不闻，完全漠视地听。听者心不在焉，几乎没有注意讲话者所说的话，心里考虑着其他毫无关联的事情，或内心只是一味地想着辩驳。这种听者感兴趣的不是听，而是说，他们正迫不及待地想要说话。这种层次上的倾听，是最糟糕的听，基本上连耳朵都未打开，往往导致人际关系的破裂，是一种极其危险的倾听方式。

2. 层次二——被动消极地听

也就是假装在听，听者被动消极地听对方所说的字词和内容，只听到表面内容，常常错过了讲话者通过表情、眼神等体态语言所表达的意思。这种层次上的倾听，耳朵开了，却没有打开心和脑，所以，对方谈话基本上就从左耳进、右耳出，如同耳边风，有听没有到，完全没听进去，会导致误解、错误的举动，失去真正交流的机会。另外，听者经常通过点头示意来表示正在倾听,讲话者会误以为所说的话被完全听懂了。

3. 层次三——有选择地听

有先入为主的观念,只注意自己感兴趣的部分,只听自己想听的部分,只听合自己心意或口味的。与自己意思相左的,有本能的抵抗情绪,一概自动消音过滤掉,不接受任何的反对意见,倾听的结果一是争论或者逃离,二是在倾听的时候,喜欢给对方建议、说教、讲故事或安慰等,总是试图想办法给人解决问题,或者让他人好受一些,结果导致非但没有解决问题,反而让对方难以接受。

4. 层次四——主动积极地听

即专注地听,"主动式""回应式"的倾听。专注于对方的讲话,听清楚真正的内涵,以复述对方的话表示确实听到。即使听到跟自己价值观不同的,也能不打断对方,不急于辩解。听者主动积极地听讲话者所说的话,能够专心地注意对方,能够倾听对方的话语内容,即使每句话或许都进入大脑,但未必都能听出说者的本意,也会始终如一地保持一种积极的姿态,会经常重复讲话者说的内容。这种层次的倾听,常常能够激发对方的注意,但是很难引起对方的共鸣。

5. 层次五——同理心地听

即从对方的角度倾听,用心倾听,将心比心去感受、理解对方。同理心,不是头脑上的理解,也并非同情,而是积极换位思考的倾听,用心聆听对方的观念、感受、需要和请求。同理心地倾听的出发点是为了透过交流去了解别人的观念、感受等。在对方讲话的时候,眼神能看着对方,专注地听,并且抛开成见,站在对方立场思考。这种倾听就是打开身上所有的收讯器,清空先入为主的想法,全身心地聆听、感受、观察,不带任何评判,让自己真正地"感同身受",适当地复述对方的话,将自己的理解反馈给对方,同时也能让对方充分探索和表达自己,并且解决问题。同理心地听要求听者在整个交谈过程中有意识地时刻保持密切关注并评估接收到的信息,做出适当的回应;使听达到最有效的水平,主动且尽一切努力超越倾听的障碍。能够设身处地看待事物,总结已经传递的信息,质疑或是权衡所听到的话,有意识地注意非语言线索,询问而不是质疑讲话者,听者的宗旨是带着理解和尊重积极主动地倾听。这种感情注入的倾听方式在形成良好人际关系方面起着极其重要的作用。同理心地听要做到下列"五到":不仅要"耳到",更要"口到"(声调)、"手到"(用肢体表达)、"眼到"(观察肢体)、"心到"(用心灵体会)。

二、倾听的障碍

干扰倾听的因素很多,从主观和客观来看常见的有以下两个方面。

(一)客观障碍

1. 语言障碍

语言不通,会让人无法倾听。例如,中国地域广阔,人口众多,各地方言差别较大,常常让人听不懂。所以要想沟通交流,首先要克服语言方面的障碍。

2. 对外界事物的关注

倾听者对外界事物的关注。例如，讲话者的服饰、动作、突发事件或噪声、沉浸在个人思想或情绪中等，都会影响倾听的效果。

3. 环境障碍

任何沟通都是在一定的环境中进行的，环境因素是影响倾听效果最重要的因素之一。交谈时的环境各种各样，时常转移人的注意力，从而影响有效倾听。一个人同时听到两个信息时，他会选择其中的一个，忽略另外一个。例如，环境的封闭性决定着信息在传递过程中的损失概率及人们的注意；环境的氛围影响人的心理接受定式，也就是人的心态是开放的还是排斥的，是否容易接受信息，对接收的信息如何看待和处置等倾向；说话者与倾听者人数的对应关系的差异会导致不同的心理角色定位、心理压力和注意力集中度。

（二）主观障碍

1. 对讲话者的偏见

如果对讲话者抱有偏见、轻视或不愿意听，认为他无能、不可信等，就难以做到用心倾听。每个人都有自己的好恶，都有根深蒂固的心理定式和成见，所以与看似不喜欢或不信任的人交流时很难以客观、冷静的态度接受说者的信息。例如，当一个平时比较啰唆的人要求与你谈话时，你会有意无意地听他讲，因为你会觉得他讲的许多都是废话，实际上这样会错过一些有用的信息。

2. 对讲话内容的漠视

倾听者对讲话者表述的内容不感兴趣，或认为自己的观点是对的，或急于表述自己的观点等，都会导致听不进对方的讲话或对正在倾听的内容心不在焉。

好听的话即使说得言过其实，一般情况下也不会引起听者的反感；难听的话即使说得恰如其分，也不会给听者以满足。人们都是习惯选择自己喜欢听的来听，当某人说到一些自己想听的话时，会“竖”起耳朵接收所有的信息，不管是真理、部分真理，还是谎言和谬误；相反，遇到不想听到的内容时，会本能地排斥，不管这些内容对自己是否有用。

3. 知识经验的不足

倾听者对讲述的内容不了解，相关的知识经验不足，会导致听不懂对方的意思，不能体会对方的情感。交谈时要注意与对方进行有效的沟通，听者的知识水平、文化素质、职业特征及生活阅历往往与他本身的理解能力和接受能力紧密联系在一起，具有不同理解能力的听者必然会有不同的听的效果。正因为如此，听者的理解能力也构成听的障碍。

4. 不良的听的习惯

1）急于发言

人们都有喜欢发言的倾向，很容易在他人还没有说完话的时候就迫不及待地打断对方，或者口里没说心里早已不耐烦了，因此，往往不能把对方的意思听懂、听全。

2）忙于记要点

有的听者觉得应记下说者所说的每一个字，于是在听的时候忙于记笔记。但是，在说者说到第三点时，他才给第一点画上句号，以致忽略了完整地倾听。

3）吹毛求疵

有的听者并不关注说者所讲的内容，而是专门挑剔说者的毛病，如说者的口音、用字、主题、观点都可能成为听者挑剔的对象。听者甚至抓住某个细微错误而贬低说者的风格和观点，这种个人的偏颇观念时常导致敌对情绪的产生，从而影响听的效果。

4）缺乏耐心

有的听者过于心急，经常在说者暂停或者喘口气时插话，帮助讲话人结束句子，而忽略了说者真正要说的话题。

5）以自我为中心

有的听者表现出过于自我的心态，对说话者的每个话题都有意无意地以自己生活中的事件回应。例如，“那让我想起，我……”这便打断了对方的思路，甚至引开了话题。

6）忙于私活

有的听者从开始听就没有停下手中的事情，可能在谈话中拆信、接电话或整理办公室等。见此情景，通常说者都会尽快结束谈话并离开。

三、有效倾听的技能

在沟通过程中，倾听是准确接收和理解信息发送者意图的关键步骤。每个人的表达方式和沟通内容，受其文化背景、知识结构、能力及经验等因素影响，尤其当沟通双方来自不同文化背景，采用的语言又不是己方母语时，更容易出现误解。所以，认真倾听和筛选，读懂对方话语的真正意思，用理智的思想提出观点，这样的沟通才是有效的沟通。实现有效倾听，进而实现有效沟通，掌握一定的倾听技巧就显得尤为重要。

（一）关注双方的语言信息和非语言信息

1. 要有诚意、身心投入

倾听不是简单地用耳朵来听，还需要身心投入地去感受对方在谈话过程中表达的言语信息和非言语信息。积极地倾听要求暂时忘掉自我的成见和愿望，全神贯注地理解讲话者的讲话内容，与之一起去体验、感受整个过程。既然是诚心诚意地倾听，就要全神贯注，要避免一些不良习惯，例如，不时看表、心不在焉地翻阅文件、拿着笔乱写乱画、随意打断说话者等。

2. 要选择合适的方式倾听

沟通双方所处的周边环境、位置距离、倾听者采取的姿势等不同，会产生不同的沟通效果。例如，重要的交谈最好在安静、不受干扰的环境中进行；双方恰当的位置距离会使讲话者感到轻松；倾听者与讲话者平视，倘若是孩子，成人可以蹲下来，能增加亲切感；面对面倾听时，身体前倾会让讲话者感到对方的专注等。所以，倾听时要选择合适的方式。

3. 要观察讲话者的非语言信息

倾听时不仅要听讲话者语言中表达的意思，还要留意其语音语调、眼神表情、肢体动作等，在察言观色中洞悉真情。例如，我们在想得到真话时会说“看着我的眼睛”，说话的人眼睛往往是闪烁躲避的；双手叉腰的讲话者，往往是自信、控制欲强的表现。所以，在倾听时一定要认真观察讲话者的表情举止。

4. 要有耐心、抓住要点

良好的沟通，需要耐心地聆听对方，了解对方心中的感受。即使对方的谈话比较零散或混乱，观点不是那么突出或逻辑性不太强，也要鼓励对方把话说完。也许对方的观点和看法不符合你的意见，但应试着去理解别人的心情和情绪。一定要耐心地把话听完，才能抓住要点，达到倾听的目的。

（二）运用同理心倾听

同理心泛指心理换位、将心比心，即设身处地地认知、把握与理解他人的情绪和情感。同理心倾听，就是在倾听过程中要站在对方的角度去理解其表达，体会他的情绪和感受，并站在他的角度思考和处理问题，做到感同身受。其本质不在于同意对方，而在于深刻地了解对方，能从对方的角度去感受和体会。同理心倾听要求在听清楚、听明白、听完整的基础上移入情感，它是倾听的最高层次。

 案例

办公室里的交谈

王丽从科长办公室回来后，一脸不高兴，把笔记本往办公桌上重重一摔。

“怎么了？”对面的黄姐关心地问。

“这不行，那不行。我昨晚加了一晚上班，白加了！”王丽生气地说。

“是这样呀。全推翻了吗？”黄姐问。

“那倒没有，可好几条得重写。”

“确实挺麻烦。没给你一些建议吗？”

“给了，可他动动嘴皮子，我却又得晚上加班。”

“是呀，又得辛苦了。不过有以前的基础应该好写些。”

“我这好几个晚上都没时间陪孩子了。”王丽内疚地说。

“这个年龄既要在工作上出成绩，又要兼顾家庭，比较累。”

“你是咱科‘一支笔’，有这个能力，要不上个月去上海的培训，领导能只批准你去？你这么能干，孩子也会受到好的影响的。”黄姐继续宽慰道。

“确实，孩子还不会写字，却喜欢在纸上写写画画，别人问就学着我说，我在写材料，昨晚看我在书房写东西，主动给我关门，对我说‘妈妈写完陪我玩’，真是很懂事。”王丽脸上露出欣慰的笑容。

（资料来源：李燕，刘金凤．团队合作与职业沟通[M]．大连：大连理工大学出版社，2021）

黄姐在整个谈话过程中，一直认真倾听王丽的倾诉，并承接她的话慢慢引导，最终让王丽释然。

（三）适时提问、恰当回应、有效反馈

在听的过程中适时回应，向对方传递你在认真倾听。倾听不是“沉默是金”。简化字“听”字以“口”字为偏旁，足以说明光“听”还不够，还要适时“反馈”，即不仅要听、要看、要想，还要使用简洁而具体的语言来进行有效反馈：“我明白”“你说得没错”“对的”“是这样”“你说得对”，或者点头微笑表示理解，鼓励说话者继续说下去，并引起共鸣。如果打电话时倾听者一点声音都没有，说话一方往往会停下来问：“你在听吗？”倾听一方没有反应，会让讲话者怀疑对方是否在听。对于没有听清的问题要及时提问，避免出现误解。例如，面试中没有听清考官的提问，可以请考官再重复一遍，切不可贸然回答。倾听者的提问和回应其实就是对讲话者的反馈，它是沟通的重要环节，能让沟通更加有效和深入。

任务二　说服与拒绝的艺术

卡耐基成功说服旅馆经理

每季度卡耐基都要在纽约某家旅馆租用大礼堂20天。有一个季度,他准备开始授课时,忽然接到通知,旅馆要求加三倍租金。这让卡耐基措手不及,因为入场券已经印好,开课在即。卡耐基找到经理进行交涉。

“我接到你们的通知,的确有些震惊。不过,这不怪你。假如我处在你的位置,或许我也会写出同样的通知。你的职责就是多盈利,否则你的位子就难保。假如你坚持要增加租金,那么让我们来合计一下,看这样对你们有利还是不利。”他接着说,“先讲有利的一面:把大礼堂租给讲课的,时间长,租金低,显然不如租给办舞会、晚会的,这类活动时间短,而且一次能付出很高的租金,这样比起来,租给我是吃了大亏。我们再来研究一下不利的方面:你增加了租金实际是降低了收入,我因付不起你所要的租金而不得不另寻他所。还有一个对你们不利的事实,我培训班上的学员大约有1 000人,都是受过良好教育的中上层管理人员,他们到你的旅馆听课,比你花上5 000元做广告邀请的参观者都多。所以你要把我撵跑了的话,损失的可不止租金。请仔细考虑后再答复我。”

讲完之后,卡耐基便告辞了。最终,旅馆经理做出了让步。

(资料来源:陈宇. 职业汉语教程[M]. 北京:北京大学出版社,2007.)

案例思考:卡耐基是如何成功说服旅馆经理的?给我们的启示是什么?

一、说服的艺术

在沟通中,很多时候需要说服别人接受自己的观点,支持自己,理解自己的意图。同时,由于人们的阅历、年龄、职务、身份、利益诉求等各方面的不同,往往会导致对问题的认识不一致,甚至会产生矛盾。解决这些困惑或矛盾就需要人去说服,但说服他人并不容易。说服就是让别人去做他原本不想做的事,或者让别人去相信他原本不相信的话。说服是非强制性的,是一种意志、观念或行为影响另一种意志、观念或行为,最终使两者趋于一致的情感交流与语言沟通的过程。但在许多情况下,成功地说服别人仅靠语言的交流和沟通是不够的,还必须借助或依赖于情感因素的影响和帮助,需要一定的方法和技巧,否则可能会劝而不听、说而不服。

(一)说服的原则

1. 晓之以理,动之以情

每个人的想法都建立在自己认为正确的基础之上,说服他人改变自己的观点,要依靠真理的力量,有理有据,以理服人。“晓之以理”,要有建立在真理基础上的正确的论点,要有支持论点的丰富可信的论据,还要有符合逻辑的推理过程。

只有搭建情感的桥梁，唤起心灵的共鸣，才能真正打动对方，让对方心服口服。“动之以情”要做到用心倾听他人的想法，用诚恳的态度、真挚的语气语调感染他人，运用同理心解读他人的心理，情感的渠道打通了，说服自然就会水到渠成。

2. 衡之以利，对症下药

人人都有趋利避害的心理，想要说服他人就要帮助其分析利弊得失，讲清利害关系。“衡之以利”要做到主动了解对方的处境及困难，真心诚意地为对方考虑，这样说服才能够事半功倍。

劝说的目的是要使对方心悦诚服地放弃自己的想法，接受劝说者的观点，这是一件十分困难的事情。因此，劝说一定要有的放矢。“对症下药”要做到在劝说前，首先找到问题的症结并掌握对方的心理。只有找到问题的症结，才能进行有针对性的劝说，不然的话，再多的劝说也只是白费口舌。

3. 抓住时机，耐心细致

劝说一定要抓住时机，趁热打铁。一方面有利于现实问题的解决和实际工作的开展，另一方面也降低了劝说的难度，有利于说服工作的开展。如果不及时，问题可能会变得越来越严重，矛盾也可能会进一步激化；同时对方的顾虑也会越来越多，推托的理由也越来越多，说服的难度就会越来越大。但也不可操之过急，否则可能适得其反。要充分考虑到对方的内心想法和情绪状态。例如，在对方非常激动的情况下，最好不要去劝说，等他冷静下来以后再进行劝说。因为在这种情况下他是不愿听，也听不进去别人的话的，甚至会因此迁怒于别人。

劝说需要足够的耐心和细致。现实中，要说服一个人，很难一次成功，有的甚至需要多次才能成功，其间还可能出现变化。例如，有的人经过劝说后，似乎是想通了，答应让步或者放弃自己的想法，但过了一两天可能又反悔了，甚至此种情况会反复出现。这就需要有足够的耐心，反复劝说直到说服为止。如果在劝说的过程中，自己先失去耐心，最后不仅无果而终，而且还有可能不欢而散。说服工作仅有耐心还不够，还需要细致。在劝说的过程中，要仔细观察对方的表情、动作等每一个细节，借此来把握其内心的想法和情绪的变化，并有针对性地加以劝说。如果只顾把自己想好的话一套一套地说出来，而不观察对方的反应；只顾顺着自己的思路走，而不考虑对方的立场、观点和看法，就很难消除对方心头的疑虑，也就达不到劝说的目的。

（二）说服的技巧

说服别人时运用一定的说服技巧，才能取得良好的说服效果。

1. 换位思考法

人们一旦有了需要，就会考虑实现的对策。因此，可以考虑站在对方的立场以合理的动机加以激发。换位思考法是指说服他人时能够设身处地地站在对方的角度看待问题、分析问题。运用换位思考法说服时要注意：

（1）多强调对方想要知道的内容。尽量不要强调劝说者为对方做了什么，而要强调对方能获得什么。

（2）多去考虑对方的要求和感受，尽量少谈自己的感受。

（3）涉及褒奖内容时，多用“你”少用“我”，褒奖的内容与沟通双方都相关时尽量用“我们”。

（4）涉及贬抑的内容时，避免使用“你”为主语，以保护对方的自我意识。

“卡耐基成功说服旅馆经理”案例中卡耐基成功运用了换位思考法来说服。可以设想一下,如果卡耐基接到信后,冲进经理办公室,大吼:“你是怎么回事?我已经把入场券都印好了,你早干什么了?你把我撵跑了对你有什么好处?”结果是可想而知的。卡耐基之所以说服成功,就在于当他说“假如我处在你的位置,或许我也会写出同样的通知”时,他已经完全站到了经理的立场上。接着他站在经理的立场上算了一笔账,抓住了经理的兴奋点——盈利,使经理心甘情愿地把天平砝码放到了卡耐基这一边。

2.“使人信”五步定式法

杜威提出了说服他人的“使人信”定式,由五个密切相关的步骤构成。这一定式为人们提供了一个说服的流程,能够帮助对方分析问题并找到解决问题的方案,过程有理有据,是一种很有效的说服技巧。在实际生活中,各个步骤可详可略,但其精髓不会改变。

具体步骤:第一步讲明存在的问题及其严重性;第二步帮助对方分析产生该问题的原因;第三步帮助对方收集各种可能解决问题的方法,尽可能穷尽一切方法,把自己准备提出的观点放在最后介绍;第四步依次分析这些解决方案的优劣;第五步,最终使对方认可并接受最理想的解决方案,也是最后提出的你认为最正确的解决方法。

3. 苏格拉底问答法

苏格拉底问答法又称苏格拉底法则,是希腊哲学家苏格拉底常用的说服别人的方式,被誉为“最聪明的劝诱法”。它的特点是谈话的过程中借助于问答来弄清对方的思路,引导对方去发现真理。苏格拉底更偏重于提问,不轻易回答对方的问题。具体的做法是说服者从对方所赞同的观点开始提问,在技术上使用大量封闭式问题让对方连连说“是”,并始终避免让他说“不”。当他不断地说“是的,是的”的时候,惯性心理会让他继续“是”下去。这时他全身对外处于一种松弛、接受状态,从而容易被说服。用问题引导对方去思考,有利于建立双方的认同感。

 **案例**

会说服客户的银行职员

我们来看一例银行职员争取存款的方法。一开始,客户说经济条件不好,一口回绝了。银行职员经过一番准备后,再次去拜访他。可客户还是说家庭条件不富裕,没有余钱。这时银行职员告诉他自己了解他的处境,然后问他:

“您是不是有一个女儿,一个儿子?”

他回答:“是的。”

银行职员又问:“您女儿是不是在读高中,儿子在读初中?”

他回答:“是的。”

银行职员继续问:“您女儿是不是将来准备考大学?儿子将来也准备考大学?”

他回答:“是的。”

银行职员马上接着问:“既然您现在经济条件都不太好,那时不是更紧张吗?”

他觉得有道理,说:“是的。”

既然如此，银行职员说："那您现在有意识地存点钱，将来是不是会好过一点呢？"他思考后回答："是的。"

银行职员终于用"是的，是的"法则赢得了一个客户。

（资料来源：丁远峙．方与圆[M]．广州：广州出版社，1996.）

要使对方回答"是的"，提问题的方式是十分重要的。封闭式的提问会限定对方的回答范围，引导对方跟着劝说者的思路走，得到想要的答案。

4. 以退为进的迂回策略法

当试图说服他人时，他的头脑中已经开始启动防御机制，对于一些特别固执己见的人，更是很难说服他改变自己的观点，这时直接不同意对方的观点和看法，亮出自己的想法，并希望他能放弃，说服的效果往往不好，有时还会造成两败俱伤的局面。因此，在劝说对方之前，先要认真倾听他的观点和看法，并对其加以肯定，甚至赞赏，使其放松戒备、消除对立情绪，为下一步劝说工作做好铺垫。然后再针对问题的关键一步步加以劝说，让对方在不知不觉中接受自己的观点和看法。以退为进的迂回策略是一种聪明的沟通方法，退不是消极的退让，而是表面上暂时的退让，这能避开对方的抵触，让对方放松警惕，拉近彼此间的距离，达到说服的目的。

5. 抬高对方法

人人都有被尊重、被赞美的心理需求，而被别人说服对某些人来说意味着对方比自己强，因此被说服的人大多是不太愉快的。很多人固执己见常常是因为放不下面子，因此说服之前抬高对方，先满足对方的自尊心，再提出建议，他便不会觉得受了轻视和伤害，说服就更加顺畅。抬高对方并不意味着毫无原则地阿谀奉承，而是根据对方的实际，讲究说话的方式，让对方愉快地接受劝说者的观点和主张。

6. 启发联想法

以推销商品为例，只有用巧妙的语言重点突出商品的某一种性能，使顾客产生良好的联想，才能有效做到使商品畅销。例如，要推销全自动洗衣机，与其说"省时省力，质量第一"，不如说"你可以一边看电视，一边洗衣服"；要推销自动开关收音机，与其说"操作方便，价廉物美"，倒不如说"你可以听音乐入睡，它会自动关闭"。启发联想，必须实事求是，不能随便描绘一幅根本无法实现的美景，更不能把坏的东西说成好的，那将是欺骗。但对一些表面不利的情况，从另一种角度去分析积极因素，从而启发其良好的联想，却是必要的。

7. 名言支持法

名言往往有一种号召力，特别是对于那些名人的崇敬者来说。因此，借助名人名言，有时会省去双方许多不必要的对话。引用名言时要注意：

（1）引证得明白确切。首先是内容要有针对性，并要把名人的姓名说出来；其次是对原话至少要记得大意。

（2）引用"受人欢迎"的名人的话。因为，对一个人的好感，与自己的信仰有很大的关系。

（3）引用有资格讲那句话的人所说的话。因为，在某个问题上，如果那个名人不是权威者，听者会产生一种心理障碍。例如，介绍经商的经验时，引述一些事业取得成功的大企业家的话；介绍学习方法时，引述一些自学成才的大学问家的话。

8. 冷热水效应法

可以巧妙地利用冷热水效应来说服他人。准备一杯温水，另外准备一杯冷水和一杯热水。

先将手放在冷水中，再放到温水中，会感到温水是热的：但如果先将手放在热水中，再放到温水中，就会感到温水是凉的。同一杯温水，令人出现了两种不同的感觉，这就是冷热水效应。

如果想让对方接受“一杯温水”，为了不被拒绝，不妨先让他试试“冷水”的滋味，再将“温水”端上，这样他就会欣然接受。冷热水效应通过构建心理落差，降低他人心中的标准，从而达到说服的目的。

9. 影射法

当两种观点对立的时候，往往需要一种缓冲的说法来调和矛盾。影射就是一种很好的方式。它是用一些小故事或生活中一目了然的道理，先与对方取得相同的立场。这样做，既可为下一步提出自己的观点埋下伏笔，又能维护对方的自尊心，比较容易奏效。

在中国古代史籍记载中，有许多贤臣劝谏君主的著名故事，如“螳螂捕蝉，黄雀在后”“狐假虎威”“鹬蚌相争”等，都是以影射的方式让他人相信某个事理的。

10. 利用数字法

数字本身是冷冰冰的，但是如果能用它来作为列举的论据，就会有很强的说服力。利用数字来说服要注意准确，否则会让人觉得虚假。

11. 重复申述法

把一件事重复申述，是加深对方认识的常用方法。特别是那些新观点，只讲一次两次人们是不会留下深刻印象的。刘备三顾茅庐才说服诸葛亮出山辅佐自己，多次申述也可使对方感受到你对他的重视与尊重。重复申述的次数也要掌握好，次数过多，用得不当，会使人厌烦。

12. 提示具体法

一旦对方对说服者所讲的原则有所理解时，不要就此以为自己的说服工作已大功告成。接受了，并不等于已经找到了处理问题的具体方法。指出迷津所在，还要告诉对方解决具体问题切实可行的有效方法，这样才会有助于对方了解行动的目标和步骤，并付诸实施。

13. 选择合适时机法

在对方态度很坚定，还没有准备接受说服之前，最好先不要急于去说。应该先探查他拒绝的原因，并选择另一个成熟的时机继续进行说服工作，这样，才能收到事半功倍的效果。一般来讲，在听众的情绪处于轻松、愉悦的状态下做说服工作的效果比在疲劳、困倦、烦恼及不安状态下好得多。

14. 利用逆反心理法

在改变人的态度时，根据逆反心理的特点，把某种劝说信息以不宜泄露的方式让被劝说者获悉，或者以不愿让人们都知道的方式加以透露，就有可能使被说服者更加重视这一信息，并毫不怀疑地接受它。

15. 利用时间差法

很多人可能都有这样的经历，闲逛时被某个商品吸引，正犹豫是否下手时，老板突然主动提议买再送某某小物品，你会觉得非常划算，并立刻掏出钱包买下。其实这个老板运用的就是这个高成功率的说服技巧，以“时间差”来增加商品的超值感。

说服的方法和策略很难穷尽，不同的说服情景和说服对象要采用不同的方式，要在沟通实践中不断总结。

案例

触龙说赵太后

赵太后刚刚执政,秦国就加紧进攻赵国。赵太后向齐国求救。齐国一定要用长安君来做人质,才出兵援助。赵太后不答应,大臣们极力劝谏。赵太后明白地告诉身边的近臣说:“有再说让长安君去做人质的人,我一定朝他脸上吐唾沫!”

左师触龙去拜见赵太后。赵太后气势汹汹地等着他。触龙缓慢地小步跑,到了赵太后面前,向赵太后道歉说:“我的脚有毛病,连快跑都不能,很久没来看您了。私下里我自己宽恕自己,又总担心赵太后的贵体有什么不舒适,所以想来看望您。”赵太后说:“我全靠坐车走动。”触龙问:“您每天的饮食该不会减少吧?”赵太后说:“吃点稀粥罢了。”触龙说:“我现在特别不想吃东西,自己勉强走走,每天走上三四里,就稍微增加点食欲,身上也比较舒适了。”赵太后说:“我做不到。”赵太后的怒色稍微消解了些。

触龙说:“我的儿子舒祺,年龄最小,不成材;而我又老了,私下疼爱他,希望能让他替补上黑衣卫士的空额,来保卫王宫。我冒着死罪禀告太后。”赵太后说:“可以。年龄多大了?”触龙说:“十五岁了。虽然还小,希望趁我还没入土就托付给您。”赵太后说:“你们男人也疼爱小儿子吗?”触龙说:“比妇女还厉害。”

赵太后笑着说:“妇女更厉害。”触龙回答说:“我私下认为,您疼爱燕后就超过了疼爱长安君。”赵太后说:“你错了！不像疼爱长安君那样厉害。”触龙说:“父母疼爱子女,就得为他们考虑长远些。您送燕后出嫁的时候,拉着她的脚后跟为她哭泣,惦念并伤心她嫁到远方,也够可怜的了。她出嫁以后,您也并不是不想念她,可您祭祀时,一定为她祝告说:‘千万不要回来啊。’难道这不是为她做长远打算,希望她生育的子孙一代一代地做国君吗?”赵太后说:“是这样。”

触龙说:“从这一辈往上推到三代以前,甚至到赵国建立的时候,赵国君主的子孙被封侯的,还有能继承爵位的吗?”赵太后说:“没有。”触龙说:“不光是赵国,其他诸侯国君被封侯的子孙,后继人有还在的吗?”赵太后说:“我没听说过。”触龙说:“他们当中祸患来得早的就会降临到自己头上,祸患来得晚的就会降临到子孙头上。难道国君的子孙就一定不好吗? 这是因为他们地位高而没有功勋,俸禄丰厚而没有劳绩,占有的珍宝太多了啊！现在您把长安君的地位提得很高,又封给他肥沃的土地,给他很多珍宝,而不趁现在这个时机让他为国立功,一旦您百年之后,长安君凭什么在赵国站住脚呢? 我觉得您为长安君打算得太短了,因此我认为您疼爱他比不上疼爱燕后。”赵太后说:“好吧,任凭您指派他吧。”

于是就替长安君准备了一百辆车子,送长安君到齐国去做人质,齐国的救兵才出动。

(资料来源:李燕,刘金凤. 团队合作与职业沟通[M]. 大连:大连理工大学出版社,2021.)

触龙迂回婉转,层层深入地瓦解了赵太后的心理防线,晓之以理,动之以情地说服了赵太后。触龙劝说成功的关键在于他了解赵太后爱子的心理,确实是为长安君做长远的打算。

二、拒绝的艺术

庄子钓于濮水

庄子在濮水悠闲地垂钓。楚威王闻讯后速派两位官员赶赴濮水，向庄子传达旨意，邀请庄子进宫，将楚国的治理大业拜托给庄子。

庄子手持钓竿听完楚王的意图后，头也不回，眼睛望着水面沉思片刻，说："楚国有神龟，死去已有三千年。楚王用锦缎将它包好放在竹匣中，珍藏在大庙的明堂之上供奉。请问：对这只神龟来讲，它是愿意死去遗下骨甲以显示珍贵呢，还是宁愿活着，哪怕是在泥塘里拖着尾巴爬行呢？"

两位官员听完庄子的一番发问，不假思索地回答："当然是选择活着，宁愿在泥塘生存。"

庄子见他们回答肯定，回过头悠然地告诉两位官员："有劳两位大夫，请回禀楚王吧，我选择活着！"

（资料来源：李燕，刘金凤．团队合作与职业沟通[M]．大连：大连理工大学出版社，2021．）

案例思考：庄子用什么方法拒绝楚国的两位官员，还有哪些拒绝的技巧？

喜剧大师卓别林曾说："学会拒绝吧！你的生活将会美好很多。"对别人有求必应，说起来很容易，做起来却很难。因为别人提出的要求并不全是合理的，有时候是无理的，如果不拒绝，可能会给自己带来麻烦。

在工作和生活中，有很多人不善于拒绝他人，在别人提出要求或寻求帮助时，即使自己很忙，或做起来很困难，也常常碍于面子，答应下来，结果打乱自己的计划，给自己带来了压力和焦虑，使自己的工作与生活陷入被动。

拒绝别人，要讲究方法，如果方法恰当，对方不仅不会责怪，反而觉得拒绝者可交；如果方法不恰当，轻则导致对方不满，重则对拒绝者怀恨在心。学会了拒绝，就能在沟通过程中游刃有余，立于不败之地。

（一）克服拒绝的心理障碍

"不善于拒绝"表面上看是面子问题，实际上是沟通中不够成熟的表现。判断一个人在社交中的心理成熟度，有三个标准：一要看能否自如地对别人说"不"；二要看能否主动要求别人帮助自己；三要看能否承受别人的拒绝。能够说"不"和能够接受被拒绝，需要自信和勇气。

心理学上认为不会说"不"，是人际交往中怯懦、心理脆弱的表现，不能在沟通中正确认识自己的价值，担心拒绝了朋友会失去友谊，企图通过情感贿赂来维系关系。但是接受了他人的请求就会获得对方的认可吗？很多时候，对方会得寸进尺，进一步提出更多不合理的要求，甚至认为不拒绝是软弱、没个性的表现。

怎样克服不善于拒绝的心理障碍呢？这就需要人们提升沟通自信和内在的自我价值感，

平时多给自己积极的心理暗示,赞美自己、鼓励自己。要建立这样一种意识:每个人都有权利说“不”,不必因为拒绝别人一件事而感到不好意思。在人际交往中,每个人都有表达自己观点和情感、维护自己合法权益的权利。

(二)拒绝的原则

1. 减少不悦和失望

任何人只要提出要求,不管其要求是否得当,总不希望遭到拒绝。一旦遭到拒绝,必然会表现出不悦或失望。这种不悦或失望会伤害人的感情,妨碍沟通和理解,妨碍建立正常的人际交往关系,因此,拒绝时应把尽量减少对方的不悦或失望作为首要原则,要以尊重和理解对方为前提,尽可能婉言拒绝,不伤害他人的自尊。

2. 寻求理解和认同

拒绝容易伤害感情,主要原因是对方对拒绝的理由或做法不理解,这就要求人们在拒绝的同时,要寻求对方的理解和认同。一是要尽可能摆出合理的拒绝理由,如果对方认为拒绝者所陈述的理由合情合理,即使遭到拒绝后不愉快,也会表示一定程度的理解;二是讲究方式,拒绝的方式得当,就会达到婉言拒绝的最佳效果。

3. 语言婉转且温和

拒绝别人的立场要坚定,但语言要委婉,语气要温和。不能帮助别人,要尽量表示歉意,面带微笑,表达上能够给对方留面子,避免难堪,使对方更乐于接受。

《红楼梦》第三回有一个黛玉婉拒邢夫人的情节:邢夫人苦留黛玉吃过晚饭离开。黛玉笑着回答道:“舅母爱惜赐饭,原不应辞,只是还要过去拜见二舅舅,恐领了赐去不恭,异日再领,未为不可。望舅母容谅。”邢夫人听完,笑道:“这倒是了。”黛玉拒绝得十分委婉、得体,得到了邢夫人的理解。

4. 态度诚恳且坚决

拒绝别人的态度一定要诚恳,在能直言的情况下,尽量直言相告,不要找理由敷衍、搪塞。同时态度要坚决,不可吞吞吐吐、模棱两可,让对方产生误解。无论对方的要求多么强烈,只要你认为不能接受,就应该坚决地予以回绝:“实在抱歉,我无能为力。”“对不起,我没有办法答应。”否则,给对方的希望越大,拒绝后对方的失望就越大。而且,如果由于拖延的态度耽误了对方的事情,才会真的伤和气。

(三)拒绝的技巧

1. 避实就虚法

对某些严重违反原则或直接损害公众利益的要求,必须旗帜鲜明地拒绝。用一个否定词“不”,严词回绝固然能表明态度,但在特殊的场合这样拒绝显然会弄僵氛围,远不如采用似是而非的话,避实就虚地答复效果理想。

2. 幽默化解法

幽默是沟通中的调和剂,即使气氛紧张,用幽默的语言也可以轻松化解。在无法满足对方提出的不合理要求时,在轻松幽默的话语中设一个否定之词或讲述一个精彩的故事让对方听出弦外之音,既避免了对方的难堪,又转移了对方被拒绝的不快。幽默的拒绝方式更能得到别人的理解。钱钟书的《围城》一书出版后,轰动文坛,很快被译成多种文字传到国外,一个美国读者非常钦佩他的才华,想来中国拜访他,钱钟书幽默地拒绝道:“您已经尝到鸡蛋的味道,何必还要看那只生蛋的母鸡呢?”

3. 巧借他人法

当自己确实不能帮助别人,直接说“不”又不合适的情况下,可以寻找一个非个人的原因作借口,巧妙地借用他人的身份表示拒绝,更容易被人理解和接受。同时,也表现出自己的难处,确实爱莫能助,别人也就不会勉强。例如,“实在很抱歉,我们公司规定不能够……”“我知道你很需要这个东西,只是我们经理有交代……”当对方知道你不能做主时,就会知难而退。

4. 话题转移法

当不愿意答应别人的请求、直接拒绝又不太合适时,可以采用巧妙转移话题的方法,把话题引到和请求毫不相干的地方,慢慢转移他人的注意力,拖延时间,迂回地拒绝。这种拒绝方式可以避免说服与被说服的争论,很好地维护双方的颜面。

5. 适当补偿法

这是一种突出“恳求”,从而拒绝的方法,是常用的拒绝方法。运用这种拒绝方法,首先应抱诚恳的态度,也就是说自己确有不能满足对方要求的理由;同时还要尽量让对方理解自己拒绝的原因,使友情不受到伤害。在婉转拒绝他人要求的同时,给些建议予以弥补。例如,卡耐基在拒绝一次演讲邀请时,就说:“很遗憾,我实在排不出时间来。”紧接着,他又推荐说,“约翰先生讲得很好,说不定比我更合适!”

使用适当补偿法时要注意,提出的建议既不能损害他人利益,又要对解决问题有帮助。

6. 心理满足法

在拒绝别人之前,可以明确表示很希望满足对方的要求。这样做,至少可以在心理上使对方得到满足。例如,有人邀请你双休日去郊游,而你对这个时间早已做了安排。可以说:“郊游? 太棒了! 我早就想和你一起好好到郊外玩玩了,可是……”由于你对没有答应他的要求表示了遗憾,他虽然遭到拒绝,心里还是感激你的。需要注意的是运用该法内心一定要坦诚,否则就会让人觉得你很虚伪,从而适得其反。

7. 正面诱导法

需要拒绝时,可以在言语中安排一两个逻辑前提,不直接说出逻辑结论,逻辑上必然产生的否定结论留给对方自己去得出,效果往往比较理想。

案例

战国时,韩宣王想重用两个部下,便问大臣掺留的意见,掺留明知重用二人不妥,但直言其“不”,效果肯定不好,一是可能冒犯韩王,二是韩王以为自己嫉妒贤能。于是掺留用下面这段话表达了自己的见解:魏王曾因重用这两个人丢过国土,楚国也曾因重用他们而丢过国土,如果我们也重用这两个人,将来他们会不会也把我国出卖给外国呢?

(资料来源:吴雨潼. 人际沟通实务教程[M]. 3版. 大连:大连理工大学出版社,2018.)

8. 顺水推舟法

对于有些不想回答或无法回答的问题，可以巧妙地把对方置身于同样的情景之下，诱导对方做出判断，从而让对方能够明白自己的处境和困难，借此巧妙地拒绝对方。

王丽妙答同事

王丽作为销售代表刚刚参加完公司的会议，此次会议的议题是策划新的销售方案，会议内容要求保密。王丽回到办公室，同事郑鑫就凑了过来，轻声地向王丽打听会议内容。王丽灵机一动，凑到郑鑫的耳边轻声地说："你能保守秘密吗？"郑鑫回答："能，当然能！"王丽笑着说："那好吧，我也能。"

（资料来源：胡成富．涉外人际关系谈[M]．西安：陕西旅游出版社，1990.）

对不适合正面回答的问题，顺水推舟推给对方，让对方明白你不能回答的苦衷，从而达到委婉拒绝的目的。

9. 主动出击法

当提前了解到别人将要来办一些自己不愿意办或是对自己不利的事情时，可以主动出击，抢先开口，给对方明确的暗示，以达到拒绝的目的。

周瑜巧拒蒋干

《三国演义》第45回讲到曹操为破东吴束手无策之时，曹营中的幕僚蒋干毛遂自荐，愿意去东吴说服周瑜归降。

两人一见面，周瑜就开门见山地说："子翼不辞辛苦远道而来，是为曹操做说客的吧？"蒋干没想到周瑜竟有这一手，忙说道："这么长时间没见，特意前来和老朋友叙叙旧，你怎能怀疑我是说客呢？"接着周瑜摆宴席招待蒋干，席间对众将说："这是我的同窗好友，虽然从江北来，却不是曹操的说客，你们不要怀疑。"并解下佩剑交给太史慈说："你佩上我的剑做监酒，今天宴饮，只叙朋友交情，如有谁提起曹操和东吴军旅之事，就斩下他的首级。"蒋干大吃一惊，不敢多说话。

宴后，周瑜拉着蒋干的手说："大丈夫生在世上，遇到知己之主，外托君臣之义，内结骨肉之恩，言必听，计必从，祸福与共，即使是苏秦、张仪、陆贾、郦生那样的人再生，口若悬河，舌如利剑，又怎么能说动我的心呢？"蒋干面如土色。

（资料来源：李燕，刘金凤．团队合作与职业沟通[M]．大连：大连理工大学出版社，2021.）

足智多谋的周瑜主动出击、单刀直入点破了蒋干来吴的企图，掌握了谈话的主动权，让蒋干连说服的机会都没有。

10. 推迟做决定法

当对方的要求不是很过分，自己由于各种原因无法帮助他的时候，可以采取拖延考虑的方法。例如,“哦,我再和朋友商量一下,过几天再回复你,好吗?”“是这样啊,我还没有想好,考虑一下再答复你可以吗?”“这个事不小,我得再研究研究。”等等。

这样可以给自己留下充足的考虑时间,有时也可找出折中的方案有条件地答应,有时也可能会不了了之。

11. 假托直言法

直言是对人信任的表现,也是与对方关系密切的标志。但是,有时直言可能逆耳,不能收到预期的效果。在这种情况下,要拒绝、制止或反对对方的某些要求、行为时,可采取假托由于非个人的原因作为借口从而加以拒绝,这样对方就容易接受。例如,某报社的推销员登门要求你订阅他们发行的报纸,可你不想订阅。你可以很有礼貌地说:“谢谢。你们的服务很周到,可是我家已经订阅了其他几家报社的报纸了,请谅解。”

12. 模糊应对法

在交往中,由于某种原因不愿意或不便于把自己的真实想法说给对方,这时就可以用模糊语言来应对。例如,在医院里,一位患有严重疾患的病人问医生:“我的病是不是很重,还有康复的希望吗?”医生回答:“你的病确实不轻,但是经过治疗,安心养病,慢慢会好的。”这里的“慢慢会好”是模糊语言。这“慢慢”是多久,是说不清的,但给病人以希望,对病人是一个极大的安慰。

13. 可行性妥协应对法

这种方法是明确表示你希望满足对方的要求,并表示同情,可是实际上是心有余而力不足,请对方谅解,而不直接拒绝。这样也能收到良好的效果。例如,客户要求电信局安装市内住宅电话,由于供不应求,无法一一满足,但又不能拒绝客户的要求。回答时,应表示同情,并热情地说:“满足客户的要求是我们应尽的责任,可是由于目前线路短缺,还不能全都解决,我们正在创造条件,请你耐心等待。”

14. 选择应答法

选择应答是对对方提出的问题有选择地回答,而不直接否定对方提出不合己意的问题。例如,星期天你的妻子说:“今天我们去看话剧好吗?”而你不愿去,却说:“去看电影怎么样?”这样回答不会引起对方的反感,可能会同意你的意见。

任务三　赞美与批评的艺术

让人飘飘然的夸奖

办公室里来了一位客户,张经理打电话让手下小王去招呼客户,给客户倒水。小王正忙着做今天的报表,这时,她看到身旁的小郑刚好忙完了,于是对小郑说:“你替我去一趟吧,我这里还有太多工作。”小郑说:“还是你去吧,经理让你去又没让我去。”小王看小郑不太乐意去,就开玩笑似的说:“经理不知道你有空,咱办公室里就数你最漂亮,最有气质,看我们这长相,都拿不出手去,影响客人喝茶。”小郑一听笑了,痛快地答应了。

(资料来源:李燕,刘金凤. 团队合作与职业沟通[M]. 大连:大连理工大学出版社,2021.)

案例思考:案例中小王是如何让小王答应帮忙的?请谈谈赞美在沟通中的作用与重要性。

每个人都希望获得赞美和掌声。真诚的赞美不但是对他人的肯定,也是融洽人与人之间关系的润滑剂;同时,肯定别人的长处,也是一种胸怀宽广、气度不俗的表现,能反映自身的修养和美德。

一、赞美的艺术

(一)赞美的作用

赞美是一种美德,学会赞美是事业成功的阶梯。所谓赞美,就是对他人的优点、成绩或进步的肯定和赞赏。在沟通中,赞美能通过对他人的优点做出肯定和积极的反应,有效缩短人与人之间的心理距离,实现双方良性情感交流和心灵沟通。从心理学的角度看,人人都希望获得别人的赞美,也就是我们通常所说的“好听的话人人爱听”。可见赞美在人际交往中的重要作用。

1. 人人都需要赞美

马斯洛的需求层次理论指出,荣誉和成就感是人的高层次的需求。获得赞美和鼓励是一个人内心深处的人性需求,赞美好比空气,人人不能缺少。

赞美具有一种能量,它能改变人的行为,当一个人获得另一个人的赞美时,便感觉获得了支持,获得了积极向上的动力,从而增强自我价值感,变得自信、自尊,并努力达到对方的期待。心理学研究发现,人们在受到赞美和鼓励时,能力能够发挥到 70% ,相反,没有受到赞美和鼓励时,能力只能发挥到 30% 。

2. 赞美可以使自己快乐

赠人玫瑰,手留余香。发自内心的赞美会令对方快乐,也会让自己心情愉悦,带来积极的人际效应,积极阳光的心态会让幸福指数倍增。

每个人都需要赞美,任何人都无法拒绝别人的赞美,即使有时会觉得言过其实,但内心还是会飘飘然的。

(二)赞美的原则

1. 态度真诚

真诚的赞美是发自内心的,是对他人优点的由衷欣赏。赞美他人时,应语气亲切自然,表情和悦真挚,使人感到情真意切。

2. 时机恰当

赞美是一种行为反馈,这种反馈一定要及时,时过境迁就起不到赞美的作用。要善于关注他人的变化,及时送出表扬或鼓励,让他人感受到关注和重视。

3. 内容具体

赞美他人,内容越具体效果越好。含糊其词的赞美往往给人以敷衍的感觉,内容具体翔实,才能表明对对方的了解和重视。例如,“你长得真漂亮!”就不如“你长得真漂亮!尤其眼睛,大而有神,让人羡慕!”内容翔实,赞美的效果好;“你的演讲非常有思想性,特别是那句……”比“你的演讲很棒!”更能显示出赞美者认真倾听了演讲,也使赞美更容易让人接受。

4. 适度得体

赞美要适度得体。首先,内容要适度,实事求是。夸大其词会给人虚伪的感觉,很难起到赞美的作用。其次,方式要适度,赞美应因人而异,根据对方性格、年龄、身份等的不同采用不同的赞美方式,恰到好处的赞美才能让人如沐春风。例如,对老年人,要多赞美他丰富的人生阅历;对年轻人,要多赞美他具有开拓精神;对小孩子,要多采用激励式赞美。

(三)赞美的技巧

赞美是件好的事情,但并不是一件简单的事。若在赞美别人时,不能恰如其分,缺乏一定的技巧,即使是真诚的赞美,也会使好事变为坏事。

赞美是为了使他人愉悦,所以必须要真诚,如果不真诚,而是言过其实的阿谀奉承,只会适得其反。同时,赞美要及时,及时的赞美会让人更加高兴。赞美的前提是要有一双发现美的眼睛,能够发现别人身上的赞美点。一个人身上的赞美点有很多,可以分为:外在的穿着打扮(服装、领带、手表、眼镜、鞋子等)、头发、身体、皮肤、眼睛、眉毛等;内在的品格、作风、气质、学历、经验、气量、心胸、兴趣、爱好、特长、处理问题的能力等;关联的籍贯、工作单位、邻居、朋友、职业、同事、亲戚等。选用不同的赞美点会取得不同的效果,要根据赞美的对象和赞美情景的不同选择最合适的赞美点。当然,除此之外,还需要掌握一定的技巧,选择合适的赞美方法,这样才能在适当的时机给人恰到好处的赞美。

1. 间接赞美法

真诚、直接地赞美他人,效果固然好,但如果表达不当,反而会让人觉得不舒服。相比之下,间接赞美更富有艺术性,效果更好。

间接赞美可以通过以下形式进行:

(1)借他人之口来赞美。借他人之口可以避免直接赞美引起的尴尬和不适。例如,要表扬小王,可以说“前两天和张经理说起你,他夸你工作能力很强啊”,这样借用他人之口的赞美更自然,更易于接受。

(2)让他人替你去赞美。不当面赞美,而是对别人说,通过他人的言语把你的赞美传递给对方。这种赞美方式适合用来化解矛盾,既可以缓解面谈的尴尬,又可以让对方感受到你的诚意。这种方式有时比当面赞美所起的作用更大。一般来说,背后的赞美都能传达到本人,除了能起到赞美的激励作用外,更能让被赞美者感到对他的赞美是诚挚的,因而更能增强赞美的效果。

《红楼梦》中有这样一段故事。有一次贾宝玉因为史湘云、薛宝钗劝他入仕从政,便对史湘云和袭人赞美林黛玉道:“林姑娘说过这些混账话吗?要是她也说这些混账话,我早和她生分了。”碰巧黛玉这时来到窗外,无意中听见,使她“不觉又惊又喜、又悲又叹”。结果宝黛俩互诉肺腑,感情大增。

(3)赞美相关的人和事。有时赞美与他人相关的人和事比赞美本人效果要好。例如,赞美一位妈妈,一句“你儿子真聪明啊”,可能比赞美妈妈本人更让她高兴。赞美一个人的能力可以赞美他做的事情。“你这件事办得太漂亮了”,其实就是对他个人能力的最大认可。

2. 因人而异赞美法

人的素质有高低之分,年龄有长幼之别,因人而异,突出个性,有特点的赞美比一般的赞美能起到更好的效果。老年人总希望别人不忘记他“想当年”的业绩与雄风,同其交谈时,可多称赞他引以为自豪的过去;对年轻人,不妨语气稍为夸张地赞扬他的创造才能和开拓创新精神,并举出几点实例证明他的确能够前程似锦;对于知识分子,可称赞他知识渊博、宁静淡泊……当然这一切要依据事实,切不可虚夸。

3. 实事求是赞美法

在赞语没说出口时,先要考虑一下这种赞美有没有事实根据,对方听了是否会相信,第三者听了是否会不以为然。一旦出现异议,有无足够的证据来证明自己的赞美是站得住脚的。所以,赞美只有在事实根据的基础上进行才有意义。

4. 欲扬先抑赞美法

心理学上有一种阿伦森效应,是指随着奖励减少而导致态度逐渐消极,随着奖励增加而导致态度逐渐积极的心理现象。阿伦森效应的实验是将实验人分成四组,分别对某人给予不同的评价,借以观察某人对哪一组最具好感。第一组始终对之褒扬有加,第二组始终对之贬损否定,第三组先褒后贬,第四组先贬后褒。对数十人实验过后,发现绝大部分人对第四组最具好感,而对第三组最为反感。

实验表明,人们更喜欢欲扬先抑的赞美,这种赞美方式可以利用人们的心理落差,产生更大的惊喜,取得更好的效果。例如,赞美他人的车技,可以这样说"我记得以前你车技一般,怎么现在开得这么好了"。欲扬先抑,人们往往对后边的赞美感受更深。

5. 谦虚请教赞美法

"三人行,必有我师",每个人身上都有值得学习的地方。虚心向他人请教,也是一种赞美的技巧。例如,"你做的菜真好吃,是怎么做的? 我怎么做不出这个味道来。"这种赞美既能满足他人得到肯定的需求,又能取得他人的信赖,获得他人的指导。

6. 措辞适当赞美法

措辞要适当。一位母亲赞美孩子:"你是一个好孩子,有了你,我感到很欣慰。"这种话就很有分寸,不会使孩子骄傲。但如果这位母亲说:"你真是一个天才,在我看到的小孩中,没有一个赶得上你的。"可能就会把孩子引入歧途。

7. 热情具体赞美法

有人在称赞别人时表现出漫不经心,例如,"你这篇文章写得很好""你这件衣服很好看""你的歌唱得不错"。这种缺乏热诚的空洞的称赞往往并不能使对方感到高兴,有时甚至会由于你的敷衍而引起反感和不满。称赞别人要尽可能热情具体,可将上述三句称赞的话分别改成:"这篇文章写得很好,特别是后面一个问题很有新意""你这件衣服很好看,这种款式很适合你的气质""你的歌唱得不错,不熟悉你的人还以为你是专业演员呢"。

8. 信任刺激赞美法

通过激励式的语言来表达对对方的信任,激发其做事的动力,这是一种信任刺激式的赞美。例如,我们经常听到领导在布置任务时会对下属说这样一句话"这件事只有你能干好"。作为下属听到这句话时会很受鼓舞,觉得自己的能力得到了肯定,接着他会更出色地完成任务。信任刺激法的经典句式是:"只有你……""只有你能帮我……""这件事只有你能办成……"等。

9. 雪中送炭赞美法

最需要赞美的不是那些功成名就的人,而是那些因被埋没而产生自卑感或身处逆境的人。

他们平时很难听到一声赞美的话语，一旦被人当众真诚地赞美，便有可能振作精神。因此，最有实效的赞美不是"锦上添花"，而是"雪中送炭"。

10. 恰当赞美法

两个学生各拿着自己画的一幅画请老师评价。老师如果对甲说："你画得不如他。"乙也许会比较得意，但甲心中则一定不悦。不如对乙说："你画得比他还要好。"乙固然会很高兴，而甲也不至于太扫兴。

11. 鼓励赞美法

用赞美来鼓励，能增强人的自尊心。要使一个人努力把事情干好，首先要激起他的自尊心。如果一个人是第一次做某件事情，不管他做得多么不好，都不要严加指责，而应该说："第一次有这样的成绩就不错了。"对第一次登台、第一次比赛、第一次写文章、第一次……的人，这种赞扬会让他深刻地记忆一辈子。

12. 独到赞美法

在赞美他人时，一定要与众不同地找出对方值得赞美的优点。每个人都有自己的优点，许多人还取得了令人瞩目的事业上的成功，如果赞美一些众所周知、显而易见的东西，很难打动对方。应该找出那些不为人知，但他本人却很有信心的部分加以肯定和赞美，对方定会喜上心头。

13. 适度赞美法

赞美的方式要适宜，即针对不同的对象，要采取不同的赞美方式和口吻。例如，对年轻人，语气上可稍带些夸张；对德高望重的长者，语气上应带有尊重；对思维机敏的人要直截了当；对有疑虑心理的人，要尽量把话说透。

赞美的频率也要适当，在特定时间内，一个人赞美他人的次数，尤其是赞美同一个人的次数越多，其作用力也就越低。所以应该记住，人们需要赞美，但千万不要轻易赞美。如果一个人太频繁地赞美别人，别人对这个人的赞美就觉得无所谓了，甚至还会认为这个人是一个献媚者。在这种情况下，赞美别人一次，别人就会增加一份对赞美者的警惕和反感。

14. 迂回赞美法

直接赞美一个人，有时反而会使他感到你很虚伪，或者会疑心你不是诚心的。这时，有必要采取一些迂回的方法。例如，可以称赞他所从事的职业以及这个职业在生活中的地位、作用等，这样不仅能起到赞扬、鼓舞对方的作用，还能使他感到你的赞美是真诚的。

二、批评的艺术

赞美如阳光，批评如雨露；赞美是鼓励，批评是监督。在沟通中既需要真诚的赞美，也需要善意的批评。当发现别人的过失时，及时地予以指正和批评，是很有必要的。但在批评他人时，要讲究策略，如果出于一时冲动，或为逞口舌之快而口无遮拦，一定收不到好的效果。

（一）批评的原则

什么样的批评能够做到忠言也顺耳呢？可以遵循语言大师们多年以来总结的一些原则。

1. 真诚适度

在善意地批评别人时，用这样的话开头，可能效果会更好："我曾经也犯过这样的错误。""可能你也不明白什么地方出了错。""这件事情你也尽力而为了，虽然结果还是出了错。"真诚往往最能够打动人。

心理学研究表明,一种批评如果反复进行,就会失去激励的作用。有经验的人在批评他人时,总是“见好就收”,适可而止。

2. 理解对方

谁都不愿意犯错误,特别是当事人内心已经很自责时,他们更加需要别人的心理支持:“我想你现在可能很难受。”“抽空,我们找个时间,一起分析一下失误的原因好吗?”“我相信你下一次一定会做好的。”

3. 切勿指责

指责只会让人与人之间陷入恶劣的情绪之中,导致影响理智和判断力。避免说这样的话:“我都跟你说过多少遍了?”“你为什么总犯同样的错误呢?”“我看你真的是无可救药啦!”

4. 实事求是

批评人要尊重事实,以理服人,就事论事,对事不对人,既不能无中生有,也不能无限上纲。在批评他人前,一定要弄清事实的真相,不能捕风捉影。如果批评超出了事实范围,甚至进行人身攻击,就会严重伤害对方的自尊心,使他感到在人格上受到了侮辱,这就会把对方推到你的对立面去,使问题变得不容易解决。当批评别人时,要时时刻刻反问自己:“我是否针对当事人了?”“我是否忽略失误本身了?”“我是否进行人身攻击了?”

5. 委婉暗示

面对直接批评时,任何人内心的第一反应都会不舒服,因为批评就是惩罚。暗示如同苦药丸外面的“糖衣”,利用含蓄委婉的方式,更能达到治病救人的最终目的。

6. 因人而异

针对沟通对象的年龄、性别、职务及性格等因素采取不同的批评方式。例如,一个很自卑的人犯错时,给予其适当的安慰会胜过千言万语,因为他本身已经非常自责;对于一个很爱面子的人,一边批评一边给其下来的台阶,他会及时纠正自己的失误;而对于一个心服口不服的人,没有必要抓住不放,重要的还是看他的行动。

7. 分清场合时机

批评的时机与场合十分重要,千万不要进行批斗会式的批评。

(二)批评的禁忌

1. 不吹毛求疵

有过错,批评是必要的,但并不是事事都要批评。对于那些鸡毛蒜皮的小问题、小毛病,只要无关大局,应该采取宽容的态度,切不可斤斤计较、过于挑剔。否则会让人感到无所适从、谨小慎微,并以得过且过的态度来应付工作;或者给人小题大做,甚至故意整人的感觉。

2. 不背后批评

俗话说:“当面批评是君子,背后议论是小人。”这句话反映了人们的一种普遍心理,即不喜欢背后批评。当面批评,可以使对方清楚地知道自己的错误并了解批评者的态度和意见,也便于双方进行交流,纠正错误或消除误会。这就是人们常说的“当面锣,对面鼓”。如果背后批评,可能会使对方产生误会,认为批评者用意不善、心里有鬼。再说,不是当面讲的话,经他人之口传达,会变形、走样,以至于出现以讹传讹的情况,不利于问题的解决和矛盾的化解。

3. 不捕风捉影

批评的前提是事实清楚，责任明确，但在现实生活中，常常有人特别是领导，在还没有弄清事实真相的情况下，仅凭道听途说就批评人。这样不仅难以服人，同时还有可能冤枉好人。在批评之前，一定要进行深入调查，弄清事实真相，不能听风就是雨。

4. 不恶语伤人

人都是会犯错误的，也是有自尊心的，犯了错误接受批评、甚至承担责任是应该的，但不可因此而不顾及他人的自尊，恶语伤人，甚至进行人身攻击，图一时之快。这样不仅会伤害对方的自尊，让人记恨一辈子，正所谓“良言一句三冬暖，恶语伤人六月寒”，同时也有损自己的形象。

5. 不揭人老底

批评要及时，要针对目前发生的问题加以指正，尽量不要提及过去的事，动不动就“老账新账一起算”，例如：“你总这样”“你从来就不为别人着想”等。更不要揭人的短处和伤疤，触及人格和隐私。

6. 不婆婆妈妈

批评是为了帮助别人，而不是为了让别人认识到自己是有多么的愚蠢。因此，批评要抓住要害，批评一次就够了(即便老是犯同样的错误)，不要婆婆妈妈、喋喋不休。多次重复批评，不仅会让对方觉得很烦、很没面子，同时也会极大地挫伤对方的自信心。

7. 不弃之不管

批评不是为了指责他人，而是为了治病救人；批评是手段，不是目的。因此，在批评后要注意观察他的变化，对他表示关心和爱护，有了进步要及时肯定。只有这样才能达到批评的目的，也有助于消除猜忌的心理。

8. 不以势压人

批评要在平等友好的气氛中，以说理的方式进行，才容易被接受。但在现实生活中，常常有人凭着自己手里的权力、家中的财力或出众的能力，自觉高人一等，居高临下，颐指气使，不是以理服人，而是以势压人，叫人口服心不服，最终导致双方对立，不利于问题的解决。

(三)批评的技巧

批评不是为了指责对方，更不是为了要威风、甚至打击报复，而是为了纠正错误或解决问题，因此，批评一定要尊重对方，并出于真诚的善意及时提出。同时，要想对方能虚心接受批评，还需要讲究一定的方法和技巧，力争做到“忠言”但不“逆耳”。

1. 先肯定后批评

心理学研究表明，接受批评最主要的心理障碍是担心被批评会伤害自己的面子，损害自己的利益。为此，在批评前要帮助对方打消这个顾虑，才能使被批评者听得下去。应先表扬、后批评，即在肯定对方成绩的基础上再进行适当的批评。

一开口就直接指出对方的错误或缺点，会让人感到难堪，不愿接受，甚至会产生反感或对抗心理。因此，在批评之前不妨先肯定对方，这样效果会更好。例如，“你这篇文章的立意和结构都不错，要是语言上再提炼一下则更好。”“你平时表现一直很好，但最近好像有点心不在焉，不知道为什么？”

 案例

有个贪玩的小女孩儿,只顾与她的小狗说着悄悄话,当她上了二楼突然看到墙上“严禁携带动物入内”的警示牌,才发现小狗已没地方藏,便赶紧乖乖地站好,一边紧搂着小狗一边看着迎面走来的商场的保安,等待着想象中的“狂风暴雨”。

不料保安不仅没有生气,还笑眯眯地看了看她,问:“多么可爱的小狗,它叫什么名字?”小女孩轻轻回答:“它叫贝贝。”保安再次笑了笑,摸了摸小狗的头,说:“亲爱的贝贝,你怎么糊涂了? 我们这儿是不准小狗带小姑娘进来的,但既然来了也就不难为你了,请离开时记住,千万别忘了带走你身边的这位小姑娘!”

(资料来源:吴雨潼. 人际沟通实务教程[M].3版. 大连:大连理工大学出版社,2018.)

肯定之后的批评,远比批评之后的肯定来得有效。如果想让对方改正缺点和错误,不妨先来赞美他,趁对方高兴之际,再指出其缺点和错误。

2. 重“评”轻“批”

如前所述,批评的最终目的是纠正错误或解决问题,因此在批评时要做到重“评”轻“批”。重“评”,就是重点指出问题带来的影响,使对方认识到问题的严重性;同时帮助对方分析问题产生的根源并提出解决办法,供对方参考,从而达到纠正错误和解决问题的目的。轻“批”,就是不要过多、过分地指责或训斥对方,更不能破口大骂,让对方颜面扫地。例如,“你看看你做的好事,经理要是知道了,一定会让你卷铺盖走人!”“你真笨,这么简单的事也做不好!”对于一些无关紧要的小错误,不必计较,点到为止。

 案例

一位从不愿抛头露面的人,发现一家报纸刊登了一张他极不愿公开的个人照片,于是他写了一封信给编辑。并没有直截了当地写“请你不要再刊登我那张照片,我不喜欢它。”他诉诸一项高尚的动机,即每个人对母亲的尊敬及喜爱的心理,写道:“请不要再刊登我那张照片,因为我母亲不喜欢那张照片。”

(资料来源:吴雨潼. 人际沟通实务教程[M].3版. 大连:大连理工大学出版社,2018.)

3. 多用间接批评

人都是有自尊心和荣誉感的,有的人之所以不愿接受批评,主要原因便是怕触伤自己的自尊心和荣誉感。为此,在批评他人时,便可寻找一种不同于直接批评的方法,却能达到批评他人使其改正错误的方式。俗话说得好,“响鼓不用重敲”。它的意思是,明白人不需要多讲,只要稍稍点拨一下或委婉地加以暗示就可以了。这就告诉我们,批评尽量不要正面直接指责,甚至破口大骂,而要多用委婉含蓄的方式点到为止。例如,“点事不点人”“点单位不点人”等旁敲侧击的批评、幽默式批评、征询式批评、类别式批评、现身说法式等多种间接批评方式。当对方已经表明某一态度和意见,要纠正他最好的办法是为他找一个安全合理的理由,既保全他的面子,又使他全面地改变自己的观点和态度。例如就事论事,把责任推给模糊的第三者,使当事人有台阶可下。

一位顾客到某商店退换一件高级衬衫，她声明这件衣服没有动过，主要是她丈夫不喜欢。精明的营业员看到衬衫有污痕，知道衣服是被穿过的，但顾客已声明“没动过”，于是营业员给她一个台阶让她体面地收回她的声明：“你可能是没有动过，或许你不在家时你家里哪个人动过它，你看这污迹是表明有人穿过的。我也经常遇到这样的事，买回家好好的衣服，第二天就被我丈夫搞脏了。”

（资料来源：吴雨潼．人际沟通实务教程[M].3版．大连：大连理工大学出版社，2018.）

4. 寓批评于鼓励之中

不从正面提出批评，而是从侧面巧妙地给予鼓励和提醒，同样会起到预期的批评效果。

一名中学生，酷爱打篮球，课余大部分时间都花在打球上。在一次市里举行的中学生篮球赛中顽强拼搏，为本队获取第一名立下了汗马功劳，但学习成绩就是一直上不去。老师对他说：“你篮球打得这么好，与你平时的刻苦训练分不开，要是你在学习上也能这样下苦功，你的学习成绩一定能提高。”

（资料来源：吴雨潼．人际沟通实务教程[M].3版．大连：大连理工大学出版社，2018.）

5. 学会无声批评

有时，批评没有什么效果，甚至会越说越火、越闹越僵。这时，可以学着运用无声批评，因为它可能比有声批评更有效。例如，经理在开会讲话时，下面有人在小声说话，经理批评也不管用，甚至说得更厉害。如果经理不是用言语批评，而是用眼睛看着他、示意他，反而会收到好的效果。再例如：老师叫学生打扫教室，同学们会互相推诿，这时如果老师一句话也不说，拿起扫帚就扫地，同学们就不好意思再推诿了，会跟着老师一起干。

6. 批评的注意事项

一是要注意场合。尽量不要当着面批评整个团体，即“一棒子打倒所有人”，这样不仅起不到好的效果，还容易挫伤团队的积极性；也不要当着众人的面指名道姓地批评人，这样会让人太难堪。

二是要注意考虑对象。根据不同身份、地位、年龄、性别、性格的人，采取不同的批评方法，才能收到好的效果。例如，相较于男性，女性的面子更薄，批评要更加委婉含蓄；好胜心强的人可以当面直接批评，甚至运用“激将法”，才能起到更好的效果。

三是要注意态度和语气。批评人时要心平气和，语气委婉，既不要趾高气扬、盛气凌人，也不要怒气冲天、出口伤人。尽量不使用命令语气，更不要把话说绝。因为这样会引起对方的反感和强烈不满，进而将矛盾激化。

本项目介绍了倾听的内涵、层次、方式和倾听障碍，克服倾听障碍的技能和有效倾听的技

能,有效说服的原则和技巧,委婉巧妙拒绝的原则和技巧,赞美和批评在沟通中的原则和技巧等相关内容。要进行巧妙有效的沟通,就要做一个善于倾听的人,掌握倾听的方法,用心倾听;就要学会用妙语让别人接受,学会委婉含蓄巧妙拒绝的艺术,使说服更有效,拒绝不伤人;就要学会巧妙赞美或批评的艺术,以达成沟通目标,使沟通更顺畅,人际关系更和谐。

思考与练习

1. 上网查询更多关于有效倾听的理论知识及案例,进一步学习和领悟什么是有效倾听,认真思考并检查自己在日常生活中存在哪些倾听障碍。请制作一张表格列出或用文字总结写出自己在沟通中存在的倾听障碍以及克服障碍的改进措施,在小组内分享并进行小组内互评。

2. 以小组为团队,谈谈自己在生活中是如何说服或拒绝他人的?进一步学习和掌握有效说服与拒绝的技能,形成小组的案例分享和要点总结,制作 PPT,选择一人在全班同学面前汇报,其他成员模拟演示相关案例。

3. 以小组为团队讨论在生活中怎样才能做到多赞美、少批评他人?进一步学习和掌握赞美与批评的艺术,形成小组的案例分享和要点总结,制作 PPT,选择一人在全班同学面前汇报,其他成员模拟演示相关案例。

4. 案例分析。

西南航空公司的面试

早些年,航空业处于飞速发展时期,西南航空公司给全世界创造了数百个职位。面对众多的应聘者,西南航空公司初次面试的方式是把参加面试的应聘者每 20 个人分为一组,每个人演讲 3 分钟,时间一到就换人,这样一来,20 个人的面试只用一个小时就完成了。

候选人在进行 3 分钟演讲时,主考官根本不看演讲者,他看的是底下坐着的那 19 个人,看看他们在干什么。因为演讲者表现不佳而幸灾乐祸的人,或者与别人交头接耳的人,被排除掉了。还没有轮到进行演讲,就写点儿东西,或者看报纸、接电话,甚至来回溜达的人,也被排除掉了。

什么样的人才能成功地进入第二轮面试呢?是那些很认真地倾听别人演讲,对演讲者有起码尊重的人。

服务性行业的员工都要有一种态度,就是尊重别人。能认真听他人讲话就是尊重和良好修养的突出表现,只有跨过这第一道门槛的人才能进入专业面试。

(资料来源:周璇璇,张彦. 人际沟通[M]. 厦门:厦门大学出版社,2015.)

请分析:以小组为团队,运用所学的沟通相关知识分析研讨什么样的人才能成功地进入第二轮面试呢?每组制作一份本案例的分析报告;派一名代表登台演讲,时间不超过 5 分钟。

项目三　求职沟通技能

学习目标

1. 理解求职沟通的内涵及特点；掌握求职沟通的语言技巧和非语言沟通技巧。

2. 理解求职准备的重要性，了解沟通中语言技巧和非语言技巧的运用。

3. 理解求职沟通技能在求职中的重要作用，明确求职沟通技能的途径和方法。

能力目标

1. 能够梳理信息，掌握并运用求职沟通的技能，进行有效的求职沟通。

2. 理解求职沟通情境，在求职面试中表现出色。

3. 理解求职沟通技能在求职中的重要作用，能够根据自身特点进行科学有效的求职沟通。

素质目标

1. 能够关注并尊重他人的反馈，能够换位思考，能够做到理解、关爱和尊重。

2. 培养正确的世界观、人生观和价值观，具有科学的思维方式、灵活机智的沟通情商和随机应变的素质。

3. 培养职业修养、职业自觉和社会责任感；接受沟通中的挫折，培养逆商，提高心理素质。

任务一　求职前的准备

引导案例

小李面试

某高校毕业生小李，当接到用人单位的面试通知后，就积极为面试做准备。从求职信、个人简历到着装，各方面都做了认真的准备。

面试的时候，小李对主考官提出的包括学习成绩、个人特长、工作期望等方面的问题都应答自如，从主考官的表情来看，小李感觉到主考官对他的回答是满意的。就在面试接近尾声时，主考官问了小李一个问题："小李同学，从你的回答来看，你事先对这次面试做了比较充分的准备，说明你对我们公司和这份工作很重视。那你知道我们公司是干什么的吗？"

"干什么的？"小李一下子蒙了，他还真没注意了解公司是干什么的，只好尴尬地说："对不起，这一点我还没来得及进行足够的关注……"主考官听了，笑了笑说："好了，小李同学，我们今天的面试到这里就结束了，你回去等我们的通知吧。"最后，小李没有被公司录取。

（资料来源：根据网络资料整理）

案例分析：小李的面试经历告诉我们，面试前我们不仅要总结自己各方面情况，还要全面了解用人单位的基本情况。

曾国藩的洞察力

某日，李鸿章带了三个人去拜见曾国藩，请曾国藩给他们分派职务。恰巧曾散步去了，李鸿章示意那三个人在厅外等候，自己去里面。不久，曾国藩散步归来，李鸿章禀明来意，请曾国藩考察那三个人。曾国藩摇手笑言："不必了，面向厅门站在左边的那位是个忠厚人，办事小心谨慎，让人放心，可派他做后勤供应一类的工作；中间那位是个阳奉阴违、两面三刀的人，不值得信任，只宜分派一些无足轻重的工作，担不得大任；右边那位是个将才，可独当一面，将大有作为，应予以重用。"

李鸿章很是惊奇，问："还没用他们，大人您如何看出来的呢？"

曾国藩笑着说："刚才散步回来，在厅外见到了这三人。走过他们身边时，左边那个态度温顺，目光低垂，拘谨有余，小心翼翼，可见是一个小心谨慎之人，因此适合做后勤供应一类只需踏实肯干、无须多少开创精神和机敏的事情；中间那位，表面上恭恭敬敬，可等我走过之后，就左顾右盼、神色不端，可见是个阳奉阴违、机巧狡诈之辈，万万不可重用；右边那位，始终挺拔而立，气宇轩昂，目光凛然，不卑不亢，是一位大将之才，将来成就不在你我之下。"

曾国藩所指的那位"大将之才"，便是日后立下赫赫战功并官至台湾巡抚的淮军勇将刘铭传。

（资料来源：根据网络资料整理）

案例分析：通过非语言沟通能分析出哪些性格特点呢？

一、了解面试类型

随着人才市场的不断开拓与发展,用人单位的面试类型越来越丰富,面试流程也日益科学化,面试的准确率和效率不断提高。对于大学生来说,了解用人单位的面试类型,有利于提前做好“应试”准备,在面试中从容自信,取得良好的面试效果。

(一)电话面试

电话面试就是面试官通过电话来对应聘者进行提问的面试。有些用人单位在筛选完简历后,在正式面对面的面试之前,采用打电话的方式进行首轮面试,从而提前了解应聘者的实际情况。电话面试的时间一般为 10 ~ 30 分钟,用以核实应聘者的背景以及考查应聘者的语言沟通能力等。

(二)行为面试

行为面试的理论基础是:通过一个人过去的行为可以预测这个人将来的行为。行为面试是企业招聘时最常用的一种面试类型,基于应聘者对以往工作事件的描述以及面试官的提问或追问,运用素质模型来评价应聘者以往工作中表现出的素质,并以此推测其在今后工作中的行为和表现。

(三)案例面试

案例面试是指面试官给出一个具体案例,并以此为基础延伸出一系列问题,要求应聘者对其加以分析、解决,通常用于专业能力的测评。主要考查应聘者的知识水平、分析能力和沟通能力等。案例可以通过口头上的表达给出,也可以通过书面形式给出。案例可能是真实的事例,也可能是虚构的故事。

(四)结构化面试

结构化面试,又称标准化面试,是面试官根据特定职位的胜任特征和要求,遵循固定的程序,采用专门的题库、评价标准和评价方法,通过应聘者对特定面试试题运用口语进行面对面作答的方式,评价应聘者是否符合招聘岗位要求的人才测评方法。这种面试方法克服了“考官提问太随意,想问什么就问什么;评价缺少客观依据,想怎么评就怎么评”的弊端。

(五)小组面试

小组面试,又称无领导小组讨论,俗称“群面”,是指将一定数目(一般 5 ~ 8 人)的应聘者组成一个小组来共同完成一个需要解决的问题。小组成员以讨论的方式,经过各种观点和思想的碰撞、提炼,共同得出一个最合适的答案或结果。在讨论过程中,每个成员都处于平等的地位,不指定小组的领导,也不指定分工,让应聘者作为一个团队自行安排组织并完成指定任务。无领导小组讨论包括要素排序题、讨论辩论题、案例分析题、活动策划题、创意制作题等题型。小组面试主要考查应聘者的组织协调能力、领导能力、合作能力、沟通能力、辩论说服能力等各方面的能力和素质是否满足招聘需求,以及其自信程度、情绪稳定性、应变能力等个性特点是否符合团队工作需要。

二、充分的信息和物质上的准备

求职面试是一种测试,求职者应该在求职前对需要测试的范围和要求有大致的了解,这样才能够有的放矢地去准备。

(一)充分了解用人单位的情况

在这个充满竞争的信息社会,想要谋求一份理想、心仪的职业,只有专业的知识是远远不够的,还要具备把握机遇和掌握求职沟通技能的能力。应聘者要在面试前做一个“有心人”,尽可能地熟悉用人单位的历史、规模和现状以及发展规划等信息,通过各种渠道熟悉求职的行业和企业的发展现状及发展趋势,充分了解行业及用人单位的基本情况。求职岗位需要具备的能力和职业素养。这样,既可以增强面试时的自信心,又可以使面试官确信求职者对该单位兴趣浓厚,求职意愿强烈。

(二)对应聘职位有充分的了解并做好相应的准备

求职者应了解求职职位的工作性质、岗位职责、薪酬待遇、职业升迁路径以及在该单位所处的地位。在求职前了解应聘职位,有利于应聘者应对面试时有的放矢,针对该职位的招聘需要充分展现自己的能力和特长,增加自身与应聘职位的匹配度。

(三)要分析招聘者的类型以随机应变

根据面试官的性格特点适当调整自己的面试策略、面试沟通技巧,在面试中展现自己优秀的一面,给面试官留下良好的印象,为后续入职做好铺垫。

(四)提前准备面试常见问题

通过相关专业书籍、网络资料及视频资料,提前准备面试中常见的高频问题。梳理行业及岗位的特点,根据自身情况进行有效的结合,把自己的优势在面试问题的回答中进行融合,展现良好的精神风貌,并反馈给面试官在求职前有充分准备的良好印象。

(五)做好相关资料的准备

如求职信、个人简历,面试中的自我介绍,职业照,职业装及良好的面试形象。简历准备两三页即可,在简历中充分展示出自己的优势和特点。获得的奖励及考取的资格的原件和复印件都要准备好。良好的求职形象会给面试官一个良好的印象,即求职者对于此次面试非常重视和尊重,做了充足的准备。

1. 求职信的准备

求职信是求职材料的核心部分,必须要写好。求职信中一是要说明个人的基本情况和招聘信息的来源,在求职信中简要介绍个人的基本情况,包括姓名、性别、年龄、政治面貌、毕业院校及专业等内容,重要的是在求职信中展现自己的在校经历以及所获得的荣誉奖励;二是说明招聘信息的来源以及本人对用人单位的求职意向,说明自己能胜任某项工作的基本能力,胜任某项工作的能力介绍是求职信的核心部分,要重点突出自己的专业知识、专业经验、专业技能以及自己符合所求职岗位的优势和特长等,介绍自己在校期间曾参与过的实践活动及取得的收获,突显自己的实践能力,表明自己面试的强烈求职愿望,写明自己的联系方式。

2. 简历的准备

对于求职者来说,简历是求职必备的,做好简历至关重要。简历是对求职者的个人基本信息、教育背景、工作经历、爱好特长及求职意愿有关情况所做的书面介绍,是一种针对性较强的规范化和逻辑化的书面表达,是求职中争取面试机会的重要文件。

一份好简历具有五大特征:

1)简洁、清新、明了,用数据体现业绩

简历的排版、设计要做到清新、自然、大方、不失庄重。简历内容精简,段落分明,不宜超过两张纸。若 HR 看到三、四页的求职信，可能会失去耐心，也可能会认为求职者缺乏决断能力。因此，以点列、表格、粗体字形及加副标题等形式，让 HR 能够快速且清晰地了解你的经历，同时，对于之前的工作经历、业绩能用真实的数据加以证明，销售人员用完成的业绩数据说话最直接，管理者可以列举从事管理工作的层次、管理幅度、人数，有多少部属被你领导？他们是何种层次员工？还可以举例说明曾经在工作中处理过的突发、紧急或危险状况，及工作中的突出贡献。短短一份“成就纪录”远胜于长长几页“工作经验”。撰写完毕，要仔细检查，不要有错字、别字，标点符号断句准确，方便阅读。

2）明确职业定位、职业目标，展示核心能力

求职者要非常明确自己未来的职业定位及求职目标，同时对欲要加盟的新公司作出详细调查了解。如企业文化、所在行业、产品及市场、公司创始人经历等；对新岗位的工作职责、工作内容、任职资格要求进行仔细阅读，并将自己在学历、经验、技能及背景等方面能够吸引 HR 的核心优势凸显出来。强调自己的工作历练、荣誉、特殊技能与训练、成就等经历，强调有符合企业价值观、需求的个人亮点、杰出能力和业绩，展示自己的才干。

3）简历重点突出、经历引人注目

求职者的工作经历，曾服务过的企业，曾从事过的行业、岗位都是吸引 HR 关注的重点环节。所以最好近三年的工作经历要写详尽、清晰。好简历是争取 HR 良好第一印象的敲门砖，所以对如何制作一份具竞争力、吸引力的简历要认真研究。有无工作经验的人简历突出的重点是不相同的。在职人士一定要突出职场经历、工作经验与比较优势及教育背景、荣誉、特殊技能和成就；而应届大学生的重点则放在对想获得职位的理解、感悟、态度、学历、社团经验、所获荣誉、特殊技能及训练等方面。总之，在简历中突出重点，以适度真实、客观、实事求是来赢得 HR 对你的青睐和信任。

4）简历形式突出、个性品格跃然纸上

简历的设计要突出个性，第一页最好附精悍短小的求职信。要流露出你对公司具体某一职位感兴趣，同时要简单介绍自己的学历背景和工作经验，职业生涯及人生规划的重点。这样使 HR 在浏览简历时，能够快速了解你，同时容易记住你的优势及对职业生涯的思考和定位。在简历内要突出自己的个性品质特征，向公司传递信息（如自我评价、职业动机、兴趣爱好等方面）时，要展示出自信、诚实的个性；清晰的工作思路、稳健的工作作风等品格，这些都是企业 HR 最感兴趣和最想了解的。

5）简历强化未来目标、流露求职意向

求职者的个人发展目标和职业生涯规划是否与未来企业发展趋势相符？这是企业在招聘时非常关注的地方。大企业都注重求职者对自己明确的职业定位，因此，在简历中要予以强化；同时如果你对未来公司有信心，对所从事的职位很有兴趣，要在简历中体现出来，表达你很想加盟的愿望和理由，站在对方企业的角度去看待这个岗位，表明你的意向和决心，能促使 HR 对你发出应聘通知。

好简历是求职的敲门砖，适度包装是可以的。但更要注重简历的真实、诚信、细节和内涵，求职者在投递简历前一定要有明确的职业方向、清醒的职业认知，做精心的简历撰写，这些都是应聘成功的关键。

3. 自我介绍的准备

介绍个人的履历和专业特长，特别是在交谈中表现出良好的自信的表达沟通能力。介绍与应聘职位密切相关的实践经历，包括校内实践经历、相关的兼职和实习经历、社会实践等。求职者要说清楚相关实践工作的确切的时间、地点、担任的职务以及主要负责的工作内容，展现并锻炼提升了自己哪些方面的素养和能力，增加面试的可信性。需要特别注意的是，在面试过程中，需要展现和介绍的是和自己申请求职岗位相关的素养和能力。与此同时，还要介绍与应聘职位所需能力相关的个人业绩，包括校内实践成果和校外的实践成果。突出自己的业绩，并且能尽量进行量化和用具体的案例进行支撑，从而在面试中给面试官一个良好的判断与评价。

三、建立良好的第一印象

面试的时间是很有限的，甚至有限到或许仅仅是几分钟的时间。在这么短的时间里，能够让面试官认可你，最关键的就是要留给他良好的第一印象。那么如何能够给用人单位留下美好的印象呢？要知道，一个人的年龄、相貌、身材是不容易改变的，但是我们也要知道，行为、服饰、言谈举止、表情等通过努力是可以改变的。

(一)服饰要得体

这点非常重要，人是衣服马是鞍，自己的打扮能够有意无意地影响别人对你的感觉。

(二)务必要遵守时间

在面试这个阶段，无论任何情况，都不要迟到，最好能够提前10分钟到达面试地点。因为在时间上，既能够显示出你做事情的感觉和意识，也能够表明你对本次应聘活动是不是足够的重视。于是，遵守时间是一个很重要的细节因素。

(三)动作要自然、语言要得体

进门时主动问好，很轻松自然地入座，与面试官自信交谈。自己的一些细微的动作，能够表现出你是否自信，是否坦然。既然你获得了面试机会，就说明用人单位认为通过你的简历初步认可你适合他们的工作，所以应该暗示自己能行。在这样的关键时刻，谁从容镇定，谁就赢得了最后的胜利。

四、面试自信心

(一)恰当地介绍自己

在面试开始后，面试官一般会要求应聘者做一个自我介绍，时间一般为1~2分钟。为了让面试官全面、具体地了解你，应该真实地向对方介绍自己的情况，介绍与求职相关的、最主要的情况。与此有关的要介绍清楚，不要遗漏；与此无关的则不必介绍，以防眉毛胡子一把抓，反而冲淡了主要内容。要做好自己我介绍，需要做到知己知彼。介绍自己的时候一定要用很客观的语言，力争能够得到对方最大限度的认同。这个时候不是你夸大或者谦虚的时候，任何一点的夸大和谦虚都会使自己的介绍变了味道。很坦然地介绍自己的优势在哪里，自己的特长是什么就可以了，不要用过多的形容词，要知道，这些面试官见过无数的“考生”，他们太了解实际的情况了，况且，自己用实在的语言去交流，也会比较好地发挥，尽量避免说话不当的情况出现。

自我介绍是面试中非常关键的一个环节，许多面试官所问的第一个问题往往就是“请您作一下自我介绍”或者“请简单地介绍一下自己”。通过让应聘者自我介绍，面试官一方面以此了解应聘者的大概情况，另一方面考查应聘者的口才、应变能力、心理承受能力、逻辑思维能力。应聘者也可以通过自我介绍主动向面试官推荐自己，展示自己的优势特点。因此，求职面试时不能轻视这一环节。

1. 充满自信

自我介绍是面试的第一关，必须表现出自信。首先，应礼貌地作一个极其简短的开场白，并向所有的面试官打招呼。在作自我介绍时，应眼神坚定，不要东张西望，显得漫不经心的样子，这会给人做事随便、注意力不集中的感觉。眼睛最好要多注视面试官。要注意面带微笑，坐姿端正，还要以沉稳平静的声音、开朗响亮的声调给面试官以愉悦的听觉享受。声音小而模糊、吞吞吐吐，通常是胆怯、紧张、不自信和缺乏活力与感染力的表现。

2. 把握时间

自我介绍的时间一般为 3 分钟左右，有些外企要求仅为 1 分钟。在如此短的时间内，求职者既要概述自己的基本情况，又要表现出对此次面试的重视和对所应聘岗位的渴望。因此，自我介绍的语言一定要凝练概括。自我介绍在时间的分配上，第一分钟可以谈谈个人的基本情况；第二分钟可以谈谈自己的工作经历，对于应届毕业生可以谈谈相关社会实践经历；第三分钟可以谈谈对本职位乃至本行业的见解。如果自我介绍要求在 1 分钟内完成，就要有所侧重，突出一点，不及其余。

3. 注意语气和语态

自我介绍时，语气要自然大方，不做作，语态上尽量做到谦虚委婉。尽量让声调流畅自然，充满自信。在谈及过去所取得的业绩和自己的优点时，要注意谦虚有度，轻描淡写，语气平静只谈事实，少用甚至不用自己的主观评论。同时，也要注意适可而止，谈重要的、关键的内容，与面试无关的特长最好不要提及。另外，谈过自己的优点之后，也要谈一下自己的缺点，但一定要强调自己克服这些缺点的愿望和努力。此外，还要注意与所应聘的职业的相关性。

4. 自我介绍的内容

根据求职面试时自我介绍的时间要求，内容安排要做到既精炼简洁又全面准确。首先应介绍自己的姓名和身份。尽管面试官完全可以从应聘者的简历材料中了解这些情况，但应聘者仍然需要主动提及。从而加深面试官对应聘者的印象。应聘者可以简单介绍学历、工作经历等基本个人情况，包括学历、工作经历和兴趣爱好。这部分的陈述要求简明扼要、抓住重点。例如，介绍自己的学历，一般只需要谈本专科以上的学历。如果是有工作经验的应聘者，曾经工作过的单位比较多，则可以选取有代表性的或者自己认为重要的部分来做介绍，但这些内容一定要和面试及应聘的职位有关系。同时要保证叙述的线索清晰，一个结构混乱、内容过长的开场白，会给面试官留下杂乱无章、个性不清晰的印象，并且让面试官倦怠，削弱对应聘者继续进行面试的兴趣和注意力。应聘者还需要注意在谈及自己的经历时，可从个人的基本情况自然过渡到一两个自己圆满完成的成功案例，从而形象明晰地证明自己的经验与能力。应聘者要着重结合自身的职业理想来说明应聘这一职位的原因，这一点非常重要。应聘者可以谈对应聘单位和岗位的认识，表明选择这个单位或岗位的强烈意愿。原先有工作单位的应聘者则应该解释清楚自己放弃原来的工作而做出新的职业选择的原因。应聘者还可以表明自己如果被录取，将怎样尽职尽责工作的态度，并能够不断根据需要完善和发展自己。这些表述在面试中能够密切关系到应聘者的人生观、价值观与职业观。面试官也通过应聘者的回答来判断其求职的目的以及价值取向。

（二）让对方信任你

这就需要你做好三方面的准备：一是材料准备，自己获得的证书之类的东西要带齐，它们可以证明你曾经取得的认可；二是技能准备，有很多工作是需要你实际操作作为考核的，这个时候你表现得优越，那将说明一切问题；三是心理准备，求职是一个双向选择的过程，那就会有成功和不成功的可能，不要觉得一切都会按照自己的想法进行，做好最坏的打算，这样或许会取得让自己意外的效果。

五、通过面试准备和表现让面试官认可求职者

通过自己的表现，是能够让对方对你有强烈的好感的。特别是当你的能力大大超过了他们的预期，他们也会有一种如获至宝的感觉。

（一）要善于倾听

任何人都希望别人重视自己，考官也不例外。考官可能会与你聊聊未来的打算之类的话题，这个时候你一定要认真地倾听，因为通过这些话语，你不仅能够知道他对自己的评价是好还是坏。首先要有耐心，不管对方讲什么话题，自己都要耐着性子认真地听。其次要细心，要能够听出对方的“言外之意”。再其次就是专心，要明白对方讲的任何一句话的意思，这样才能够表现出自己的谦虚谨慎。

（二）要学会感恩

具备感恩的意识。对于生命中每个重要阶段对你影响巨大的人或者帮助你最多的人或事抱有感恩的心，也会在面试中取得良好的关注度和印象。

任务二　求职沟通的语言技巧

面试问答 1

面试官：你为什么想进本公司？

毕业生：咨询业在国内是一个比较新的行业，发展前景很是广阔。而且贵公司早在 10 年前就独具慧眼，在上海建立了分公司，现在已经是最著名的咨询公司之一。如果我有幸加入贵公司，也是对我个人能力的一种肯定。另一方面我也曾经听一位前辈介绍说现在在上海咨询业竞争很激烈，我是一个喜欢接受挑战的人，所以很想进贵公司。

面试官：那么你具体对哪一个工作最感兴趣？

毕业生：我最想进的是咨询服务部。这个部门富有挑战性，也可以学到很多东西。现在国内很多企业都不太景气，如果能帮助他们走出困境，也是一件很好的事情。

（点评：以上是面试中最常见的两个问题。一定要精心准备。该同学明确地表达了对公司以及具体岗位的兴趣。不详细地了解公司的情况是无法从容地回答这样的问题的。）

面试问答 2

面试官：如果其他公司和本公司都录用你时，你怎么办？

毕业生：对我而言，能同时被几家公司录用，是一件让我高兴的事。我想，对公司而言，希望招聘到优秀而且合适的学生，同样对我而言，也希望自己能做出一个正确的选择，我会仔细比较各公司的特点包括公司的待遇、工作环境等，并结合我的兴趣和专业，努力找到一个最佳结合点，作出最优化的选择。但说实话，这确实是一件比较难办的事情。不知道您能不能给我一点建议。

（点评：这个问题是公司在试探你加入的意愿是否很强烈，一定要给出明确的回答。该同学的回答显得玲珑有余而主见不够。）

面试问答 3

面试官：你觉得你的哪些方面可以在本公司得到发挥？

毕业生：我想每一个求知者都希望能发挥自己的所有潜能，而并不仅仅是使用学校里所学到的专业知识。如果我的潜能得不到发挥的话，对公司而言是一个损失，对我个人也是损失。潜能包括对工作的热情、自信，对现代公司的理念的理解和实践，人际关系能力，高效率的工作，处理危机的能力等，这是我的理解。就我来讲，如果有幸加入贵公司，会努力争取锻炼自己，发展自己，为公司发展作出贡献。另一方面，也希望公司能提供这样一个环境。我在大学里担任校团委宣传部部长，负责过一些大型活动的宣传工作，在公共关系方面积累了一些经验。

面试官：请具体谈一谈。

毕业生：去年我参加了八届全运会组委会与校团委举办的八运志愿者校园招募活动。我们首先利用海报、校园广播做了宣传，然后开了一个情况介绍会，邀请组委会领导和校领导出席，又由以前的志愿者介绍了经验。效果很好，出色地完成了任务。

（点评：以上两个问题是了解你的能力和工作兴趣的问题，应实事求是地回答，注意充分表现自己的信心和能力，但千万不要夸大其词，否则可能自食其果。）

面试问答 4

面试官：你准备怎样把大学里学到的知识用到工作中去？

毕业生：大学里学到的知识主要是书本知识，当然也有一部分实践知识，主要是课堂讲述的知识以及自学的知识。这些要用到工作中去，一定要结合公司的实际，每个公司都有它自己的特点，譬如说会计，我相信每个公司都有自己的内部会计制度，所以在工作中也要不断学习。事实上我自己认为我在大学里学到的书本知识并不是我最大的收获，而是自学能力的培养和分析问题的方法，这个对我很重要，我想在工作中也是如此。

（点评：这是个可以自由发挥的问题，阐述自己的看法并以令人信服的理由说明即可。注意言简意赅，条理清楚。）

面试问答5

面试官:一个人工作与团体合作,你喜欢哪一种?

毕业生:这个问题我想没有固定的答案,要看工作的具体内容而定。如果是简单的、一个人可以做的工作,大家一起做的话,反而会增加工作的复杂性,在这种情况下,我倾向于一个人工作。反之,在大多数情况下,我愿意团体合作。这个世界的变化很大很快也很复杂,而一个人的工作能力有限,团体合作将更有助于有效地实现一个目标。

(点评:无论用什么样的方法回答这个问题,一定要记住一点:缺乏团体合作及集体精神的人是不能被企业或公司接受的。)

面试问答6

面试官:你以前在学校里有没有团体合作的经历?

毕业生:我曾经在学校里参加过戏剧节里边的一个戏剧的具体节目。一个节目首先要有创意,同时也要由校方提供条件,这就有个协调和合作的过程。我的具体职务就是协调人。创意要由编剧化为剧本,然后有一个挑选演员的过程,进而是角色的分配。这里往往也有矛盾。譬如说谁演主角,谁演配角。只有大家一起团结协作,才能使角色之间达到平衡。编剧和演员之间更要合作,因为每一个人对剧本都有他自己的理解,只有当大家对剧本有一个统一的理解以后,才能把戏真正演好。

面试官:你对自己在出主意、提建议方面有信心吗?

毕业生:一般来说,没有信心我是不会轻易出主意或提建议的,一个人如果对他自己的主意或建议都没有信心的话,是不可以做好这个工作的。我会尽力把主意和建议阐述清楚,同时听取意见。如果是好的,会坚持;不好,就放弃。但不好不等于没有信心。

(点评:一个有信心的人在竞争中始终是能够占据上风的,但是要注意:自信不等于自大。)面试成功与否,归根结底还是取决于一个人的综合素质。面试技巧只能帮助同学们少走弯路,更好地展现自己的优势,以便更顺利地找到适合自己的工作。

(资料来源:根据网络资料整理)

面试时,应聘者的沟通能力标志着应聘者的成熟程度和综合素养,对应聘者来说,掌握求职面试的语言沟通技巧无疑是重要的。

一、处理好语言表达的形式

(一)表达清晰

面试时,要注意发音准确、吐字清晰、语言流利、文雅大方。在控制心理紧张带来的影响的同时,控制好说话的速度,避免结结巴巴,以免影响语言的流畅性和思维的清晰度。

(二)控制语速

面试过程中,要有意识地控制语速,表现沉稳。一般来说,人在精神高度紧张的情况下,语速会不自觉地加快。如果语速过快,一方面不利于面试官听清楚讲话内容,另一方面还会给人一种慌张、不自信的感觉。语速过快往往容易出错、词不达意,进而加剧自己的紧张情绪,导致思维混乱。当然,语速过慢,容易给人一种缺乏激情、沉闷的感觉。面试初期,紧张是不可能避免的,此时要有意识地放慢语速,待自己进入状态后,再适当加快语速,并合理运用不同语气来表情达意。这样,既能稳定自己的情绪,又可以扭转面试的沉闷局面。

(三)音量适中

一个人的音质不易改变,但音量是完全可以自主调节的。面试时,要注意语音、语气、语调的正确运用。语气代表着说话人对某一行为或事情的看法和态度,是思想感情运动状态支配下语句的声音形式。语调是指说话的腔调,就是一句话里声调高低、抑扬轻重的变化。面试交谈时,要掌握语气平和、语调恰当的表达技巧。自我介绍时,最好使用平缓的陈述语气,不宜使用感叹语气或祈使语气。音量过大令人厌烦,音量过小则难以听清,音量的大小要根据面试现场的情况而定。两人面谈且距离较近时声音不宜过大,群体面谈而且场地开阔时音量不宜过小,以每个面试官都能听清你讲话为原则。

二、设计语言表达的内容

(一)内容真实

面试官一般都具有丰富的社会阅历和心理优势,所以,应聘者在回答问题时要真实,切忌夸夸其谈。对自己的履历和相关经历要如实陈述,绝不可虚构。

(二)干净利落

因面试时间有限,回答问题要开门见山,即直接说出自己的主要观点(建议采用总分式结构),千万别为自己的主要观点做铺垫。否则,当你还未说出自己的观点,对方可能就会打断你,甚至提出新的问题。

(三)逻辑清晰

面试是一个语言表达的过程,要让对方"听得懂"我们的话,记住更多我们所说的内容,就要看我们所说的话里有没有规律,这就是在考查语言表达的逻辑性。在回答问题时,可以使用时间顺序、空间顺序来体现时空逻辑,可以从正反两个方面来组织回答以体现辩证逻辑,也可以按照处理事务的先后顺序来体现事理逻辑等。

三、把握好面试沟通的互动

(一)善于倾听

在自我介绍之后,面试官一般会针对简历、岗位等进行提问,应聘者要善于倾听,要沉着应答对方的提问。在沟通中,应聘者应准确把握对方的提问意图,捕捉对方对自己的兴趣点,从而提高回答的针对性和有效性。

(二)关注反应

面试不同于演讲,面试更接近于一般的交谈。交谈中,应随时注意面试官的反应。如面试官表现得心不在焉,可能说明自己音量过小,对方难以听清,也可能是面试官对所答内容不感兴趣。若其皱眉、摇头,可能表示你的言语有不当之处。只有根据对方的反应,及时地调整自己的语速、语调、语气、音量、修辞以及陈述的内容,才能取得良好的面试效果。

(三)坦诚回答

面试时,面试官的问题层出不穷,且提问意图捉摸不透。面试官问"你在来我们单位面试之前,还去过哪些单位面试"这样的问题其实让应聘者陷入了两难。如果回答"没有去其他单位面试过”,对方会认为你不优秀,因为其他单位都没有给你面试机会。如果回答“去过两个单位,分别是××、××”,对方马上又要追问“他们录用你了吗”,你说“没有”,也可能说明自己不够优秀,你说“已被××录用”,对方会问“为什么还来我们这里”。面对这类追问怎么办?最好的处理方法就是:充分了解应聘单位,并找好自己的能力与岗位的契合点,坦诚回答。

(四)伺机而动

面试时要时刻注意礼貌,对面试官要视身份的不同而使用不同的尊称。若面试过程中,双方同时开口,应聘者应停住,让面试官先说,即使对方请你先说,你也要在有礼貌地谦让过后,再开口说话。伺机而动还包括对时间的把握,若面试官提问后,应聘者滔滔不绝,不观察对方有无兴趣听下去,只顾自己说个不停,会耽误面试官很多时间。对问题的回答,说多说少,也需要把握好分寸。

四、应对求职面试中的常见问题

(一)求职面试问题的基本类型

1. 询问个人状况类型

这类试题几乎在每一个招聘面试中都会出现,主要围绕应聘者个人的志趣、职业、生活经历进行发文,试图了解应聘者的求职动机、工作经验、能力特长,同事考查其思维逻辑能力、语言表达能力等。

2. 情境设置类型

这类试题在无领导小组讨论、文件筐实验、角色扮演法、管理游戏等面试形式中出现的频率比较高,内容主要设置一个与应聘者所应聘的工作内容相关联的场景。让应聘者处理或作出判断。面试官主要考查应聘者的处事能力、综合素质和专业素养。回答这类问题,一定要抓住场景中的主要矛盾,并时刻注意与应聘的工作岗位联系起来。如果应聘某公司的前台接待岗位,面试官会给出这样的场景:一位顾客在没有预约的情况下向见公司负责人,你该如何应对?

3. 趣味智力题和逻辑推理题

这类面试题目本身不难,主要考查应聘者的思维能力。这类题目或许没有一个固定的标准答案,面试官主要考查应聘者在回答时所体现出来的思维能力。从这点来说,解答的过程更加重要。

(二)面试时常遇到的问题

问题一:你在找工作时最看重的是什么?为什么?

问题分析:通过提出这个开放式问题,面试官可以了解应聘者的关注重点,通过这个关注点又可以反映出应聘者的理性思考能力。一定要表明自己对未来工作的具有远见的看法,说明哪些方面能给自己带来最大限度的满足,这是回答这个问题的关键。

回答提示:我希望找到的工作能发挥我的优势,比如我所学专业的基础上,能有机会结合我的兴趣爱好,优势特长。此外,我还看中我个人的职业生涯发展与企业的发展战略是否相匹配,虽然我现在还是一个新人,但我希望在企业未来的发展中发挥一定的作用。

问题二:请自我介绍一下。

问题分析:企业最希望通过这个问题了解你是否能胜任工作,要介绍自己最强的技能、最深入研究的领域、个性中最积极的部分等,简短但要能突出自己的能力。

回答提示:这是面试的必考题目。介绍内容要与个人简历相一致。表述方式上尽量口语化。要切中要害,不谈无关、无用的内容。条理要清晰,层次要分明。事先最好以文字的形式写好背熟。

问题三:你认为你在学校属于好学生吗?

问题分析:企业希望通过这个问题来分析你自己是如何界定好学生的。能否通过回答该问题体现你积极向上的人生观、世界观和价值观。

回答提示:如果成绩好,可以说:“是的,但判断一个学生是不是好学生有很多标准,还包括思想道德、实践经验、团队精神、沟通能力等,我是一个全面发展的学生。”如果成绩不尽理想,可以说:“我认为好学生的标准是多元化的,我的学习成绩还可以,在其他方面我的表现也很突出,比如我利用自己休息和放假的时间积极进行社会实践,我在学生会和学校的社团组织过许多活动,有比较强的团队合作精神和组织能力。”

问题四:你有哪些兴趣爱好?

问题分析:企业通过这个问题想要了解你平时的兴趣爱好,是否具备积极向上的兴趣爱好。

回答提示:回答的兴趣爱好可以体现自己积极主动的性格、团队合作的精神、深入学习的意愿等。业余爱好能在一定程度上反映应聘者的性格、观念、心态。最好不要说自己没有业余爱好。不要说自己有那些庸俗的、令人感觉不好的爱好。最好不要说自己仅限于读书、听音乐、上网,否则可能令面试官怀疑应聘者性格孤僻。

问题五:你缺乏工作经验,如何能胜任这项工作?

问题分析:企业通过这个问题想要了解作为应届毕业生的你具备哪些优势能够胜任这项工作。

回答提示:要体现出诚恳、机智、果敢及敬业。如“作为应届毕业生,在工作经验方面的确会有所欠缺,因此在读书期间我一直利用各种机会在这个行业里做兼职和实习。实际工作远比书本复杂,但我有较强的责任心、适应能力和学习能力,而且很勤奋,所以是一个优秀的实习生,也积累了一些经验。请放心,学校所学及兼职的工作经验使我一定能胜任这个职位。”

课堂互动

1. 根据自身情况,设定某一应聘职位,针对这一职位写一份求职面试时的自我介绍。

2. 面试官问:“如果你的上司是一个工作能力不强但是资历很老的人,你该怎么办?”请思考你将如何回答这个问题。

任务三　求职面试中的非语言沟通技巧

引导案例

春秋时期,齐桓公与管仲密谋伐卫,议罢回宫,来到其所宠爱的卫姬宫室。卫姬见之,立即下跪,请求齐桓公放过卫国,齐桓公大惊,说:“我没有对卫国怎么样啊!”卫姬答道:“大王平日下朝,见到我总是和颜悦色,今天见到我就低下头并且避开我的目光,可见今天朝中所议之事一定与我有关,我一个妇道人家,没什么值得大王和大臣们商议的,所以应该是和我的国家有关吧?"齐桓公听了,沉吟不语,心里决定放弃进攻卫国。

第二天,与管仲见面后,管仲第一句话就问:"大王为何将我们的密议泄漏出去?"齐桓公又被吓了一大跳,问道:"你怎么知道?"管仲说:"您进门时,头是抬起的,走路步子很大,但一见到我侍驾,走路的步子变小了,头也低下了,您一定是因为宠爱卫姬,与她谈了伐卫之事,莫非您现在改变主意了?"

(资料来源:田雨. 史记故事[M]. 郑州:大象出版社,2006.)

该案例体现了那些非语言沟通?

除了语言沟通,世界上还存在另一种沟通方式——非语言沟通。人类的沟通,不只是一种语言沟通,还存在一种微妙无比的非语言沟通。非语言沟通,是指运用语言或文字以外的其他方式,诸如身体动作、体态、空间距离等实现交流信息、沟通思想和情感的过程。其中又主要以身体语言来达成沟通的目的。相关的心理学研究表明,从人们获取信息的渠道来看,只有11% 的信息是通过听觉获得的,83% 是通过视觉获得,另有 6% 是通过嗅觉、触觉等获得,而精妙地表达一个信息应该是 7% 的语言 +38% 的声音 +55% 的表情和动作。可见,缺乏身体语言表达的交流不仅丧失了大部分沟通情感、传递信息的渠道,而且会给人以平淡拘谨、毫无生气、沉闷呆板的印象。

人的细微表情、动作和反应,投射出人的内心世界,反映着人的心理变化、性情喜好、习性品位。所以,在人际沟通中,捕捉到他人稍纵即逝的表情、动作非常重要,因为我们可以通过那些表象判断、分析出对方的真实想法,从而在交流交往中掌握更多的主动权。

面试作为招聘过程的重要一环,对用人单位和应聘者来说,都有着重要意义。面试的成功与否关系到用人单位能否招到合适和正确的人才,同时也是用人单位向外界宣传自身品牌和优势,树立良好企业形象的关键时刻。而对应聘者来说,面试是展现自身能力、才华、素养的重要渠道,是决定求职成败的重要环节,也是个人职业生涯的关键一步。如何在面试这样重要的环节中获得成功,也就成为用人单位和应聘者共同关注的话题。

一、非语言沟通在面试中的重要作用

在面试中,语言沟通无疑是影响面试成功与否的重要因素,不少学者和实际工作者对此也进行了很多有益的探讨。然而,另一个对面试成败同样重要的因素——非语言沟通,却没有引起足够的重视。

(一)非语言沟通本身的重要性

非语言沟通是指通过身体动作、体态、语气语调、空间距离等方式交流信息、进行沟通的过程。在沟通中,信息的内容部分往往通过语言来表达,而非语言则作为提供解释内容的框架,来表达信息的相关部分。因此非语言沟通常被错误地认为是辅助性或支持性角色。其实根据

Kramer 的估计，在沟通中非语言信息占了 94%，而人类学家 Ray Birdwhistell 的估计也有 65%。显然，如果我们单纯重视语言沟通，将无法保证沟通的全面性和正确性。McNeill 等人的研究也证实了这一点，他们发现如果只是对话语倾听会丢失 75% 的意义。

（二）非语言沟通在面试中的重要地位

由此可见，非语言沟通对沟通的有效性有着重要意义。而面试由于其在招聘环节中的地位和自身的特点，更加凸显了非语言沟通的重要性。首先，在招聘过程中，面试常常是用人单位和应聘者的第一次会面，因此也就成为双方确定第一印象的关键环节。虽然第一印象的主观性颇受非议，但其对面试决策的影响作用却又毋庸置疑。其次，面试又具有时间短暂、面对面交流和双向沟通的特点。时间的短暂性使用人单位和应聘者双方都面临一个共同的问题：如何在短暂的时间内获得尽可能多的信息。在语言信息有限的前提下，识别和解读越多的非语言信息就越有助于在面试中获得成功。而以面对面方式展开的交流，也使非语言信息无处遁形，此时传递的错误信息可能就此让成功擦肩而过。此外，面试还具有双向沟通的特点，是双方相互了解、相互评价的动态过程。对非语言信息的理解，有助于根据对方透露的非语言信息及时调整策略，进而增加成功的概率。

二、面试中的非语言符号

非语言沟通作为一种信息交流过程，它不同于语言沟通之处在于信息交流渠道的不同，在非语言沟通中，信息是通过非语言符号进行交流的。

身体语言又称行为语言，是指通过人体各部分动作来传递信息、沟通交流的非语言符号。它既可以是动态的，也可以是静态的，可能是有意识的，也可能是无意识的。换句话说，你的身体任何时候都会“说话”。根据人体的部位，体态语言又可细分为头部语言、面部表情语言、手语言、臂语言和脚语言等。在面试中，正确地传递和接收头部、脸部、手部、臂部、脚部等的信息，有助于增加成功的概率。

（一）头部语言

头部语言简称首语，是指运用头部动作、姿态来交流信息的非语言符号。点头和摇头是最基本的头部动作。点头表示同意、肯定或赞许，摇头表示反对、否定或批评。在面试中，面试官根据应聘者的头部动作，常常就能了解应聘者的态度、情绪、价值观等，而且可以对应聘者的性格是否自信进行推断。而对求职者来说，及时捕捉面试官通过头部语言透露的信息，也有利于找到面试官对自己看法的蛛丝马迹。

（二）面部表情语言

面部表情语言是指运用面部器官，如眉、眼、鼻、嘴来交流信息、表达情感的非语言符号。人的脸部可做出大约 2.5 万个表情，可以说是非语言信息最丰富、最集中的地方。而在面部表情语中，最有表现力的当属眉眼语和微笑语。

1. 眉眼语

顾名思义指运用眉毛、眼睛的动作、姿态所表达的非语言符号。“眼睛是心灵的窗户”一语道破了眼睛的微观动作能显示内心情感的语言功能。而当眼睛在传情达意时，富有表现力的眉毛也会积极“响应”。眼睛的动作，根据运动的主要部位可以分为以下三种：

1)眼珠的动作

在面试中,应聘者如果不注视对方或回避对方的视线,一般会传递出负面的信息,如不诚实、有所隐瞒、不自信、不把握、不感兴趣或厌恶等。而如果长时间注视对方,一般情况有两种意思,一种是说明对对方比对谈话内容更感兴趣,一种是向对方挑衅或施加某种压力,以起到震慑作用;而注视时间太短,则又会有对对方和谈话内容都不感兴趣或厌恶的嫌疑。因此,应聘者和面试官在面试过程中,最好保证注视时间占谈话时间的30%~60%。视线的角度和视线停留的部位也有不同的含义。在面试中,面试官如果想显示权威和居高临下,可使视线向下,并用眼睛看着对方脸上以双眼为底线,上顶角到前额的三角形区域。如果要营造平等气氛,则可采用平行的视线,用眼睛看着对方脸上的以双眼为上线,以嘴为下顶角的三角形区域(社交注视);而对应聘者来说,可以采用视线向上,表示尊敬、敬畏,也可用平行视线表达出理性与冷静,但视线停留的部位最好是在对方脸上以双眼为上线,以嘴为下顶角的三角形区域。

2)眼睑的动作

眨眼除了有保护眼睛的作用外,也能表情达意。在面试中,面试官往往能通过应聘者眨眼的频率和次数,判断应聘者是否处于紧张、焦虑或惶恐不安的状态,因为在这些状态下,眨眼一般会频繁一些。

3)瞳孔的变化

瞳孔的放大与收缩,能分别传达出正面和负面的信息,面试官可以根据应聘者的瞳孔因何放大,判断其爱慕什么、喜欢什么或对什么感到兴奋,而根据瞳孔的收缩,也可判断应聘者厌恶、戒备、愤怒的对象。

2. 微笑语

微笑语是指通过略带笑容,不出声地笑,来传递信息的非语言符号,是由眼睛、眉毛、嘴、脸部肌肉共同表现的面部表情。微笑作为世界通用的语言,是最富有吸引力、最有价值的。心理学家曾做过这样一个实验:找100人作为受试者,让他们根据陌生人的照片进行判断,说出对哪些人的印象最好,哪些人的品德和能力更强。结果90%的受试者指出面带微笑的人的能力、品行最好,给人留下最好的印象。由此可见,微笑对塑造自身的良好形象有着重要的作用。在面试中,应聘者应把微笑贯穿于面试的全过程,以真诚的微笑向面试官传递出友善、关注、尊重、理解等信息,建立在面试官心中的良好形象,进而增加面试成功的概率。对面试官来说,适时的微笑也有助于营造和谐融洽的交流氛围,从而有助于面试的顺利进行。

(三)手语言

手语言是指通过手的动作、姿势表达信息、传递感情的非语言符号。在面试中,如果应聘者将掌心向上,会给人以诚实、谦逊或屈从的感觉,如果以这种方式与对方握手,也会表达出服从的意味。但是如果掌心向下,则会传达出抵制、支配、压制的信号,最好不要采用。面试中较合适的握手方式是手掌侧立与对方握手,并且是手掌相握,而不是只抓指尖,这样能显示平等友好且不会过于冷淡。此外,手势语使用的频率和幅度也值得关注,面试交谈过程中,过多的手势语和幅度过大的手势,往往会给人造作之感,而且过多的信息也容易被对方曲解。

(四)臂语言

臂的动作也可以显示出一个人的心理状态和性格特征。在面试过程中,如果面试官采用双臂紧紧交叉于胸前,一般会产生拒人于千里之外的感觉,表达的是防御心理或傲慢态度,不利于建立平等友好的面试氛围。而应聘者如果采用“握臂”或“局部臂交叉姿势”,则会显示出内心紧张并竭力掩饰的自制信号。前者指双臂交叉的同时,一只手或两只手都握住另一胳膊的上面;后者指用一只胳膊横过胸前,握住另一只自然下垂的胳膊,或者左右手在体前相握的姿势。但对于某些善于掩饰紧张心理的应聘者来说,还有一种“伪装性的臂交叉姿势”,即用一只手触摸另一只手上的挎包、手表、袖扣等物品,实际上也是紧张的外在表现。

(五)脚语言

研究发现,人体中越是远离大脑的部位,其可信度越大。面试官可以通过应聘者的脚步对其性格、情绪进行推断,一般情况下,脚步沉稳,表示其沉着、踏实;脚步轻快可反映其内心的愉悦;脚步小且轻,表示其谨慎、服从;脚步匆忙、沉重且凌乱,则可判断其性格开朗、急躁、缺少城府。此外,脚语还能透露出人的心理指向。若面试官或应聘者一坐下来就跷起二郎腿,则可能表明他(她)有不服输的对抗意识,或是有足够的自信,或是有强烈的显示自己的欲望。

三、类语言

类语言,是指人体发音器发出的类似语言的非语言符号,如笑声、哭声、叹息、呻吟、哼哼及各种叫声,还包括说话时的语音、语调、音调、音速、音响等。在面试中,面试官可以通过应聘者表达句子时采用的语调和重音,理解其强调的重点及态度倾向。也可以通过其采用的叹息声、哼哼声等,判断其情绪状态和态度,或是诚恳或是虚假,或是谦恭或是傲慢,或是同情或是讥笑。此外,语速也可以表示情感,语速快表明激动、兴奋;而语速缓慢则表示悲伤、漠不关心。类语言除了影响内容表达和对所表达内容的理解外,还有助于调节沟通。面试中,应聘者如果适当采用“嗯”“哦”等声音,可以向面试官表示自己在注意倾听对方的讲话。而且注意倾听面试官通过类语言表达出的信息,也有助于理解面试官的态度和心理。

四、形象语言

形象语言,指通过相貌、穿着、打扮等来传递信息、表达情感的非语言符号。作为一种非语言符号,形象语言具有交际功能,能够表明主体的身份、地位和职业,而且也可以表现情感和价值观念。在面试中,应聘者应根据面试的公司、应聘的职位、面试的时间、面试的地点等的不同,选择得体的衣着服饰。一般情况下,面试场合以正式、职业、稳重的形象为宜,太过休闲和放松易给人以轻浮之感。面试者可以选用深色制服、套装、套裙,因为深色调的服装能给人成熟、稳重、权威的感觉,套装也能传达出成熟、干练等素质。从而能向面试官传递出精明干练、办事可靠、对工作负责等信息,有助于应聘者在面试中脱颖而出。

五、时空性非语言符号

时空性非语言符号具体包括时间性非语言符号和空间性非语言符号。时间性非语言符号是指通过守时、迟到、早到传达信息的非语言符号。一般情况下,在面试场合中,无论是应聘者还是面试者都应遵循守时的原则,或者宁可早到,也不能迟到,面试场合的迟到可能会被理解为对面试本身不重视或对对方不尊重,或者二者兼有。

空间性非语言符号则指通过人际距离、空间布置传达信息的非语言符号。人类学教授爱德华·霍尔有一个著名的论点是“空间能说话”，一语道破了非语言符号中的个人空间机制。他把人的人际距离分为亲密距离、个人距离、社交距离和公众距离四种，并对四种距离的具体适用范围进行了解析：亲密距离为0~18英寸（1英寸=0.025 4米），适用于很亲密的朋友关系，亲人关系之间，关系不够亲密的人之间或陌生人之间，用亲密距离内的体语会有威胁对方、侵犯对方或表示防卫的意味；个人距离为18英寸~4英尺（1英尺=12英寸=30.48厘米），适用于关系友善，较熟悉的同事、上下级之间，一般不含亲昵或爱情的成分在内；社交距离为4~12英尺，适用于社交场合，个人色彩较淡薄，社交距离又细分为下限和上限，下限是4~7英尺，上限是7~12英尺；公众距离为12英尺以上，下限为12~25英尺，适合于不太正式的聚会。而非常正式的场合则用上限公众距离，即25英尺以上。面试作为社交场合的一种，个人色彩较淡薄，应聘者与面试官之间的距离较宜采用社交距离，但当双方有身体接触（如握手、拍肩）时，则可以采用个人距离。如果面试时的人际距离过近，可能会对对方造成威胁，进而使对方建立防御心理，而过远的人际距离则可能显得过于疏离，也不利于面试的正常沟通。

除人际距离外，空间性非语言符号还包括空间布置，对面试来说，具体指面试场所的布置。面试场所的布置，作为一种非语言符号，能向应聘者传递出无声的信息，进而影响着面试的成败。一般来说，面试场所的布置包括面试场所的选择、桌椅的选择、桌椅的摆放位置和摆放角度等，这些要素既能营造出宽松、融洽的交流氛围，也能制造出紧张、威严的审判式氛围，从而对面试的顺利开展有着不容忽视的作用。用人单位应选择宽敞明亮的面试场所、舒适的桌椅，并合理布置桌椅的摆放位置和摆放角度，努力营造出平等、开放的沟通氛围，从而促进面试的有效进行。

六、面试中非语言沟通对语言沟通的作用

（一）非语言沟通能对语言沟通起到补充作用

首先，相对于语言沟通来说，非语言沟通信息量大，能够多方面多层次进行信息交流。在面试中，面试官和应聘者的头部动作、面部表情、手势动作、臂部动作、服饰装束、空间距离等都能传递信息，面试官可以从应聘者的点头、微笑、皱眉、手臂交叉、手势动作等获取更多关于应聘者的信息，而应聘者也能从面试官的身体动作、面试场所布置、人际距离等掌握更多用人单位的相关情况及面试官的态度，从而在信息量上弥补面试双方语言交流的不足，使面试官和应聘者进行更有效的交流。

其次，非语言沟通具有连续性特点。连续性是指，只要双方在各自的视线范围内，非语言信息交流就能不断地进行。面试中，面试官和应聘者的交谈可能会出现暂停，此时虽然语言沟通停止，非语言沟通却仍在进行，双方仍可以用非语言符号进行沟通，从而保证交流的连续进行。

再次，非语言沟通还具有变化性。变化性是指非语言交流的信息是变化的，在面试中，面试官或应聘者的面部表情、手势动作、臂部动作等都在不断变化。这些变化往往与语言信息的传递相伴进行，能够对语言信息起到强调和渲染作用，从而增加沟通的生动性和直观性。

非语言沟通的这些丰富性、连续性、变化性的特点，从数量上和生动性上对语言沟通起到了补充作用。

（二）非语言信息能对语言信息起到验证作用

面试中，应聘者为了增加成功的概率，往往会对如何应答面试官的提问进行精心准备，从而可能导致语言信息的失真。而相对于语言信息来说，非语言信息，尤其是身体语言具有确定性和失控性的特点，从而使其比语言信息更真实、更可靠。身体语言的确定性是指身体语言多数具有先天性或习惯性，一般情况下较难改变。身体语言的失控性，则是指身体语言多数是人们无意识或半意识状态下显示出来的，例如，瞳孔变化、出汗、心跳加快等往往不是意识可以控制的。因而身体语言常常是人们内心状态的真实反映。也就是说，语言信息可能会“言不由衷”，但非语言信息却常常是“真情流露”。面试中，如果应聘者在表达出某种语言信息后，出现脸色发红、假笑、目光回避、掩嘴、频繁舔嘴唇、触摸鼻子等身体动作，则可能表明其语言表达得不真实。特别是当这些表明说谎迹象的身体动作相伴出现时，面试官就更有理由怀疑其语言信息的真实性。正是由于非语言信息的确定性、失控性，使其能对语言信息的真实性起到验证作用。

项目小结

本项目通过学习，使学习者领悟求职沟通的内涵，理解求职沟通的特点；掌握求职沟通的语言技巧和非语言沟通技巧；理解求职准备的重要性，领悟沟通中语言技巧和非语言技巧的运用；理解求职沟通技能在求职中的重要作用，明确求职沟通技能的途径和方法。

思考与练习

测试你对非语言沟通的理解力：

1. 你与你的老板谈到加薪的事，当你解释加薪的理由时，你的老板歪着头，两眼注视着你，两手托腮，他在告诉你什么信息？

A. 他赞成加薪

B. 他不会给你加薪

C. 他正在左右为难，难下决定

2. 你在公司向管理层做简报，其中一位委员心不在焉地听着，她的脚不断地打着拍子，眼睛看着她的手表，她正在告诉你什么？

A. 她不相信你所说的

B. 她对你所说的内容兴奋不已

C. 她不耐烦了

3. 你与一家公司的董事长安排会面，你希望能在公司工作。当你进入他的办公室时，他抓住你的手，用双手与握手，请你坐下，然后拍你的肩膀。这位董事长在告诉你什么？

A. 他嘉许你的机敏

B. 他想雇用你

C. 他正在强调他的身份和地位

项目四　与同事有效沟通技能

学习目标

1. 理解与同事有效沟通的意义，掌握与同事有效沟通之道。
2. 掌握与同事有效沟通的技能，掌握沟通技巧。
3. 理解团队合作与沟通的重要性，锻炼团队合作与沟通技能。

能力目标

1. 学会与同事有效沟通，掌握并运用有效沟通的技能，进行有效沟通。
2. 能够运用有效沟通的方法和技巧与同事进行有效沟通。
3. 理解工作中情绪管理的重要性，掌握科学有效管理情绪。

素质目标

1. 能够关注并理解同事的反应，能够做到尊重、真诚、认可、欣赏和分享。
2. 具有谦虚稳重、宽容开放、换位思考的沟通素养。
3. 能够自觉参加团队研讨与实际操作，强化团队意识，具有团队合作精神。
4. 提高心理素质，锻炼意志，自觉培养逆商和抗挫折能力。

任务一　与同事有效沟通的艺术

引导案例

小张的烦恼

小张是公司销售部的一名员工，为人比较随和，不喜争执，和同事的关系相处得都比较融洽。但是,在前一段时间,不知什么原因,同一部门的小王总是和他过不去,有时候还故意在别人面前指桑骂槐,对跟他合作的工作任务也都有意让小张做得多,甚至还抢了小张的好几位老客户。

起初,小张觉得都是同事,没有什么大不了的,忍一忍就算了。但是,看到小王如此不讲道理,小张一赌气就告到了经理那里。经理把小王批评了一通,从此,两个人就成了冤家了。

案例点评:小张遇到的事情在工作中常会出现的一个现象,有一段时间,同事小王对他的态度有很大的改变,这应该能让小张有所警觉,应该留心是不是哪里出了问题了。但是,小张的一味忍让,让小王变本加厉,这种处理问题的方式不是优选,发现问题应该及时沟通解决,通过有效沟通的方式化解,而不是最终成为冤家。

小张应该考虑是不是小王有了一些什么想法,有了一些误会,才让他对自己的态度变得这么恶劣,他应该主动及时和小王进行一个真诚的沟通,比如问问小王是不是自己什么地方做得不对,让他难堪了之类的。任何一个人都不喜欢与人结怨,可能他们之间的误会和矛盾在比较浅的时候就能通过及时的沟通而解决了。

但是结果是,小张到了忍无可忍的时候,选择了告状。其实,找主管领导来说明一些事情,不能说方法不对。关键是怎么处理。但是,在这里小张、部门主管、小王三人犯了一个共同的错误,那就是没有坚持"对事不对人",主管做事也过于草率,没有起到应有的调节作用,他的一番批评反而加剧了二人之间的矛盾。正确的做法应该是把双方产生误会、矛盾的疙瘩解开,加强员工的沟通来处理这件事,我想这样做的结果肯定会好得多。

我们每个人都应该学会积极主动沟通,真诚沟通,有效沟通,如此一来就可以化解工作与生活中完全可以避免发生的误会和矛盾。

(案例来源:根据网络资料整理)

企业总经理助理林女士的沟通感悟

林女士说,有些总经理助理觉得自己是老板身边的得力员工,把周围的同事不放在眼里,动辄颐指气使,把自己当成所谓的领导,这样往往导致自己人缘极差。不尊重别人,自然也就得不到别人的尊重。我们是大型国企,我给总经理做助理近 6 年了,无论是资历,还是人际关系,自以为很有心得。我觉得同事和睦相处有效沟通要做到谦和、真诚、友善和宽厚。

总经理助理整天围着领导转,难免会给其他同事造成一些压力和误解。当你与他们沟通时,他们往往会把你看成是"领导的人",对你有畏惧感。不向你说出实情,导致有些情况你无法了解,也就不可能如实地反映给领导了。这个时候,你要把握好自己的身份和说话的方式,让同事感觉到你是在平等友善地跟他沟通交流,而不是替领导发号施令。有时候,还要站在对方的立场考虑问题,因为沟通的目的是解决问题。比如,有些事情的确存在着客观困难,一时半会不好解决,而领导又要求尽快解决,怎么办?换位思考,理解同事的难处,然后通过沟通一起找解决办法。这样不但能赢得好人缘,还能得到同事的尊重和感激。

(案例来源:陶莉. 职场沟通技巧[M]. 北京:中国人民大学出版社,2020.)

案例思考:林助理为什么如此重视与同事的有效沟通?如何理解林助理与同事的相处之道,对我们有哪些启示?

一、与同事有效沟通的重要性

职场人士在工作中,更多的时候要面对同事。与同事建立有效沟通,建立良好的工作关系,有利于提高工作效率。在工作过程中,应尊重他人、友好互助,认真倾听他人的意见,以一种宽容和理解的心态与同事相处,向经验丰富的前辈学习工作技巧,增加工作信心,做到知己知彼、百战不殆。牢记"小成功靠个人,大成功靠团队"的道理。

二、与同事沟通的原则

在日常的沟通中,与同事之间相处的时间可能会超过和家人朋友相处的时间,要想在职场中获得更多更好的发展空间,建立良好的人际关系尤为重要。

(一)仔细倾听、形成互动

与同事沟通时,要专心聆听,厘清同事说话的内容和情绪,使同事愿意继续表达其内心的感受。除此之外,应及时给予对方适当的回应,这能进一步鼓励同事坦诚沟通,最终形成互动。

(二)适当赞美、拉近距离

每个人都希望得到他人的赏识和赞美。对于同事而言,赞美可以拉近彼此之间的距离,能大大增加同事的自信心。不过,在赞美同事时,不要过于笼统,要出自真心,要表明赞赏的依据或原因。虚假和不真诚的话很容易让人产生反感。赞美同事要从细节处赞美,才能让对方甜到心里。

(三)嘴巴要紧、度量要大

办公室总会有闲言碎语,人们背地里聊张家长李家短,这样往往会影响同事关系和工作情绪。所以聪明的人从不在同事背后说三道四。所谓"祸从口出",闲言碎语是名副其实的"祸水",不管是泄露自己的私事,还是转述听来的是非,都可能让你陷入言多语失的危险。在工作中,不要随便打听个人隐私,更不能将别人的隐私随便地散布出去,避免很多不必要的误会和隔阂。

(四)与同事保持适当的距离

与上司、同事之间要保持一定的距离。在一个公司中,倘若几个人交往过于频繁,容易形成表面上的小圈子,也容易让别的同事产生猜疑心理。因此,在与同事交往时,要适当保持距离,避免形成小圈子。

(五)宽容容忍、学会道歉

与同事之间沟通经常会出现一些磕碰,如果不及时妥善处理,就会形成大矛盾,俗话讲"冤家宜解不宜结"。与同事发生矛盾时,要主动忍让,从自身找原因,换位思考,避免矛盾激化。如果已经形成了矛盾,自己做得不对时,要放下面子,学会道歉,以诚信感人,主动打破僵局。

(六)真诚主动、尊重平等

真诚是打开别人心灵的钥匙,唯有真诚能打动别人,唯有真诚能换来他人的信任与认可;唯有真诚能打开对方的心扉,顺利实现沟通的目的。因此,要以真诚的态度和恳切的语言与对方敞开心扉、坦诚相见。

任务二　避免和化解与同事的矛盾冲突的技巧

案例一

A是一家广告公司的总经理，年初，公司与电视台签订合同，承办了电视台半个小时的汽车栏目。为了更好地办好这个栏目，公司引进了一位新的合伙人B，这位新的合伙人非常有能力。一天，因为A私下修改了合作方案，两个人产生了争执，A随口说出："不行就散伙吧。"新合伙人B听了后没有说什么。但是，从那天起两个人的矛盾逐渐加深。后来，新合伙人B对A讲述了自己的看法，觉得A说出的"散伙"两字特别刺耳。A这才知道，这个合伙人几年前和自己的爱人分开了，所以对"散伙"两字特别敏感。其实A也不是真的想"散伙"，当时只是随口说说罢了，她没想到对这位合伙人伤害那么大。A再三表示歉意，请求B的谅解，B也冷静下来，也觉着自己有点主观偏执。于是两个人心平气和地继续讨论策划方案，找到解决问题的更好方法。在接下来的工作沟通中非常顺畅，合作也很愉快。A也在这个过程中注意沟通的方法，不失时机地对B的好创意和好方案表示认同并感谢，经常说一些赞美的话："B，我们真的特别需要你的帮助，你的经验和能力我们有目共睹，这个计划一定能顺利实施并获得成功。"受此鼓励，B也越发努力，公司承办的电视栏目也是越办越好。

案例二

公司前台接待C女士比较时尚洋气，平时很爱打扮。一天，C穿着新买的衣服走进公司，总经理助理D看到她由衷地赞美道："今天好漂亮哦，这件衣服的颜色特别适合你呢，穿在你身上特别凸显你的气质。"C女士很开心同事A的夸奖，并表示了感谢。营销部经理秘书E看到C也上前搭讪道："这是新买的衣服吗？"C正要开心地回应，却听见E接着说："又是在地下商城淘的吧？"C很尴尬地站在那里。虽然平时C总是去地下商场买便宜好穿的衣服，但是她很介意别人把这件事当面说出来，感觉特别没有面子。更让她感到不开心的是，行政部秘书F看到她的新衣服竟然说："这衣服不适合你啊，穿着太显胖了，穿这种款式的衣服需要宽松一些，你看你穿得紧绷绷的，不好看。"这话一出口，C脸上的笑容没有了，一整天都很郁闷。

案例讨论：

1. 如何评价案例中A、B、C、D、E、F各自的表现？
2. 根据本案例，概括和总结与同事有效沟通的说话技巧。

案例三

同在瑞琪科技有限公司任职的G和H历来不和。有一天，G忍无可忍地对另一个同事I说："你去告诉H，我真的受不了她，请她改改她的臭脾气，否则没有人会愿意搭理她的！"I无奈地摇了摇头，回答道："我会去劝劝她。别生气了，大家都是同事。"后来，G遇见H时，H是既和气又有礼貌,与从前相比,简直判若两人。G向I表达了谢意,并且好奇地问道:“你是用什么方法,让H改变这么大的?”I笑了笑说:“我对H说,‘有好多人称赞你,尤其是G,说你又温柔又善良,脾气好,人缘更佳’,如此而已。”

(资料来源:根据网络资料整理)

案例思考:

1. 对待同事的缺点或错误,应该运用什么样的方式进行沟通?

2. 假如你是G,在没有同事I的帮助下,你应该采用什么样的方式来化解同事间的矛盾呢?

职场上,我们每天都要与同事沟通说话,如何沟通时十分讲究的。要注意言辞得体,以免不必要的麻烦。很多时候,和同事间出现不必要的纠纷就是因为自身的言辞不够妥当造成的。对于不同类型的同事,我们也要根据他们自身的不同特点,进行有效的沟通。

一、与表现型同事沟通的技巧

(一)表现型同事的特点

表现型同事非常健谈,喜欢与他人沟通交流,在沟通中给人的感觉是热情、幽默,习惯使用夸张的肢体语言。表现型同事在与他人进行沟通时,会投其所好,找到对方感兴趣的话题进行交谈。

(二)与表现型同事沟通的技巧

与表现型同事沟通时,一定要充满热情,同时使用一些动作和手势。要经常夸奖他们,把注意力放在他们身上。夸奖他们时,要找具体的事例来夸。不要轻易批评表现型的同事,即便是万不得已,建议使用间接的批评方式,或者批评前先进行表扬。

二、与友善型同事沟通的技巧

(一)友善型同事的特点

友善型同事性格平和,经常面带微笑,讲话慢条斯理,喜欢平静,谦让随和,容忍力强,善于倾听,不爱表现,做事面面俱到,喜欢隐藏内心的情绪,优柔寡断,瞻前顾后。友善型的同事善于面对压力,协作能力强,容易相处,无攻击性。友善型同事与人沟通时,通常会多考虑对方的感情因素,营造一个良好的气氛,利用感情和对方建立良好的关系。

(二)与友善型同事沟通的技巧

与友善型同事沟通时,要鼓励他们,征求他们的意见,多提问“你有什么意见,或者你有什么看法”等。友善型的同事大多比较腼腆,很多时候不愿意发表自己的观点,因此,与友善型同事沟通时,多多沟通征求他们的意见和想法,并告知他们你特别在意他们的意见和想法,一般他们也会主动积极给予配合。

三、与冲动型同事沟通的技巧

(一)冲动型同事的特点

冲动型同事情绪波动大起大落,思想变化无常,随意性强,容易冲动,缺乏自控力,虚荣心强,希望得到别人的赞美。冲动型的同事做事决策果断,行动轻率,争强好胜,说话不经过思考,承诺兑现不及时,说话夸张,口无遮拦,并且与他人合作时,喜欢指挥他人,难以坚持行动。

（二）与冲突型同事沟通的技巧

与冲突型同事交往时，在最短的时间里给他们一个明确的答案，而不是以一种模棱两可的态度来对待问题。与冲突型同事交往不需要太多的寒暄，直接说明你的来意或目的，并且最终要落到一个结果上，要从结果的方向去说，而不是从感情方向去说。在和冲动型的同事沟通过程中，要有坚定的目光接触，这是一种信心的表现。

四、与分析型同事沟通的技巧

（一）分析型同事的特点

分析型同事做事严谨，深思熟虑，做事讲究条理，注重承诺，有较强的责任心，遵守规则，待人忠诚，富有自我牺牲精神。分析型同事一旦下定决心，就会努力完成任务。

（二）与分析型同事沟通的技巧

与分析型同事沟通时，要态度认真，要注意沟通细节和沟通内容的细节。如遵守时间或者一边说一边拿纸做简要记录，以认真的态度打动他们，从而拉近距离。与分析型同事接触避免有太多的眼神交流和肢体动作交流，身体不要过于前倾，应该略微往后。

五、与同事有效沟通的策略

避免和化解与同事的矛盾冲突

对同事多赞美，少指责，一定要真诚、有原则地赞美，赞美得越详细、越具体，越能表现你的真诚，赞美的效果就越好。例如，“你很优秀”和“你的工作方法很新颖，你为人又和善，我们都喜欢与你一起工作”相比，很明显第二种更能够让被赞扬的一方感受到真诚。端正心态，纠正态度，避免对人不对事。每个人都有优点和缺点，不论你喜欢或不喜欢他。学会调节气氛，可适当幽默一下，但要注意分寸、场合与对象。讽刺挖苦他人不是幽默，万不可将玩笑建立在他人的痛苦之上。多倾听，少说话，态度谦逊有礼，多发现别人话语中的积极因素。在遇到为难的事情时学会巧妙地拒绝，以维持关系为前提，讲出你拒绝的原因。注意交谈中的忌讳，如不要在同事面前说上司的坏话；不要刺探别人的隐私，要保护对方的弱点；保持低调谦虚的态度；不要命令别人。

（一）要有协作意识

与同事交往中，要主动关心帮助他人。在工作中遇到困难时，要伸出援助之手，切不可自以为是，把同事不放在眼里，不尊重他们的意见，甚至斥责，这些态度都会伤害对方，从而让同事对你产生反感。

（二）要尊重他人

与同事交往中，每个人都渴望被重视、被尊重。真正有远见的人明白，要想获得同事的信赖和合作，从来不会把话说死、说绝，同时也会给对方留有相当大的回旋余地。与同事交往时，要肯定他的劳动价值。同时我们也要相信别人获得的成绩是通过劳动获得的，不要眼红，更不可无端猜忌，应该在表示祝贺的时候，试着学习人家成功的经验，这样才能提高自己。

巧妙沟通之幽默的原则

（三）语言幽默、分享快乐

幽默的语言可使同事之间感到轻松愉快，与同事交往中，每个人都快乐，可消除因工作带来的紧张。乐观和幽默可以消除彼此之间的敌意，更能营造一种亲近的工作氛围，并且有助于缓解工作的疲劳。当然，我们要注意把握分寸，分清场合，否则会惹人厌烦。

（四）主动让利

与同事交往中，切勿斤斤计较，那些喜欢贪小便宜、目光短浅、只看眼前利益的人定会被同事讨厌，往往贪小便宜吃大亏。在工作中要保持大度，才会赢得更多同事的信任和尊重。

（五）求同存异

巧妙沟通之委婉含蓄的艺术

与同事交往中，由于个人性格、职位性质、工作侧重点有差别很容易产生利益冲突，如果不能正确处理，就容易形成隔阂。因此，与同事沟通时，要顾及对方的尊严，通常采用委婉的讲话方式进行沟通，用建议代替直言，用提问代替批评，以达成沟通的目的。

1. 以大局为重

在日常工作中，职场人士要有集体意识，以大局为重，与同事之间形成利益共同体。在与同事共事的过程中，取得成绩时，不要把功绩包揽在自己的身上；工作中出现失误和差错，要勇于负起责任。特别是在与外单位同事接触时，要具有维护团队形象的观念，切勿因自身小利益而损害集体利益，更不要笑话他人、落井下石。

2. 求大同存小异

同事之间由于经历、立场等方面的差异，对同一个问题往往会产生不同的看法。与同事有意见分歧时，要注意不要过分争论。从人的认知客观角度来看，人们接受新观点需要一个过程，人们往往还有“好面子”“好争强斗胜”的心理，彼此之间谁也不服谁，如果过分争论，容易激化矛盾，影响团结。如不涉及原则问题，要“以和为贵”。与同事之间发生分歧时，要努力寻找共同点，争取求大同存小异。实在不能一致时，不妨冷处理，表明“我不接受你们的观点，我保留我的意见”，这样既可以让争论淡化，又不失自己的立场。

3. 保持平常心

许多同事平时一团和气，然而遇到利益之争时，就当仁不让，或在背后互相攻击，或嫉妒心发作，说风凉话。这样既不光明正大，又于己于人都不利，因此，对待升迁、功利要时刻保持一颗平常心。

4. 理解宽容

同事之间经常会出现一些磕磕碰碰，如果不及时妥善处理，就会形成大矛盾。俗话讲，冤家宜解不宜结。在与同事发生矛盾时，要主动忍让，从自身找原因，换位为他人多想想，避免矛盾激化。如已经形成矛盾，自己做得不对时，要放下面子，学会道歉，以诚心感人。退一步海阔天空，如一方主动打破僵局，就会发现彼此之间并没有什么大不了的隔阂。人与人交往，难免会有许多误会、矛盾，甚至冲突，这些其实都源于沟通不畅。

5. 虚心接受前辈的意见

乐于从老同事那里吸取经验，多听老同事的见解，要本着请教学习的态度和同事交流，虚心向前辈学习，只有虚心地接受，才能得到别人的帮助，切不可恃才傲物。在工作中，要善于发现别人的优点，不苛求别人。有的年轻人只觉得自己行，看不起老同事。事实上这些老同事在这个岗位上做了许多年，往往知道这个工作哪些环节容易出现问题，出现问题时应该如何应对。他们的这些经验都是宝贵的，值得我们学习。

6. 三思而后言

古人云:“谨言慎行。”就说话而言,要三思而后言。在沟通说话之前,应该认真思考自己该说什么,对方能够接受什么样的语言。职场中有些人往往心直口快,说话不经过大脑思考,以致犀利的言辞对别人造成伤害。因此,在与同事沟通之前,先换位思考一下:“如果别人对我这样说,我会有什么感受?”如果能多花一些时间,设身处地为他人着想,就不会因为说话不当而引起对方不悦了。

7. 失言时立刻致歉

每个人都会犯错,偶尔也会说错话。如果发现自己说得不恰当惹得对方不悦了,那就坦诚向对方道歉。说声“对不起”,承认“我错了”并不代表我真的犯了什么天大的错误,也不代表自己的软弱和退缩。从有效沟通的角度来看,道歉的意义在于它可以修补关系。在沟通过程中,当双方的关系因其中一方的冒犯而产生裂痕时,及时道歉可以弥合这种裂痕。道歉是沟通的消毒剂、软化剂,也能体现道歉者的修养与境界。

8. 学会表达感谢

心存感激是一种积极的生活态度,也是成功的重要因素。拥有一颗感恩的心,我们生命的每段历程才会充满温馨。心存感激,你会明理;心存感激,你会开心;心存感激,你会说出暖人的话语;心存感激,你会更加珍惜生命的宝贵。在同事交往的过程中,免不了互帮互助,所以要学会表达感谢。哪怕是一件微不足道的小事,也不要忘记说声“谢谢”。

9. 学会适当赞美

人性中有渴望被承认、被尊重的欲望,所以在适当的时候和适当的场合,表达真诚的赞美往往能温暖被沟通者的心,使沟通和谐而顺畅。赞美是对他人的尊重,在一定程度上,满足了对方自我价值实现的高层次需求,能激起对方内心的愉悦感受,从而使双方在愉快中得到交流。所以,我们应该充分利用自己的赞美之声为自己的人缘服务。赞美不等于恭维,只要赞美发自内心,出自真诚,就能有助于我们和同事之间建立和谐的关系。

六、与同事沟通时应注意的问题

(一)了解同事的潜在语言

与同事相处时,要学会察言观色。从心理学角度来讲,语言可能会带有欺骗性,会隐藏一些东西,但是一个人的真实态度往往通过肢体语言反映出来,所以善于察言观色在人际交往中尤为重要。

(二)重视同事的感受

与同事交流时,首先要表达对他人已付出的劳动成果的肯定,使其产生良好的感觉,再婉转地提出自己的想法,以求得他人的配合和认可。为了确保交流的成效,必须重视给他人形成的印象,注意情感产生的程序化,找寻恰当的时机来进行信息的交流。

(三)善于帮助他人

与同事交往时,不要错误地认为帮助别人,自己就会有所牺牲,别人得到了自己就一定会失去。实际上,帮助别人就是在强大自己,帮助别人也是在帮助自己。无论是在工作中还是在生活中,每个人都有需要帮助的时候。有时候,我们应该勇敢地向别人寻求帮助。有时候,我们也要在别人需要帮助的时候,热情地伸出援助之手。

(四)避免敏感话题

与同事交流时,切记不要去打探别人的隐私或者工作中的敏感话题,如探究对方的工资之类的问题,不要随意对同事发牢骚,诉说对公司制度的不满,如不小心传到领导耳朵里,连申辩的机会都没有。

(五)不要展示自己的优越感

与同事交往时,切勿口若悬河地向同事炫耀自己的辉煌业绩。与同事交往中,任何人都想得到别人的肯定,都在不知不觉地维护自己的形象,但切忌谈话时显示出高人一等的优越感,那样无形中会使同事的自尊心受到伤害,从而导致对你的厌恶和反感。

案例

陈平结交周太尉

汉高祖去世以后,吕后当权,吕姓人权倾朝野,刘氏政权变得危险。丞相陈平对此很担心,也怕灾祸殃及自身。这时,有个叫陆贾的人跟陈平说:“你要想没担忧,就必须和太尉周勃搞好关系,你们和睦相处,官员们才会听你们的话,到时候天下有乱,大权不至于分散,社会安稳就在你们将和相的掌握之中。”陈平原先和周勃关系不好,他属于后来归顺的“外来帮”,而周勃是沛县“坐地户”,陈平归汉时,曾遭到“沛县帮”的打击。但将相不和睦,势必要形成将相两派,削弱反吕力量,到时候就会被吕后逐个击破。因此,陈平采纳了陆贾的计策,先送了些钱财给周勃,以表示敬意,又邀请周勃到家里喝酒。周勃也深明大义,用同样的方式回报陈平,这样两个人从此紧密地联系起来,演绎了一场将相和。后来他们联手平定了吕氏叛乱,延续了大汉王朝。

(资料来源:根据网络资料整理)

思考:这则故事给我们哪些启示?

任务三　团队沟通与合作的技巧

到底谁的错

小刘刚办完一个业务回到公司,就被主管马林叫到了他的办公室。

“小刘哇,今天业务办得顺利吗?”

“非常顺利,马主管,”小刘兴奋地说,“我花了很长时间向客户解释我们公司产品的性能,让他们了解到我们的产品是最合适他们使用的,并且在别家再也拿不到这么合理的价钱了,因此很顺利就把公司的机器,推销出去一百台。”

“不错,”马林赞许地说,“但是,你完全了解了客户的情况了吗,会不会出现反复的情况呢?你知道我们部的业绩是和推销出的产品数量密切相关,如果他们再把货退回来,对于我们的士气打击会很大,你对于那家公司的情况真的完全调查清楚了吗?”

“调查清楚了呀,”小刘兴奋的表情消失了,取而代之的是失望的表情,“我是先在上了解到他们需要供货的消息,又向朋友了解了他们公司的情况,然后才打电话到他们公司去联系的,而且我是通过你批准才出去的呀!”

“别激动嘛,小刘,”马林讪讪地说,“我只是出于对你的关心才多问几句的。”

“关心?”小刘不满道,“你是对我不放心才对吧!”

案例分析:

1. 谁的错误

很明显主管马林做错了,关心下属的业务,被下属认为怀疑自己的业务能力,而业务能力是下属吃饭的根本,不容任何人怀疑的,因此产生了冲突,影响了双方的心情,不利于工作的开展。如果把下属进行分类,按照能力和意愿来分,下属有高能力低意愿的、有高能力高意愿的,有低能力高意愿的,有低能力低意愿的四种类型。

对于高能力高意愿的员工就不要过多干涉,他完全可以自己搞定,只要授权给他就可以了,看结果不要看过程。

对于高能力但是意愿比较低的员工,主要是老员工,可以和他一起规划他的职业生涯,充分激励,时刻关注对方的工作积极性,也要看结果、看人而不是看过程。

对于低能力并低意愿的下属,他们把工作看作生活,追求“睡觉睡到自然醒,拿钱拿到手抽筋”,这样的人不要给机会,“该出手时就出手”。

对于低能力而高意愿的下属,要关注对方工作的过程,事先指导,事中询问,事后检查的方式,尽量多一些指导。

很明显马林主管认为小刘的意愿很好,但是能力可能不能达到他的要求,因此过多地询问了,而引起了小刘的不满。其实马主管是有权力询问下属关于工作方面的一切事情的,只是没有考虑到小刘比较“小心眼”,引来了误解。

小刘也有很严重的错误,上司询问你的工作情况,是上司的工作职责。所以要平和地看待这个问题,不要把上司询问工作情况作为对你工作的怀疑,或许上司只是好心地提醒,或许上司对这个客户更了解,或许上司以前犯过类似的错误,想给你提一些建议,还或许上司对自己信心不足。连上司询问工作情况都要产生逆反,怎么和上司相处,怎么和其他同事相处?一定在这家公司得不到重用。另外有些话也不要说破:“你是对我不放心才对吧!”这样的话就没有给上司回旋的余地了,上司怎么回答?如果他同意你的观点,就证明他不相信你的能力,以后的工作没有办法开展。如果他说相信你的能力,可你又不这么认为,他也询问了工作的情况,短时间改变你的观念很困难。所以小刘最后一句话是带着很强烈的情绪,上司将很为难。

2. 上司的做法

从上面的对话可以看出来,小刘没有多少工作经验,把情绪带到工作上,情绪是个人化的东西,工作是公司的事情,两者不要混为一谈。当你能很好地利用情绪来感染别人,带动别人,争取别人的支持时,情绪才能起到正面的作用,否则会起到反面的效果。如果马林直接和小刘谈信任的问题,很多话会不好讲,建议马主管找一位自己信任,同时小刘信任的老员工来带一下小刘,让他认识到上司询问工作进展是正常的,并在工作中不要太情绪化。

接上案例：

在一周之内马主管没有搭理小刘，开会不点他发言，平常也不和他打招呼，他如果有工作汇报，简单地应付一下，让小刘感到上司对他是冷落的。然后找老王，协助解决小刘的问题。小刘感到很苦恼，他找到了老王，想沟通一下。在一个快餐店里面，小刘开始请教老王。

"最近我感到很苦闷，我知道我得罪马林了。"小刘说。

"哦，怎么会呢？你们相处没有多长时间。"老王笑眯眯地看着小刘。

小刘挠挠头说："可能是我上次说他对我不放心，惹他生气了，他现在都不理我了。"

"上次的事，我也听说了，你们当时好像闹得很僵。我觉得没有必要，工作就是工作嘛，哪来那么多想法，更不能有情绪呀。"老王还是微笑着。

小刘委屈地说："我最后带着情绪，这是我不对，但他问得那么细，就是不相信我，还说万一这个单子反复，会影响士气，当时我就生气了。"

"那么你说如果这个单子反复了，会不会影响士气？马林说的有没有错呢？"老王说。"如果反复了就一定会影响士气，其实他说的都没错，但我感觉他不相信我。"小刘说。老王笑着抬起头说："他为什么要相信你？你凭什么被别人相信？他相信你，谁相信他？等你坐到了那个位置就知道了，我们部门出了问题就是他出了问题，老板不会骂你，只会骂他，他的压力比我们都大。你看我们已经下班了，在这里吃饭，他还在加班，又没有加班费，工资比我们高不了多少，也不容易，你有没有站在他的角度想想？"

小刘在低着头沉思。

老王接着说："人都是首先相信自己，其次才能相信别人，你也一样，首先相信你自己，相信凭你的能力，那个客户一定没问题。但你的上司相信自己也没有错，所以他对你的工作问得仔细一点，自己来判断，这些都是正常的。他信自己没有问题，你作为下属，盲目地相信自己就有问题了，毕竟他是主管，为公司负责呀，出了问题你的责任大，还是他的责任大？这个问题你想过没有？"

小刘点点头："你说的有道理，他是主管，为部门负责。"

"所以对我们员工来说，关键是要争取到他的信任，怎么争取是个问题。你看我现在要到客户那里，打个招呼就可以了，签回来单只要说一下也可以了，他都不管我，为什么呢？我刚来和你也一样，每次他都问得很仔细，但我每次都能让他满意，以后他就不问了，只看结果。所以我认为要争取到信任，还是要从自己做起。"

小刘豁然开朗地说："那我应该怎么做？我现在一点头绪都没有。"

老王说："我当年为这个问题付出了很大的代价，碰了很多壁，换了几家公司，才发现上司都是这样的，也有一些体会。

我的经验很简单，就是一句话，从自己做起，提升自我价值。你要让你的上司满意，你给他的要超过他的期望，刚开始他一定是不信任的，但你的成果每次都超过他的期望，他还会不信任吗？其实他没有太多的时间关注细节，那个时候他就只问结果，而不问过程了。"

（资料来源：根据网络资料整理）

人类是需要沟通的。沟通是建立人际关系的手段。人们通过沟通与周围的社会环境相联系，而社会环境又是由人们互相沟通所维持的关系组成的网。沟通就像血液流经人的心血管系统一样“流经”社会系统，为整个有机体服务。篮球运动员乔丹与皮蓬曾这样说：“我们俩在场上的沟通相当重要，我们相互从对方的眼神、手势、表情中获得对方的意图，于是，我们传、切、突破、得分；但是，如果我们失去彼此间的沟通，那么，公牛队的末日就来临了。”这里所描述的两位运动员之间所发生的这一切正是团队沟通活动。因此，在一个组织里，一家公司里，团队沟通是一项自然而然的、必需的、无所不在的活动。

团队的工作就好像是一场足球比赛。在一场足球比赛中，有前锋、后卫、守门员、中场。虽然每个队员的分工不同，但彼此之间需要紧密地配合，相互协作，形成一个灵活而又富有效率的整体，去实现一个共同的目标——把球踢进对方的大门，战胜对方。同样，团队中的每个人都有着不同的知识、背景、经历以及不同的性格，包括兴趣、爱好等，为了一个共同的目标，走到一起来。每个人贡献出自己的知识、经验、技能，形成力量，迎接挑战，就形成了一个团队。我们因为团队而存在，才能实现自己的价值。团队的成功必须依赖于成员间的沟通协作。

在团队中，把你的需求告诉别人，把你的困难告诉别人。把你愿意提供的帮助告诉伙伴，恪守自己的职责，但又心系整体，关注自己的本职，又想别人之所想，急别人之所急。当每个人都这样做的时候，团队成员之间就会发生一种化学反应。隔阂减少，矛盾消解，杂乱无章的工作变得有序，彼此分工，但又在分工中寻求和谐，相互竞争，但又彼此宽容。你会突然发现，团队变得灵活自如，又富有执行力。

心理学家认为，沟通使团队成为一个强大的整体。我们每个人的知识和能力都是有限的，我们每个人的大脑，都只能处理有限的信息，由我们的知识、经验、经历、背景所决定。这决定了我们无法驾驭复杂的挑战。但如果把每个人的大脑用某种方式连接起来，就会形成一个整体，如同拥有了一个容量与效率都加倍的大脑，使它拥有更周密的方案，做出更完备的筹划。

如果这种联结能够成功，将会产生惊人的效应。在一个人的眼里，你只能看到一棵树；在团队的眼里，你能够看到一片森林。在一个人的眼里，你只能看到几滴水珠；在团队的眼里，你能够看到一片大海。在一个人的眼里，你看到的只是几个客户；在团队的眼里，你看到的是庞大的客户群。在一个人的眼里，你看到的只是一个项目技术的细节；在团队的眼里，你看到和掌握的就是一个庞大的项目。

一、团队的内涵

个人单打独斗的时代已经远去，如今是团队合作的时代。“人”的结构就是相互支撑，“众人”的事业需要每个人的参与。

（一）什么是团队

团队是指由两个以上的相互作用、相互依赖的个体，为了特定目标而按照一定的规则结合在一起的组织。团队的构成需要具有以下要素：

（1）共同的奋斗目标。

（2）团队成员的个人成功要依靠团队其他成员。

（3）一致认可的行动策略。

（4）团队成员的知识与技能互为补充。

(二)团队的特征

团队是一个时时反馈、时时调整的整体,具有高度的灵活性与应激性。在一个团队中,无论是领导者还是参与者,都是团队的一员,共同参与高强度的工作,在有限的工作时间中,面对挑战,团队成员彼此相互协调,完成任务。

团队具有以下八个基本特征:

(1)明确的目标。团队成员清楚了解所要达到的目标,以及目标所包含的意义。

(2)相关的技能。团队成员具备实现目标所需要的基本技能,并能够进行良好的合作。

(3)相互的信任。每个人对团队内其他人的品行和能力都确信不疑。

(4)共同的诺言。这是团队成员对完成目标的奉献精神。

(5)良好的沟通。团队成员间拥有畅通的信息交流。

(6)谈判的技能。高效的团队内部成员间角色是经常发生变化的,这要求团队成员具有充分的谈判技能。

(7)公认的领导。团队的领导担任的往往是教练的角色或者起后盾的作用,他们对团队提供指导和支持,而不是试图去控制下属。

(8)内部与外部的支持。既包括内部合理的基础结构,也包括外部给予必要的资源条件。

作为团队的一员,必须拥有一个开放的大脑。每天的工作都在迎接新的挑战,必须抛弃成见,学会以开放的态度、宽广的胸怀,接收别人的信息。不管是好的还是坏的,是鼓励的还是批评的,都不重要,关键是首先要接收这些信息。如果拒绝了这些信息,也就等同于失去了参与团队的机会。打开心怀,让自己变得开放,富有包容性,成为一个善于沟通并在沟通中成长的人。

(三)团队文化和精神的内涵

团队文化是团队所有成员在相互合作、共同完成工作的过程中形成的统一认识和统一行为,包括共同的价值观、管理制度、工作方式、行为准则等。优秀的团队文化会发挥指导作用,将不同个性、不同背景的成员统一起来,为了团队的最高目标共同努力。

团队精神是团队所有成员都认可的一种集体意识,是大局意识、协作精神和服务精神的集中体现。团队精神的基础是尊重个人的兴趣和成就。核心是协同合作,最高境界是全体成员的向心力、凝聚力,反映的是个体利益和整体利益的统一,并进而保证组织的高效运转。团队精神是高绩效团队的灵魂,反映团队成员的士气,是团队所有成员价值观与理想信念的基石,是凝聚团队力量、促进进步的内在力量。

(四)团队文化的作用

团队文化以团队价值观和团队精神为核心和基石,加强对成员普遍认同的价值观的塑造,有利于在团队内部形成和谐、团结、奋进的文化氛围,有利于增强团队的凝聚力。

加强团队文化的建设,对组织内部建设和发展,提高团队的凝聚力和竞争力,进一步拓展发展空间,促进组织提高效益,都具有十分重要的意义。培育和健全团队文化是需要时间的,随着团队的发展,团队文化也需要围绕着更高的奋斗目标不断地更新内容。团队文化的建设始终和团队精神的建设紧密结合,使团队文化渗透于团队建设的各个方面,用团队文化加强团队建设,用团队建设完善团队文化。

二、优秀的团队成员应具有的品格

(一)值得信赖

优秀的团队成员首先是值得信赖的。他们能做完工作,完成所分担的那部分工作以及履行的承诺。他们一定能坚持完成任务,并且能够自始至终表现良好,而不仅仅只是有时候表现良好。

(二)能够建设性地交流

团队需要那些尊重团队他人并且为团队努力工作的人,他们是能把他们的想法、观点明确直接而且坦诚地表达的那些人,这就是所说的建设性的交流。这样的团队成员不会害羞把话说清楚,而是要以一种积极自信和有礼貌的方式表述出来。

(三)能够积极倾听

拥有优秀的倾听人员对团队来说是非常重要的。团队需要成员能够倾听,理解其他人的观点、想法,而不仅仅是没有止境的争论。这种团队成员会接受批评而不会防御性地回应。最重要的是,为了有效地沟通和解决问题,团队成员需要纪律来先倾听然后再说,这样可以使交谈更有意义。

(四)能够积极参与

优秀的团队成员应该是积极的参与者。他们会为团队会议做好准备,并在讨论时倾听和发言。他们完全融入团队工作中,而不是作为旁观者站在一边。那些积极参与的团队成员会带头做事情来取得进展,而且他们自愿来承担任务,他们在整个过程中都很有干劲:“我能为团队取得成功贡献什么?”

(五)公开且乐于分享

优秀团队成员懂得分享,和小孩不一样,因为小孩没问题可以分享。他们乐意分享信息、知识和经历。他们总是带头和队员交流信息。团队成员的交流大都很随意,除了在正式会议讨论上,他们在日常的生活中,感到彼此的谈话和信息交流都很轻松。在日常的交流中,优秀的团队成员都很积极。他们让团队中的其他队员及时获得做好工作的信息和技能。

(六)合作并尽力帮助别人

合作,意味着与他人一起工作并完成一项工作。优秀的团队成员可能通过后天训练来做到。优秀的团队成员,即使他们有着不同的观点和兴趣,仍然可以想方设法一起努力来解决问题完成工作。他们对于别人的请求总是积极地提供帮助。

(七)灵活

团队会经常根据变化来处理问题——自己也经常需要改变。优秀的团队成员能够因势利导,他们能够适应不同的形式。他们不会因为体验新鲜事物或是因为团队设定一个新的努力方向而抱怨或是感到有压力。另外,一个灵活的团队成员能从不同的角度来考虑问题,在需要时甚至可以做出让步。他们不会老是抱着自己的观点不放,而不能接受别人提出的观点。

(八)善于解决问题

团队,不可避免地要解决问题。有时候,这就是组建一个团队的原因——解决问题。优秀的团队成员会从解决问题的角度来处理问题。他们是解决问题的,而不是来重述问题,或是把问题归咎于他人，抑或是逃避问题。他们不会推脱责任，也不会拖延解决问题。团队成员会公开积极地讨论，并和其他人一起合作找出解决方法并制订行动计划。沟通的价值同样在与帮助你解决问题。团队是一个分工合作、紧密联系的整体。每个人的困难，也是大家的困难，每一个挑战，也是大家共同的挑战。如同一艘破浪前进的海船，它不会一帆风顺，路上可能会遇到许多挑战，如风暴、海浪、暗礁等。对于船上的水手来说，这些挑战既是个人的，也是团队的。要在沟通中学会利用别人的资源解决问题。无论你负责的是团队中的哪一项任务，当你遇到困难时，要记住，学会向别人寻求帮助。在团队里，尽管每个人的任务不同，但他们的目标是共同的，要学会用群体的力量去解决困难。

（九）尊重并支持他人

团队成员对待其他成员要既有礼貌又要尊重——要自始至终，而不仅仅是某些时候。要体谅并给予适当的支持来帮助他们做好工作。不要在给予帮助或是分享信息时提出条件。优秀的团队成员还应该要有一些幽默感，懂得如何来享受乐趣，但是不要开让别人难堪的玩笑。同样，简单、高效率的团队成员会以一种很专业的方式和别人相处。1 + 1 可以大于 2，这是因为，每一个人的想法，在相互的沟通交流中得到了整合与发展。学会沟通，发挥出团队的最大价值，充实自己的同时也要保持开放，在别人向你发问时，也积极提供自己的帮助与支持。团队的知识库是在增长的，每个人都需要为它的增长做出贡献。如果团队中的每个人都这样做，团队将会变得更加强大，你会发现你和你的伙伴们将无往不胜，而你也将会因为团队的强大而受益。

（十）以主人翁精神效忠于团队

强有力的团队成员关注他们自己的工作以及整个团队的工作。他们每天都能够以这种积极的心态和责任心工作。他们希望贡献自己最大的努力，也希望团队其他成员做到这一点。有这种责任感的团队成员并没有什么特殊的个性和风格。他们不是只会欢呼的啦啦队队长的那种类型。实际上，他们可能说话温和却不乏激情。他们关心团队的进展并且促进团队的成功，而不需要别人督促。

有责任感的团队成员除了自己的那份工作外还关心团队的整体工作。最终，他们的目标是帮助团队成功，不是像体育运动那样击败对手，而是目睹团队在自己的帮助下取得成功。团队的成功对队员是一个很大的激励。优秀的团队成员具有而且能体现这种动力。

三、团队沟通方法

团队成员之间的沟通也是非常重要的，良好的沟通方法能够促进团队协作，鼓舞士气，提升凝聚力和工作效率。

（一）讲故事法

一个航空公司新总裁上任后，经常邀请高级经理们到自己的家里共进晚餐，然后在屋外围着个大火炉，讲述有关公司的故事。总裁请这些经理们把不好的故事写下来扔到火里烧掉，用来埋葬公司历史上的“阴暗”面，只保留那些振奋人心的故事，极大地鼓舞了士气。

（二）聊天法

某汽车集团总裁在长期的职业生涯中，赢得了公司内部许多人士的爱戴。他有 1/3 的时间在公司里度过，常常和公司里的多名工程师聊天，聊最近的工作，聊生活上的困难。另外有1/3的时间，用来走访5 000名经销商，和他们聊业务听取他们的意见。

（三）制订计划法

一个“百年老店”的员工，每年都会有一次与人力资源经理或主管经理面谈的时间，员工在上级的帮助下制订个人的发展计划，以跟上公司的业务发展，甚至超越公司的发展步伐。

（四）越级报告法

某信息科技公司总裁的办公室从来没有门，员工受到顶头上司的不公正待遇，或者看到公司的什么问题，都可以直接提出，还可以越级反映。这种企业文化使得人与人之间相处时，彼此之间都能做到互相尊重，消除了对抗和内讧。

（五）参与决策法

某公司每年都要制订一个全年的“员工参与计划”，动员员工参与企业管理。这个举动引发了职工对企业的“知遇之恩”，使得员工的投入感和合作性不断提高，合理化建议也越来越多，生产成本大大降低。在投产前，公司大胆打破了那种“工人只能按图施工”的常规，把设计方案摆出来，请工人们“评头论足”，提意见。

工人们提出的各种合理化建议一共有700余项，经过筛选，采纳了500余项，其中有两项意见的效果非常显著。以前装配车架和车身，工人得站在一个槽沟里，手拿沉重的扳手，低着头把螺栓拧上螺母。由于工作十分吃力，因而往往干得马马虎虎，影响了汽车质量，一名工人说：“为什么不能把螺母先装在车架上，让工人站在地上就能拧螺母呢？”这个建议被采纳以后，既降低了劳动强度，又使质量和效率大为提高；另一位工人建议，在把车身放到底盘上去时，可使装配线先暂停片刻，这样既可以使车身和底盘两部分的工作容易做好，又能避免发生意外伤害。此建议被采纳后果然达到了预期效果。

（六）培养自豪感

香格里拉酒店集团被称为培训酒店精英的摇篮。众所周知，酒店行业的员工离职率是比较高的。员工的高离职率会给企业发展带来不稳定性。对于这个问题，很多酒店都在积极考虑对策，香格里拉酒店通过培训、日常福利、定期座谈掌握员工的心理动态，积极处理工作中存在的问题，并进行积极反馈，让员工有归属感，认同感，同时在职场中也感受到尊重与身为酒店人的自豪。从而让酒店的员工离职率降低，让员工身为酒店人具备良好的主人翁意识与责任感。

（七）口头表扬法

表扬不但被认为是当今企业中最有效的激励办法，事实上也是企业团队中的一种有效的沟通方法。松下集团很注意表扬人，创始人松下幸之助如果当面碰上进步快或表现好的员工，他会立即给予口头表扬，如果不在现场，他还会亲自打电话表扬下属。

同时对于管理者而言，团队精神非常重要，一个团队只有拥有属于自己的团队精神才能默契地合作，团队精神是一种文化及感情的交流，能产生信任和凝聚力。每个团队都期望寻找具有合作精神的成员，但不能保证可以找到。所以，不要去控制人的精神灵魂，关键是要教成员学会去进行自我评判和承诺，也就是促使成员学会自我管理。只有做好自我能力的判断，才能在团队成员间建立一种信任，让人知道你不会开空头支票。

四、团队冲突的概念及表现

(一)冲突的概念

冲突是指个人与个人之间、个人与群体之间、群体与群体之间因为存在互不相容的目标、认知或情感而引起的对立或不一致的状态。当一方感觉到另一方对自己关心的事情产生不利影响或将要产生不利影响时,冲突的过程就开始了。冲突包括两个必要因素;一是被双方感知;二是存在意见的对立或不一致,而且双方相互影响、相互作用。

(二)团队冲突的概念

团队冲突是指团队成员之间、团队与团队之间因为在目标、利益和认知方面存在不相容而引起的不一致或对立的状态。在团队中,成员之间存在各种差异,比如价值观、信仰、态度以及行为模式等,必然会导致分歧,分歧发展到一定程度就会导致冲突。冲突是一种客观存在,无法逃避,我们应该接纳冲突,有时它会对团队工作发挥有益的作用。

(三)团队冲突的表现

团队冲突的常见表现包括:细微的分歧或误解,对对方进行公开的质疑或挑战,口头攻击,恐吓或者最后通牒,肢体冲突,对对方进行公开的攻击等。

当团队冲突的激烈程度较高时,通常会有以下具体表现:

(1)成员之间、部门之间的交流逐渐减少。

(2)成员之间的关系逐步从相互信任、相互尊重转变为相互嫉妒、相互猜疑甚至彼此厌恶。

(3)团队成员之间相互抵触的情绪逐步增长。

(4)规章制度尤其是涉及细微领域的规章制度越来越多。

(5)谣言及泄密的情况越来越多。

(6)个人或团队的工作绩效不断下滑。

建设一个高效团结的团队很难,维持一个高效团结的团队更不容易,组织衰败甚至覆灭的原因可能是外部的危机所致,也有可能是内部矛盾的不断恶化。

(四)团队冲突的原因

1. 资源的有限性

团队成员和团队内的各个部门要完成工作任务,必须拥有一定的资源。团队一般以总体任务目标为依据,综合考虑工作性质、岗位职责、在团队中的地位等要素,向各个部门或成员分配资金、人力、设备、时间等资源,但这种分配是不可能绝对公平的。

为了更顺利地完成工作任务,团队中的每个成员、每个部门都会试图争取更多的资源,但团队的资源毕竟是有限的,在竞争资源的过程中,势必产生冲突。另外,团队的公共资源在具体使用的过程中会出现谁先谁后、谁多谁少的矛盾。

2. 需求的差异化

团队成员个人在个性、爱好、言行模式等方面存在差异,有时甚至针锋相对。团队成员在一起工作和生活的过程中因为个体差异的存在很容易产生冲突。

因为职责不同，团队成员之间、部门之间的利益诉求存在差异，这种差异也是引起冲突的常见原因。比如，销售部门一般希望企业能够研发生产出更加多样化的产品，从而吸引不同类型的顾客；而生产部门则更喜欢批量生产，因为个性化产品往往需要小批量生产，势必加重生产部门的负担。

3. 沟通不充分

团队之间的各个环节往往是一种前后相继、上下相关联的关系，一方的工作不当会造成另一方工作的不便和延滞，或者一方的工作质量影响到另一方的工作质量和绩效，这种相互依赖性要求团队成员间及各个部门间必须进行高效的沟通。然而，目标、观念、时间和资源利用等方面的差异是客观存在的，如果沟通不够，或沟通不成功，就会产生隔阂和误解，导致双方的对立和矛盾。

个体间的差异是客观存在的，但是良好的沟通可以让合作的各方了解彼此的好恶，进而尽量按照对方喜欢的方式进行沟通，尽量规避对方不喜欢的沟通方式，从而避免冲突的发生。

（五）团队冲突处理的技巧

1. 充分沟通

充分沟通主要有两个方面：一是要充分表达，积极倾听，这样才能克服沟通中的各种干扰，从而增进相互了解；二是要善于换位思考，站在对方的角度，感受其利益诉求及情绪波动，这样更容易找到彼此的交集。

2. 快速反应

很多严重的冲突都是从小矛盾、小摩擦开始的，久拖不决，贻害无穷。为防止矛盾的恶化，快速反应、及时处理是必须的。

3. 宽容大度

对于不涉及原则问题的小冲突，不妨大度一些。宽容大度的人更容易获得别人的尊重与信赖，人际关系也更融洽。

4. 控制情绪

情绪糟糕的时候往往会做出不理智的举动，而且这种坏情绪还很容易传染给身边的人，导致冲突产生或加剧。因此，遇到冲突的时候必须克制负面情绪，冷静分析问题，之后再采取措施和行动。

本项目能够帮助读者理解与同事有效沟通的意义，领悟与同事有效沟通之道；学习与同事有效沟通的技能，掌握沟通技巧；理解团队合作与沟通的重要性，锻炼团队合作与沟通技能。

思考与练习

案例分析：

小张的苦恼

小张刚刚从名校管理学硕士毕业，出任某大型企业的制造部门经理。他一上任，就对制造部门进行改造。小张发现生产现场的数据很难及时反馈上来，于是决定从生产报表上开始改造。借鉴跨国公司的生产报表，他设计了一份非常完美的生产报表，从报表中可以看出生产中的任何一个细节。

每天早上，所有的生产数据都会及时地放在总经理的桌子上，总经理很高兴，认为他拿到了生产的第一手数据。但没过几天，出现了一次大的品质事故，但报表上根本没有反映出来，小张这才知道，报表的数据都是随意填写上去的。

为了这件事情，小张多次开会强调认真填写报表的重要性，但每次开会，在开始几天可以起到一定的效果。但过不了几天又返回了原来的状态。他怎么也想不通。

（案例来源：根据网络资料整理）

案例点评：

小张的苦恼是很多企业中经理人一个普遍的烦恼。现场的操作工人，很难理解总经理的目的，因为数据分析距离他们太遥远了。大多数工人只知道好好干活，拿工资养家糊口。不同的人，他们所站的高度不一样，单纯地强调、开会，效果是不明显的。站在工人的角度去理解，虽然总经理不断强调认真填写生产报表有利于改善工作流程，但这距离他们比较远，而且大多数工人认为这和他们没有多少关系。

任务：如果你是总经理，请分析存在这种现象的原因，并提出沟通解决方案。

项目五　与领导有效沟通技能

学习目标

1. 理解与领导有效沟通对个人职业生涯发展的重要性。
2. 理解并运用与领导有效沟通的技能。
3. 理解与领导沟通经常会受挫的现实，自觉培养逆商，提高心理素质，锻炼意志力。
4. 理解向领导请示汇报工作的程序与要点。
5. 理解有效说服领导的五个要点及语言技巧。

能力目标

1. 掌握与领导有效沟通的策略。
2. 掌握向领导请示汇报的技能。
3. 掌握有效说服领导的技能。

素质目标

1. 理解与领导有效沟通对个人职业生涯的重要意义，端正态度，准确定位。
2. 能够自觉地参加小组项目的研讨与操作，具备团队合作精神。
3. 具有灵活机智的沟通情商和应变素质。
4. 理解与领导沟通中的受挫经历，自觉培养逆商，提高心理素质，锻炼意志力。
5. 能够换位思考，具备有效说服领导的沟通素养。

任务一　与领导有效沟通的艺术

企业白领 A、B、C 的不同

A 是某合资公司白领，觉得自己满腔抱负没有得到上级的赏识，经常想：如果有一天能见到老总，有机会展示一下自己的才干就好了！

A 的同事 B 也有同样的想法，他进了一步，去打听老总上下班的时间，算好老总大概会在何时进电梯，他也在这个时候去坐电梯，希望能遇到老总，有机会可以打个招呼。

他们的同事 C 更进一步。他详细了解了老总的奋斗历程，弄清老总毕业的学校、性格特征、关心的问题，精心设计了几句简单却有分量的开场白，在算好的时间去乘坐电梯，跟老总打过几次招呼后，终于有一天跟老总长谈了一次，不久后就争取到了更好的职位。

案例思考：企业白领 A、B、C 三人有何不同？从与领导有效沟通的角度分析，C 的做法对我们有何启示？

一、与领导有效沟通十分重要

理顺与领导的关系，是职场人士需时时注意、处处谨慎的关键。与领导能否进行有效沟通，不仅影响领导对你的看法，而且影响你在公司的工作和前途。若能通过有效沟通与领导建立良好的关系，对你在公司的发展乃至成功都具有重要意义。“企业白领 A、B、C 的不同”案例中企业白领 C 努力创造机会，想方设法与领导进行有效沟通，很快就让领导认识并赏识他的才华，于是为自己争取到了更好的职位。因此，理顺与领导的关系并进行有效沟通是职场人必须熟记的生存守则。

二、与领导有效沟通的六大艺术

（一）尊重领导、认真倾听、尽职尽力

与领导沟通的经典表达方式

人都希望被人尊敬，尊重他人和被人尊重同样重要。作为员工，我们理当充分尊重领导，在各方面维护领导的权威，支持领导的工作。倾听领导讲话，不仅要了解讲话的意思，还要能体会言外之意，能够把握要点。这样才能答复中肯，办事对路。与领导沟通交流时要凝神去听，带上笔记本把要点记下。领导讲完后，若有不清楚的地方应该及时提出并询问清楚。

（二）了解领导、主动适应、灵活变通

小范是大华房地产公司的秘书，已经工作多年，并且工作一向勤勤恳恳、兢兢业业。原公

司经理是个依赖型的人，范秘书能把需要为领导安排的事情做得井井有条、细致入微。一些文件、报告经过她的认真处理之后减轻了领导的工作量，领导感觉非常轻松，所以对她也特别满意。今年公司新换了一位王经理，听说比较挑剔，所以同事们都认为范秘书经验丰富，将与王经理有关的工作都交给了她。

某日，将要被公司收购的地产公司送来了一份公司经营报告。范秘书接手之后，发现报告写得不成章法，于是进行一定的润饰，然后才交给王经理。出乎她意料之外的是，王经理先是问了她一句：这份报告是泰利公司的原稿吗？看她摇头之后又说：请报告负责人明天来公司口头汇报吧。虽然王经理没有多说什么，但是从王经理不悦的表情上范秘书意识到自己做了一件傻事。她用自己原来的工作方式处理了这件事，却不符合现任领导的风格。她立刻微笑着对王经理说：对不起，王经理，我修改了原稿。不过我的电脑里有原稿底样，我马上打印给您。刚才我自作主张，是我的过错，实在对不起。当她把原稿放到王经理面前时，她看到王经理的脸色由阴转晴，心里才稍微踏实一些。从此，对于应该交给王经理的资料，范秘书再也不敢擅自修改，而且对一些事情的处理也不再像以前那样主动高调地发表意见，从而逐渐地获得了王经理的信任。

（资料来源：孟庆荣．秘书工作案例及分析[M].2 版，北京：清华大学出版社，2010.）

由于个人的性格、爱好、素质和经历不同，不同的领导会有各自不同的思维方式和工作习惯，对于下属的要求也是不一样的。有的领导只愿意把握大局，注重办事结果和效率，有的领导则事无巨细皆不放松；有的领导喜好包办型秘书，希望秘书打理好自己的一切，有的领导有自己的主见，不需要秘书涉入太多。作为下属只能要求自己去适应领导，要学会从领导的言行举止中了解领导的性格，领会领导的意图，采用相应的沟通方式。本案例中，范秘书能够根据领导的反应及时调整自己的行为，这是工作方法成熟的表现。

（三）理解领导、善解人意、提供服务

领导也是普通人，人人都有难念的经。聪明的下属应该理解领导，积极为领导提供支持和服务，为领导分担压力，排忧解难。在公司里，要想脱颖而出被领导重用和提拔，就应该善于从领导的角度发现问题并解决问题。如果你清楚地知道你的领导想要完成什么任务，你最好能帮上忙。能够采取前瞻性措施来帮助你的领导达到目标，领导也就会视你为部门中有价值的成员。经常与领导打交道，应该具备灵气，有极强的悟性，还需要善于辩证思考，善于察言观色，准确理解领导的思路，为领导提供服务。

（四）主动沟通、积极请示、及时汇报

通过与领导沟通，主动的态度十分重要。工作中积极请示、及时汇报，有利于单位工作的顺利展开，同时可以将自己好的设想和建议推送给领导，展示自己的才华，为自己的发展奠定基础，创造机会。

案例

小莉的改变

小莉在一家化妆品公司工作，自从上班第一天起，她就踏踏实实地工作，工作能力也很强。但她不善于主动与老总进行沟通，许多事都等着老总亲自来找她，所以一直在原来的位子上，没有获得提升，而且由于工作上的竞争，她总是被同事踩在了脚下。后来，小莉吸取了失败的

教训,积极总结经验,以全新面貌到另一家公司上班。一个月后,她接到一份传真,上面说她花了两个星期的一笔业务出现了问题。如果在以前,她会等老总来找她,再向老总汇报。但现在她马上就去找老总。老总正准备用电话同这位客户谈生意,她就在此刻及时地将情况向老总做了汇报,并提出具体的建议和意见。老总掌握了这些材料后,与客户交谈时顺利地解决了出现的问题。此后,小莉常常主动向老总汇报工作上的情况,及时进行良好的沟通,并在销售和管理方面提出一些不错的方案,不断得到老总的认同,不久,她被提升为业务主管。

(资料来源:李晓. 沟通技巧[M]. 北京:航空工业出版社,2006)

(五)定位准确、防止越位、避免擅权

与领导相处,准确定位十分重要。找准位置,把本职工作做好,知道什么事情该做,什么事情不该做,积极主动而不擅权越位,把握好尺度,这是一种智慧,更是一种修养。对于超出自己工作范围的工作,即使能力足够,也不要插手,如此才能不越位、不越权,才能走出一条稳健的发展之路。作为员工,一定要有自知之明,切勿喧宾夺主。这样,才能够与领导和谐相处,并得到领导的信任和赏识,在个人事业的发展上,也会少一些不必要的阻碍。

(六)服从不盲从、选择时机、适时补台

在工作中,作为员工,服从领导的决定是非常明智和重要的,但是服从不是盲从。我们要持有负责任的态度,把握好尺度,选择好时机,秉着对工作负责任的态度,适时请示,及时沟通,才能在职场中游刃有余。

案例

小陈是某公司经理助理。春节前,经理交给她一大堆名片,并亲自挑选精美的明信片,要小陈按照名片逐一打印寄出。小陈接过名片时,发现与有些客户早已没有业务往来,便提醒经理不要寄了,但经理不耐烦地说:“你别管,都要寄”!两天后,当小陈把打印好的明信片交给经理过目时,经理却指责她将一些早已不来往的客户错误地打印在了最精美的明信片上。小陈感觉特委屈,你认为小陈应该如何处理较为恰当?

(资料来源:李晓. 沟通技巧[M]. 北京:航空工业出版社,2006)

上面所述案例中的情况时有发生,作为工作人员确实左右为难,这就需要找到一个恰当的方法解决问题。如案例中小陈可以制作一张客户表格,标注出已经不来往客户的姓名,第二天再去请示经理是否全部寄明信片。此时,经理也许就会明确指出早已不来往的客户不必再寄最精美的明信片了……如此就能妥善解决问题,而不至于被指责了。

所以说,作为员工,服从领导是天经地义之事。但是,服从并不等于盲从。因为领导是人不是神,也难免会犯错,作出错误的决策,发出错误的指令。面对领导不妥的指令,聪明智慧的下属应该深入分析领导的真实意图,选择时机,拾遗补网。

案例

深受器重的总经理助理

林女士是一家大型企业总经理助理。整天和老板打交道,林助理的策略是“多听,少

说，多做”。她深切体验到，总经理助理的主要工作就是上情下达，按照老板的指示行事。作为助理，学会主动倾听是一种关键能力，因为绝大多数情况下，很多决策与规定都是老板已经拍板了才会告诉助理。这个时候只要听清楚老板的话，准确领会他的意图，然后即可执行。比如，老板交代重要的事情时，林助理总是洗耳恭听，从来不会轻易地打断他，而是集中精力倾听，中间适当用“嗯”“好的”之类词语，伴随着适当的表情神态，来回应老板的话。老板在吩咐完后会问是否清楚了，此时如果确实有话没听清楚，林助理会适时提交，并时确认指令。正是因善于主动倾听，尊重老板，当好老板的得力助手，林助理逐渐得到了老板的信任和器重。

当然，金无足赤，人无完人，在老板身边工作的林助理有时也难免会说错话、办错事。有一次，林助理在给老板起草的讲话稿中把一个重要数据搞错了。其实，财务部门上报的材料本身有错，她未能核实纠正，导致老板在与客户的商务沟通中非常尴尬。回来后，老板把她叫到办公室，批评了几句，见她没有任何辩解，老板就不批评了：“你先回去吧，以后注意。”林助理诚恳地说了句“谢谢老板的指教”便悄然退出了。

一天上午，林助理接到总经理的电话去他办公室。进门一看，老板像是刚跟谁吵过架似的，脸色非常难看。原来，他接到一封交往多年的代理商钱经理的来信，指责由于公司经常交货不及时而影响了其声誉，信中措辞激烈并威胁要断交。难怪老板怒气冲冲，他已写好了一封回信，措辞同样激烈，关照林助理：“马上给我快递出去！”

老板回信的内容是这样的：“钱经理，我没有想到会收到你如此无礼的来信！你大概忘记了你是靠了我们公司才发家的！如此忘恩负义，断交也罢！”

林助理从总经理室退出来没有去寄快件，回到自己的办公室大脑飞快转动起来。很显然，老板今天有些情绪化，这么处理问题肯定不妥。这位钱经理上个月还来过，老板请他吃饭，还是自己安排的。钱经理是山东人，性格挺豪爽的。他是自己公司产品在河南、山东等几个省的总代理，每年的合同金额都接近一个亿，是自己公司屈指可数的大客户。如果这封回信就这么寄走，那可是泼出去的水收不回了。现在市场竞争这么激烈，要再找一个像钱经理这样的代理商是不容易的。断交和断绝一切生意来往肯定不是老板真实的想法。还是等他消了气后再去请示。黄昏时分，下班之前，林助理主动到总经理办公室，问老板要不要把给钱经理的信寄走。老板此时已经心平气和，让林助理把信退还给他。当她转身离开的时候，老板叫住她，微笑道：“小林，谢谢你！”

（资料来源：根据网络资料整理）

课堂互动

分析林助理得到老板信任和器重的缘由是什么？其成功的经验对我们有什么启示？

技能实训

1. 实训任务：“深受器重的总经理助理”案例分析与操作。

（1）案例分析：以小组为团队，每组制作一份本案例的分析报告；派一名代表登台演讲，时间不超过5分钟。

(2)案例操作:根据与领导沟通的策略与技巧,结合本案例内容,进行补充细化,分组情景模拟,演示林助理如何与领导有效沟通。

2. 实训提示

"深受器重的总经理助理"案例分析重点:

林助理得到老板的信任和器重,与其沟通策略"多听,少说,多做"密切相关,尤其是善于主动倾听、专心倾听,听懂对方说话的真正意思,必要时做点记录和进行提问,这是与领导有效沟通的关键能力。主动虔诚地倾听,不仅能完整地听懂领导的意思,而且也是对领导的尊重,表现出你的涵养。作为总经理助理,涵养非常重要。

林助理的涵养还表现在,面对过失,反省自己并主动认错,用诚意赢得领导的理解。古人说,有过是一过,不肯认过又是一过。认则两过都无,不认则两过不免。下属做错了事,要有敢于认过的勇气和诚意。即使不完全是你的过错,即使你完全无过错,而是领导误会了你,也要心平气和,本着有则改之、无则加勉的态度,理性认知,正确对待。当领导指出你的过失时,别急着为自己辩解,接受批评是关键,这样不但维护了领导的面子,也免除了因争论而引起的不愉快,更能体现出你的个人修养和职业素养。

林助理的涵养还表现在,服从领导而不盲从,对领导交办的事情,尤其是领导情绪不佳时安排的事情,更加慎重地分析。一是从分析中加深理解领导的意图,二是从分析中发现问题,拾遗补阙,起进一步完善的作用。案例中,林助理没有按照老板的指令马上去寄快件,因为她清楚,为了公司的整体利益,老板的断交信是不能寄出去的,关键在于与钱经理断绝一切生意往来肯定不是老板真实的想法。老板也是人,也有自己的喜怒哀乐,也有控制不住自己情绪的时候。当他火气消下去之后,他肯定会反思让你给钱经理写信的事。通过反思,也许他会觉得自己过于情绪化。所以,聪明的林助理采取冷处理的办法,在下班前去问老板,要不要把信寄走,这就给他创造了一个重新决策的机会。对于总经理助理来说,没有忠诚,不可能成为好助手,但仅有忠诚,也算不上一个好助手;一个优秀的助理不仅要有贯彻执行领导指示的能力,也应该清楚哪些指示应无条件地执行,哪些指示不能马上执行。当领导偶有疏忽,或遇到困难时,应当以高度的责任感鼎力相助,这才是一个优秀助理所应具备的工作能力。

3. 任务评价

各组评价十教师评价。评价要点:对各组任务实施的目标、计划、过程和效果进行评判,肯定成绩,提出建议,指导学生进一步总结和提高。

4. 评分参考

"深受器重的总经理助理"案例分析和情景模拟各占50%:

案例分析报告书面文本(30分)。

案例分析登台演讲(20分)。

案例操作情景模拟演示(30分)。

情景模拟沟通脚本(20分)。

任务二　向领导请示汇报工作的技巧

小杨的困惑

小杨是一个典型的北方姑娘，在她身上可以明显地感受到北方人的热情和直率，她性格坦率，有什么说什么，总是愿意把自己的想法说出来和大家一起讨论，正是因为这个特点，她在上学期间很受老师和同学的欢迎。今年，小杨从某大学的人力资源管理专业毕业，她认为，经过四年的学习，自己不但掌握了扎实的人力资源管理专业知识而且具备了较强的人际沟通技能，因此她对自己未来的期望很高。为了实现自己的梦想，她只身去广州求职。

经过将近一个月的反复投递简历和应聘面试，在权衡了多种因素的情况下，小杨最终选定了一家研究生产食品添加剂的高科技公司。之所以选择这家公司是因为该公司规模适中，发展速度很快，最重要的是该公司的人力资源管理工作还处于初创阶段，小杨是新成立的人力资源部第一位员工，因此她认为自己施展能力的空间很大。

但是到公司工作一个星期后，小杨就陷入了困境中。

原来该公司是一个典型的家族企业，企业中的关键职位基本上都由老板的亲属担任，其中充满了各种裙带关系。尤其是老板安排了他的大儿子王科兼任人力资源部经理，而王科主要负责公司产品研发工作，缺乏管理理念更不用说人力资源管理理念，在他的眼里，只有技术最重要，公司只要能赚钱，其他一切都无所谓。但是，小杨认为越是这样，自己就越有发挥能力的空间，因此在到公司的第五天，小杨直接去找顶头领导人力资源部王科经理。

"王经理，我到公司已经快一个星期了，我有一些想法想和您谈谈，您有时间吗？"小杨走到经理办公桌前说。

王经理正在研究一份新产品实验报告。小杨的到来打断了他的思路。不过，他还是客气地招呼小杨："请坐，什么事？"

见经理态度友好，小杨来劲了，滔滔不绝大谈企业人力资源管理的重要性、人力资源管理的具体措施等，好像在给王经理上课。王经理忍不住打断她；简单点，有事说事。

小杨继续说："对于一个企业尤其是处于上升阶段的企业来说，企业要持续发展，必须在管理上狠下功夫。我来公司已经快一个星期了，据我目前对公司的了解，我认为公司主要的问题在于工作人员职责界定不清，雇员的自主权力太小致使员工觉得公司对他们缺乏信任，员工薪酬结构和水平的制定随意性较强，缺乏科学合理的基础，因此薪酬的公平性和激励性都较低。"

王经理皱了一下眉头说："你说的这些问题我们公司确实存在，但是你必须承认一个事实——我们公司是盈利的，这就说明我们公司目前实行的体制有它的合理性。"

"可是，眼前的发展并不等于将来也可以发展，许多家族企业都是败在管理上。""好了，那你有具体方案吗？"

"目前还没有，这些还只是我的一点想法而已，但是如果得到了您的支持，我想方案只是时间问题。"

“那你先回去做方案。”说完王经理的注意力又回到了研究报告上。

小杨此时真切地感受到了不被认可的失落，她似乎已经预测到了自己第一次汇报工作的结局。小杨陷入了困惑之中，她不知道自己是应该继续和上级沟通还是干脆放弃这份工作，另找一个发展空间。

（资料来源：根据网络资料整理）

案例感悟：请分析小杨与王经理为何会沟通不畅？小杨汇报工作失败的原因是什么？

一、请示汇报工作之前的准备要充分

下属在向领导请示汇报工作之前要做好充分的准备。请示汇报有临时请示汇报和预约请示汇报两种。无论是临时请示汇报还是预约请示汇报，都应该预先做好充分的准备。

(1)要有明确的目标，有的放矢。弄清楚为什么汇报，汇报什么，使汇报目的明确。

(2)要理清思路，使汇报内容层次清晰，加深给领导留下的印象。请示前要想好请示的要点和措辞；汇报前，要拟好汇报的提纲，选好典型事例。

(3)准备好相关资料。与请示汇报工作相关的资料应准备齐全，有文件材料的要吃准、吃透文件精神，以便请示汇报时有的放矢。

(4)多种形态，能简能详。准备好书面材料、附件等，辅助口头汇报；制定详略两套方案，视具体情况确定汇报的详略，体现一定的灵活性。

二、向领导请示汇报工作的程序和要点

(一)事先预约

根据领导的工作安排选择恰当的时间。一般来说，要先了解领导的活动安排，再通过秘书请求领导接见，或直接用电话向领导提出请求，得到允许方可去见领导。一定不要在领导忙得不可开交或全神贯注于处理某一事情时打断领导的工作和思路，更不要在领导出席会议或会见宾客时去打扰领导。

(二)遵时守约

请示汇报要按照预约时间准时到达。如果过早到达，可能会影响到领导有序的工作，抑或扰乱领导的工作安排，甚至会使领导因未准备就绪而忙乱难堪；反之，如果迟迟不到会让领导久候，也会给领导留下你不遵时守约的印象，这是很失礼的行为。

(三)语言得体

请示汇报的语言应该用词准确、简明扼要、通俗流畅、逻辑清晰、语调平稳，语速适中，使人听起来思路清楚、舒服明了，更便于记忆。

(四)仔细倾听

向领导请示汇报的过程中，有时领导会指派任务、发出指令。作为下属，务必仔细倾听、认真记录、复述确认。准确理解领导的意图，明确完成任务的时间、地点、执行者、目的、做什么、怎么做等相关事宜。

(五)适时离去

请示汇报结束后，告辞要适时而有礼貌。如果这时领导谈兴正浓，你应耐心倾听和回答。当领导说出“今天我们就谈到这儿吧”或“待会儿我还有其他安排”之类的话时，你即便谈兴再

浓,也应立即结束话题,马上告辞。

三、向领导请示汇报工作的技能

(一)表述清晰

口头请示汇报工作要求表达清晰,言简意赅,逻辑性强,使领导一听就能明白。可按照“5W2H”的原则提纲挈领地进行,即讲清楚何人(who)、何时(when)、何地(where)、何事(what)、为何(why)、怎么发生的(how)、多少(how many)。

(二)层次清楚

口头请示汇报工作应该讲究顺序:

(1)先总后分,巧分层次。将汇报内容分类、分层,使得条理清楚,重点突出,以加深领导的印象。

(2)先讲重点,再讲次要;先谈结论,再补充论据。善于把第一手材料融入口头汇报中,巧用素材,使汇报的内容可信度更高。

(三)语言准确

口头请示汇报工作要求语言准确,数据运用要具体、精确,使人信服。不能含糊其词、表意不清,尽量避免“据说”“也许”“大概”“估计”之类的词,因为这会给领导留下工作不够踏实的印象。

案例

林助理向总经理汇报工作

总经理助理林女士今天要向总经理汇报工作。她整理好思路,在笔记本上拟好提纲:一共有两件事,涉及哪些单位哪些人。上午9点,林助理带上资料按约定时间去总经理办公室。下面是林助理与总经理对话的主要内容。

林助理:总经理,有两件事要向您汇报,第一件是关于广州总部视察的信息。我们刚接到通知,本周总部视察工作因故延期,视察时间会另行通知。我们会关注此事,一有消息立刻向您报告。

总经理:知道了,继续。

林助理;第二件事是朝阳公司总经理王明的信息。按您的指示,我们打听到他正在上海与旭日公司洽谈一个项目。明天上午回来。您看与他接洽的时间定在哪天妥当?后天怎么样?接洽的有关资料已按您的吩咐准备好了,请审阅。

总经理:很好。预约一下朝阳公司的王总,问他后天晚上有没有时间,我要宴请他。

林助理:好的。哦,对了,后天晚上您好像答应过公司市场部李经理要参加他的生日宴。

总经理:这样,你去告诉李经理,我不能赴宴了。马上去约王总。

林助理:“好的,我马上去办。”

总经理对林助理的工作非常满意。

(案例来源:根据网络资料整理)

课堂互动

为什么总经理对林助理的工作非常满意？请分析概括林助理请示汇报工作具有哪些特点，成功缘由是什么？

在职场上，作为下属不要忽视请示与汇报的作用，因为它是你和领导进行沟通的主要渠道，直接关系到你与领导沟通的质量和效率。对于下属来讲，请示汇报工作也是展示自己能力和水平的机会，若能把每一次请示汇报工作都做得完美无缺，领导对你的信任和赏识就会逐渐加深，从而有利于工作的开展和推进，更有利于个人的前途发展。

技能实训

1. 实训任务

任务1：学会向领导请示汇报工作

上网查询更多如何向领导请示汇报工作的相关资料，全面掌握向领导请示汇报工作的沟通技能，试着向自己的父母或班主任老师等“领导”请示汇报工作，实际体验并提升自己与领导有效沟通的能力。

任务2：“小杨的困惑”“林助理向总经理汇报工作”案例分析与操作

(1)案例分析：以小组为团队，分组研讨正反两个案例中沟通成败的缘由。运用所学的向领导请示汇报工作的相关知识进行分析，概括成功的经验和失败的缘由。每组制作一份案例分析报告；派一名代表登台演讲，时间不超过5分钟。

(2)案例操作：从与领导有效沟通的角度，分组进行情景模拟演示，并制作书面沟通脚本。

2. 实训提示

案例分析重点：正反两个案例的结果充分说明向领导请示汇报工作需要精心准备、运用沟通技能。一次好的请示汇报，能让领导满意、赞赏；相反，则会令领导否定你的工作，怀疑你的能力。

请示汇报工作之前要做足准备。汇报前要把汇报的内容梳理清楚，该准备的资料要准备好。林助理向总经理口头汇报工作，事先的准备工作充分，梳理思路，归纳内容，条理清晰，并且整理好相关资料。因为在汇报过程中，领导可能会问你一些问题。如果你说不清楚，可能会给领导留下不良印象。

汇报工作要选择好时机。在了解到领导忙于其他事务或心情不好时，不要去打扰他，否则可能会带来额外的麻烦，效果不佳。

请示汇报工作时要主题明确，内容清楚，重点突出，语言简明，措辞得体，角度适当。林助理向总经理请示汇报工作时层次清晰，汇报信息客观、真实、完整，所用语言朴实准确，应答积极主动。即便提建议，也是十分委婉，非常得体。而小杨则一个劲儿地提意见，泛泛而谈，没有例据佐证，准备不够充分，难以令人信服。

3. 任务评价

任务1：学生自我评价任务的完成情况、所获体验等。

任务 2:各组评价 + 教师评价。(评价要点:对各组任务实施的目标、计划、过程和效果进行评判,肯定成绩,提出建议,指导学生进一步总结和提高。)

4. 评分参考

"小杨的困惑""林助理向总经理汇报工作"案例分析和情景模拟各占 50%:

案例分析报告书面文本(30 分)。

案例分析登台演讲(20 分)。

案例操作情景模拟演示(30 分)。

情景模拟沟通脚本(20 分)。

任务三　有效说服领导的技巧

巧妙地给领导提建议

公司会议室里,按照惯例正在召开部门月度工作布置会议。经理下达了这个月要实现业绩增长 30% 的指令。可是身处市场一线的小组主管刘辉认为目标定得太高了,根本不可能实现。刘辉心里盘算着:"小冯刚参加工作经验还少,小赵又马上要离职了,如果真的提高业绩指标任务,自己肯定完不成。"今天是 1 号,再过两天就要具体分配业绩指标了,刘辉觉得必须给经理提点建议,要不然等到指标公布后再想修改就困难了。不过,刘辉并没有在会上当着众人的面提出来,而是在会后写了一份"关于增派业务员"的申请。写好后,刘辉来到经理办公室,敲门进去发现有人在和经理谈话,便说了声"我在外面等"就退了出来。不一会儿,里面的人出来了,刘辉便进了办公室,关上门坐到了椅子上说:"经理,我这里有一份申请,麻烦您审阅一下。"说着,便将写好的申请递了上去。

经理拿了过去,看了一眼标题便明白这是刘辉想要增派人手的申请。申请开篇,是目前刘辉所负责业务组的情况分析。几个表格,很清晰地反映出了目前该业务组人手不够的实际情况,同时几个业绩报表也反映出了近几个月的业绩增长情况。看过申请后,经理在批示处写道:"再议,请负责人尽力挽留小赵,并请人力资源部门着手进行相关人员的招聘和筛选准备工作。"刘辉表示感谢后便回自己的办公室了。刘辉走后经理拿出已经做好的业绩分配表。想了想刚才刘辉的申请,觉得这个月给刘辉业务组规定的"业绩增长 30%"的目标似乎很难实现,于是在斟酌后减少了一些。

3 号那天,经理在部门月度工作布置会上宣布:"刘辉的业务组这个月的业绩增长目标是 10%。"停顿了一下,经理接着说:"其他组比刘辉组的目标要多一些,是因为刘辉他们组里的小赵 18 号就要离职了,而小冯现在还需要学习和锻炼,所以这个月就酌情少给一些任务。不过人力资源部门已经开始招聘新人了,等人手配齐后,工作任务量就该增加了。"

刘辉笑着说:"是。"

(案例来源:根据网络资料整理)

【案例感悟】:刘辉是运用什么沟通技能达到降低本组任务指标的目的的?

一、有效说服领导的五个要点

在工作中,作为下属常有向领导进言的时候。如何让领导理解自己的主张,同意自己的看法并且采纳自己的意见或建议呢?

(一)注意场合、建言献策

 案例

林助理见总经理笑眯眯的,此时此刻心情不错,于是抓住机会与总经理单独沟通,针对近期销售人员接二连三辞职一事提出两条建议。她说:"一是建议公司对销售人员的流失原因及流失方向进行深入的调查。据原来和我同宿舍的小姚透露,她是被我们的同行有意挖走的,她在现在的公司已经升为主管了。所以我个人觉得,销售人员的流失原因可能不是待遇这么简单。二是建议我们公司在人员聘用合同上增加保密条款,这样可以在一定程度上限制销售人员随意离职。我有一位同学,他们公司就是这么做的。当然,这只是我个人的想法,请总经理参考。"总经理听了,觉得林助理提供的信息和建议很好,就采纳了这些建议,立即请人力资源部进一步落实。

(案例来源:根据网络资料整理)

领导的心情如何,在很大程度上影响到沟通的成败。当领导的工作比较顺利、心情比较舒畅的时候,便是与领导进行沟通的较好时机。另外,向领导提建议要特别注意场合。领导都很重视自己的威信,因此在提出不同意见时,一般要避免在公众场合向领导提意见,话也不能说得太绝对,要留有余地。林助理抓住领导心情愉悦的谈话时机进言献策,并且她的两个建议建立在事实的基础之上,完全从公司利益出发,很具有实效性,因此得到总经理的认可并采纳。

(二)换位思考、感同身受

要说服领导,须站在领导的立场上,引起领导的需要,把话说到领导的心坎上。如果你说的话与领导的心理相吻合,领导就乐于接受。某企业车间女工小王创造了该厂接线头操作的最高纪录,引起了厂长的极大兴趣。此刻,生产科长根据厂长的潜在心理随即建议说:"厂长,我们是否召开一个技能操作现场会,让小王现身说法介绍操作经验。这样,就能以点带面,大幅度提高生产效益。"厂长当即采纳建议并对生产科长的想法大加赞赏。

(三)材料充足、数据充分

事先搜集和整理好有关数据和资料,制作成书面材料,借助视觉就会加强说服力。只有摆出利与弊,用各种数据事实证明,才会更有说服力。

A 主管和 B 主管

A 主管:关于在通州地区设立灌装分厂的方案,我们已经详细论证了它的可行性,大概三至五年就可以收回成本,然后就可以盈利了。请董事长一定要考虑我们的方案。

B 主管:关于在通州地区设立灌装分厂的方案,我们已经会同财务、销售、后勤部门详细论证了它的可行性。财务评价报告显示,该方案在投资后的第 28 个月财务净现金流由负值转为正值,这预

示着该项投资将从第三年开始盈利,经测算,该方案的投资回收期是四至六年。社会经济评价报告显示,该方案还可以拉动与我们相关的下游产业的发展。这有可能为我们将来的企业前向、后向一体化方案提供有益的借鉴。与该方案有关的可行性分析报告我已经带来了,请董事长审阅。

（案例来源:根据网络资料整理）

上述两位主管的报告,显然 B 主管的报告更具说服力,所以领导采纳了 B 主管的方案。在工作中要提出自己的计划和意见时,事先要尽量收集支持你计划和意见的资料,用各种数据、事实逐项证明,才具有说服力。

（四）提出切实可行的解决方案

在沟通前提前准备,说话简明扼要,重点突出,针对存在的问题提出可行的解决方案,供领导作出选择。

A 秘书和 B 秘书

A 秘书和 B 秘书同时被分配在一个单位做秘书。一年之后,领导遇到什么问题时总爱找 A 秘书商议。B 感到纳闷,自己的水平能力不亚于 A,为什么会受到冷落呢? 他找到了 A,请 A 帮助分析原因。A 开诚布公地对 B 说:我看你主要是提意见多,提建议少。做一件工作,你总是这也不满意那也不顺心,说了一大堆问题,可如何解决这些问题,你却很少提出办法,我要是领导,也不高兴你这样做。B 回想了一下自己一年来的表现,点头说:“你说得对,我是有这毛病。我总想着提意见是下属的事,拿主意是领导的事。”A 打断 B 的话说:“领导也不是神,事事都有主意,领导是很希望下属提建设性意见的。一年来,我就是这么做的。凡接到上级的通知或下级单位的报告,我都认真想一想,提出处理意见,不管领导采用不采用,我都坚持这么做。时间久了,领导就对我的建议逐渐重视了。就是这么一回事。”“那每一次提几条建议呢?”B 问。A 说:“一般情况下,每次提一条就可以了。因为大多数事情,一种处理办法也就够了。对于大事、吃不准或有争议的事,不妨多提几条处理意见,供领导选用,即使提不出很好的方法,起码也要有一点建设性,帮助领导打开思路,这样做,真正有作为的领导都是欢迎的。你不妨一试。”

B 吸取了 A 的经验并照着去做,一年之后,领导也经常找 B 商量工作了。

（案例来源:孙荣,杨蓓蕾,袁士祥,等. 秘书工作案例[M]. 上海:复旦大学出版社,2013）

这个案例说明,向领导提意见不是目的,目的是解决问题。针对存在的问题提出具体的切实可行的解决方案,并帮助领导选择解决问题的办法,这样更有利于说服领导。

二、有效说服领导的语言技巧

（一）语言简练、重点突出

与领导沟通时要努力提高信息质量,事先要将信息提炼加工、归纳整理,做到清晰明了,言简意赅,重点突出。

（二）运用类比手法

在说服领导的过程中,运用类比修辞通常比较有效,用生动而形象的语言讲明事情的原委,讲明事理,促使领导厘清事物的发展状况,作出正确的决策。

（三）面带微笑、温和友善

与人交谈时，肢体语言也很重要。下属在努力说服领导的过程中，要始终保持微笑，用温和友善的微笑去感染领导，征服领导。

（四）尊重权威、委婉交谈

领导的权威不容挑战，无论你的可行性分析和项目计划有多么完美无缺，你也不能强迫领导接受，言谈中不可咄咄逼人，而应该语气委婉，充分尊重领导的权威。

案例

销售部经理争取丽江考察名额

年末绩效考核，销售部因超额完成任务，公司决定给销售部10个云南丽江考察名额。然而，销售部的12人都想去，怎么办？销售部张经理来找总经理要求增加2个名额。张经理这样对总经理说："李总，我们部门12个人都想去丽江，10个名额不够呀，剩余的2个人会有意见，这不是打击人家的积极性嘛，好事变坏事啦！"总经理一听就不高兴了："筛选一下不就完了吗？销售部员工又不是个个都好，不是有两个干活不太积极的吗？公司能拿出10个名额给你们已经花费不少了，怎么不为公司考虑呀？你们呀，就是得寸进尺，不让你们去丽江就好了，谁也没意见！"一席话说得张经理灰头土脸，怏怏不乐。

（资料来源：根据网络资料整理）

课堂互动

销售部张经理争取丽江考察名额不成功的原因是什么？如何改善？

在说服领导的过程中，领导可能会提出质疑。因此，应事先设想领导会提什么问题，自己该如何回答，做到胸有成竹。如果事先毫无准备，回答领导的疑问吞吞吐吐，自然很难说服领导。

技能实训

1. 实训任务

任务1："巧妙地给领导提建议"案例分析与操作

（1）案例分析：以小组为团队，分组研讨本案例中有效说服领导的缘由。每组制作一份本案例的分析报告；派一名代表登台演讲，时间不超过5分钟。

（2）案例操作：分组进行情景模拟演示，可根据案例内容进行补充细化，制作书面沟通脚本。

任务2："销售部经理争取丽江考察名额"案例分析与操作

（1）案例分析：以小组为团队，分组研讨本案例中沟通失败的缘由。运用所学的关于有效说服领导的知识进行分析:为什么销售部经理争取丽江考察的 2 个名额不成功呢?每组制作一份本案例的分析报告;派一名代表登台演讲,时间不超过 5 分钟。

(2)案例操作:从有效说服领导、成功说服领导增加两个丽江考察名额的角度,分组进行情境设计、模拟演示,并制作书面沟通脚本。

2. 实训提示

在职场上,为了把工作做得更好,下属向领导建言献策是非常必要的。不过,说服过程中的沟通是大有讲究的,建议之所以最终能被领导采纳,不仅是因为建议的内容好,还需要有良好的态度及良好的沟通技能。

与领导沟通并试图说服领导时,态度很重要。提建议时应该设身处地地站在领导的立场上考虑问题,力求"态度诚恳,言语适度,语气平和"地表达出你的意思,并且要针对自己的建议做好领导质疑的方案。倘若不讲究沟通态度和准备不周,不但建议不被采纳,还有可能"引火烧身"。

案例"巧妙地给领导提建议"中,如果刘辉在会上听到经理说这个月要实现业绩增长 30% 的指令后,当场指出我们组有困难、不可能实现,很可能会被经理回绝,从而实现不了自己希望降低任务指标的目的。聪明的刘辉没有在会上当着众人的面实话实说,而是审时度势,采取迂回战术,会后向经理递上了一份"关于增派业务员的申请",换个角度向经理求助,巧妙地引导经理自己去发现问题,促使经理自己作出降低刘辉小组任务指标的决定。

案例"销售部经理争取丽江考察名额"中,销售部张经理找总经理争取两个名额不成功,主要是因为急于表达自己的愿望,没有站在总经理的角度去思考问题,也没有提前做出针对总经理可能给出的结论的策略方案,因此惹恼了总经理,不但争取两个名额不成功,还被总经理训斥一番,以建议失败告终。

3. 任务评价

各组评价 + 教师评价。评价要点:对各组任务实施的目标、计划、过程和效果进行评判,肯定成绩,提出建议,指导学生进一步总结与提高。

4. 评分参考

"销售部经理争取丽江考察名额""巧妙地给领导提建议"案例分析和情景模拟各占 50%:

案例分析报告书面文本(30 分)。

案例分析登台演讲(20 分)。

案例操作情景模拟演示(30 分)。

情景模拟沟通脚本(20 分)。

任务四　正确对待领导的表扬和批评

引导案例

某公司员工小王出色地完成了任务,兴高采烈地对主管说:"我有一个好消息,我跟了两个月的那个客户今天终于同意签约了,而且订单金额会比我们预期的多 20%,这将是我们这个季度价值最大的订单。”主管很高兴地说：“不错，继续努力！”小王的心里美滋滋的。

没过几天，主管恰巧遇见上班迟到的小王，便直接叫到办公室来，怒气冲冲地训斥道：“你今天上班怎么迟到了？”小王说：“二环路上堵车了。”主管又严厉地说：“迟到还找理由，都像你这样公司的业务还怎么做！”小王垂头丧气地回答：“那我今后注意。”然后沮丧地离开了主管的办公室。

（资料来源：根据网络资料整理）

案例感悟：如果你是小王，面对主管的批评和表扬，会以怎样的心态来对待？

一、如何正确对待领导的表扬

正确对待领导的表扬

人的本性是比较喜欢被表扬的，因为这是价值的一种体现。人是不能没有赞许的，人的本质是渴望被肯定，赞许是外界的一种肯定性的回馈。在职场中得到领导的表扬意味着领导对你的鼓励和认可，这种鼓励和认可无形当中会带给你带来莫大的喜悦和工作的内驱力。如，在你情绪低落时，领导的表扬能够给你安慰和鼓舞；在你信心不足时，领导的表扬能够重新鼓起你前进的勇气和力量。可是，现实生活中，得到领导的表扬后，不知道正确对待、翘起尾巴飘飘然不知所以的也大有人在。因此，以怎样的心态去对待上级领导的表扬，是一个值得思考的问题。

上级领导对下属的表扬一方面说明上级能够认可和赏识下属，另一方面是为了给其他同事树立一个榜样，可以更好地激励团队。说明这位领导智慧，深谙领导艺术的。此时，我们首先应该庆幸自己遇到一位英明的领导，对领导的人品敬重有加；其次，要明白领导对一个人的表扬，无形中体现了他选拔人才的标准，传递着一种导向，这也启发我们思路要随着领导走，工作围绕中心转。这里要强调的是“跟领导走”与“唯上”是两个不同的概念。“唯上”是盲从，一味“唯上”是溜须拍马，是顺从、是渎职。而“跟领导走”是忠诚、是尽责；另外，我们做的往往并没有达到领导所表扬的那么完美，领导的表扬中除了肯定之外也不乏带有一些期许。因此，我们应该从领导的表扬中找到自己的努力方向，将领导的信任转化为承担的责任，以领导的表扬为契机，不断地提升自己的综合素质，使自己快速成长更快胜任工作。其实，我们应该很清楚，领导希望看到的不是你接受表扬时的喜悦，而是你感受到信任及责任时所表现出来的继续向前的坚定，看到你的成长比看到你的优秀更令领导满意。

（一）心存感激、蓄力前行

在职场上大家得到领导的表扬时，首先应该对领导心存感激，并言语表达：“感谢领导的肯定和表扬！”但同时我们应该意识到，领导的表扬往往不是我们取得了优异的成绩，而是领导对个人的一种期望、一种寄托、一份嘱咐。因此我们更应该反思自身除了领导表扬的优点和长处以外，还有什么缺点和短板，多思考多反省利于在以后在工作中有意识地去改正缺点，补齐短板，全面提升个人能力素质。这样，当机会来临时，我们才不会手忙脚乱、匆忙应对，才能胸有成竹地去迎接新的、更大的挑战，承担更多的责任，自身也得到更大的锻炼、更大的进步。

（二）不能简单说“谢谢”

在职场中，得到上级领导夸奖之后，不建议只说一句“谢谢”，此时，附加两句表达感谢和愿望等能够促进交流的高情商语言进行互动。比如：

(1)工作中得到领导的夸奖,心里肯定非常自豪与高兴,但是应该学会低调和谦虚。不妨这样回答:“谢谢您。这是我的职责和义务,我要更加努力,争取更大的进步。”

(2)当我们在工作中受到领导表扬时候,可以这样回复领导:“好好工作是我的本分,谢谢领导的夸奖。这次我能取得进步,离不开公司的帮忙还是有领导的栽培,这里面也有大家的功劳。”

(3)此外当得到领导当众表扬时,可以这样回复:“这次我虽然取得一些成绩,工作能力也有所提升,但是也存在一些不足地方,在以后工作中我会加努力的,更多向优秀的同事学习。”

(4)得到领导表扬的时候,我们可以这样回复:这是我应该做的,这次取得这么大的成绩,离不开领导栽培,在今后的工作中我会更加努力的工作,向优秀的同事多学习。

(5)在工作中得到了领导的肯定,当面回复给领导的时候,我们需要态度谦虚,脸上面带微笑,态度要自然,表达对领导的尊重。如果是短信回复,礼貌用语少不了。

(三)面对表扬不能过度谦虚

谦虚是中华文化的传统美德。“谦虚使人进步,骄傲使人落后”,从小到大我们都被教育要谦虚做人,所以当我们被领导表扬的时候,我们会习惯性地谦虚,比如说“哪里哪里”“没有啦”“其实还不如领导说的好啦”……

但是过于谦卑则会使得其反。“领导,我没有你说的那么好,根本不配得到这种表扬……”这句话语的确表现得很谦虚,也可以说很有风度!但是,从另一个角度来看,就是否定了领导的认知,否定了领导的判断能力。这样的交流往往无法进行下去,领导是不喜欢的。

在职场上,该谦虚的时候要谦虚,不该谦虚的时候不能谦虚,过度谦虚就是一种无能的体现。尤其是当领导表扬我们的时候,我们首先要做的是认可表扬,坦然接受,否则就是在驳领导的面子,给领导留下一个无能的印象,得不偿失。

(四)持有一个冷静的态度

有些时候,得到领导的夸奖并不是因为工作成绩突出,可能是恰逢领导心情好,见到你后对你说了溢美之词,也或者是领导为了鼓励你更好地工作,而对你进行的一次表扬。当然了,也有的是你真的做得很好,赢得了领导的赞誉。即使情况真是这样,那也不代表着领导赋予你一项某项特权,或者说领导暗地里在提示你一些什么事情。面对领导的赞誉,一定要保持冷静的头脑,实事求是,真诚以待。不论是不是我们的功劳,不贪功,不炫耀,不卑不亢。不要领导夸奖几句,就飘飘然不知天高地厚,对自己自我感觉良好,忘乎所以。要知道只有我们正确对待上级领导的表扬,做到冷静看待、谦逊有度,做到不自满、不骄横,不断提升自身能力素质,我们才能在成长的路上不断前进,最终到达成功的彼岸。

二、正确对待领导的批评

成语“忠言逆耳”说的是当别人指出你的错误和问题时,你很有可能非常不爱听。但是,你必须意识到,这对你个人的成长是很有帮助的。

正确对待领导的批评

在公司里时间久了,难免会受到领导的批评,批评是正常的,关键是受到领导批评时你应对的态度和方式如何。一个能够接受逆耳忠言的人才是成熟的人,才是能不断改进,积极进取之人。受到领导批评时,最需要表现诚恳的态度,以便改进工作方法。最使领导恼火的就是你的眼里没有领导,领导说过的话被你当成了"耳旁风"。若你对批评置若罔闻,而且还我行我素,这比当面顶撞领导更糟糕。

能够接受批评的员工,一定具有谦虚好学的品质。这样的人,在一个开放的环境中是很容易快速取得进步的。如果我们真的能心甘情愿地对自己的领导说:"欢迎多提宝贵意见",那我们必然具有了极高的情商。

只有长期保持高度的乐观和自信,才能使人不断地获得成功。但是在生活、工作、学习以及与他人交往中,总不免被人批评,受人指责。那么,应该怎样对待批评呢?

(一)要正确看待批评

对于领导的批评,首先要认真听取,自我反思。虚心接受,并认真检讨、及时纠正。年轻人都有强烈的自尊心和上进心,都想得到领导的赞许和肯定,听到批评不会像受到表扬那样令人舒畅,这是人之常情。但是,良药苦口利于病,忠言逆耳利于行。一个人要想健康成长,必须听得进去批评,就好比一棵参天大树成为栋梁之材,需经风霜雪雨的洗礼,需要不断修枝打杈一样。人要进步,同样需要领导和同志的批评、督导、鞭策和帮助。在对待批评的问题上,我们要注意克服三种模糊思想:

1. 克服与人"攀短"的思想

有的人在受到批评后,不去认真反省自己的错误,常和其他人比,强调别人还不如自己,我比某某还强,等等。这使人想起"五十步笑百步"的典故。即便别人真的比你犯的错误更严重,也不能证明你的错误是好的,只要是缺点和不足就需要纠正和改进。

2. 克服把批评当"包袱"的思想

有的人在受到批评后,认为领导对自己有想法,整天顾虑重重,感觉到在这里工作没什么发展。其实领导的批评并不是对谁有什么成见,批评是对事不对人,当领导的不会因为一个人犯了错误而把他看"死"了,犯了错误并不可怕,改了就是好同志,完全不必要因此造成沉重的思想负担。

3. 克服满不在乎的思想

有的人把领导的批评当作耳边风,你说你的,我干我的,有的人对自己的缺点采取不承认态度,消极对抗,明明是块疮疤,却竭力掩藏遮盖,结果是"千里之堤,毁于蚁穴"。这些自欺欺人的做法,不仅不利于改正错误,反而会在错误的道路上越走越远,最终铸成大错,陷入不能自拔的境地。

(二)加强自身修养、承受尖锐批评

有些时候,有的领导在批评别人时,不大注意场合和方法,特别是在大庭广众面前,不留情面地训人,往往让人"下不来台",丢面子,叫人无地自容。无论是领导主观动机多么好,这种批评人的方式都应该改进。但是,作为下属是据理力争挽回面子,还是冷静地接受批评,往往能够充分地反映出一个人的思想素质和品德修养。日常生活中,有的人就是因为没有恰当地处理好类似情况,而把问题弄得不可收拾,造成不该发生的后果,教训是非常深刻的。为此,我们要防止和克服两种错误想法:

1."破罐子破摔"的想法

有的人受到批评后,就觉得领导对自己有看法,进步无望,一切都完了。从此一蹶不振,把严厉的批评变成了走下坡路的开端。

2. 忌恨、报复心理

受了批评后,感到人格受到莫大污辱,与领导产生了思想隔阂,埋下了怨恨的种子,甚至走上了打击报复的违法犯罪道路,既害了自己也害了别人。人们常说"严是爱,松是害",领导对下属严格一点,甚至批评时语言严厉一些,但其主导思想和主观愿望是好的,是为我们的前途着想。一般情况下,领导批评下属时都能顾及面子,但是一些人所犯错误性质比较严重或酿成了较重的后果,让人十分气愤,甚至有的是明知故犯或屡教不改,领导因为恨铁不成钢而发脾气。在这种情况下,我们对领导的善意批评要给予正确理解。医生讲对症下药,对于身患重病的人,猛药除病是一个恰如其分的处置。尖锐的批评正像给病人动手术,往往是彻底解决问题最有效的方法,应该把尖锐的批评,当作耳边敲响的警钟,

以闻过则喜,从善如流的态度接受批评,同时还应该深刻的反思自己的过失,从自身错误中找出教训。

(三)以宽广的心胸对待错误的批评

许多时候,领导对下属的批评不一定十分准确,很可能与事实有所出入,甚至还可能张冠李戴。当被领导错误批评,觉得冤枉委屈怎么办?是暴跳如雷当面顶撞,还是心平气和地恰当处理,能够反映一个人的素质和品德。在对待错误批评的问题上,应该做到以下三点:

1. 要体谅领导的难处

俗话说:"将心比心,八两换半斤"。领导的精力毕竟有限,不能要求领导对任何事情都处理得十分恰当,什么问题都判断得准确无误。

2. 要主动找领导谈心

无论是工作上的事宜,还是同事之间关系的问题,都应该积极与领导沟通。自己的错误该承认的要勇于承认,该澄清的要及时澄清。特别是代人受过、被人误解的时候,也应及时主动找领导汇报思想,说明情况。千万不能觉得跟领导说了也无济于事。有时确实领导会因事情较多而忽略,也会因比较棘手而搁浅,但无论怎样也要让领导了解你的工作状态和事情的实际情况。

3. 有则改之,无则加勉

哪怕领导的批评有百分之一是正确的,也该虚心接受,即便是完全批评错了,也全当在耳边又敲响了一次警钟,把别人的问题当成自己的错误看待,引以为戒,警示自己,同样有益。"前车之覆,后车可鉴",聪明人之所以少犯错误,原因就在于此。

当然,公开场合受到不公正的批评、错误的指责,会给自己造成被动。但你可以一方面私下耐心地作些解释,另一方面用行动证明自己。要记得,善于给领导台阶下永远是一个聪明下属必备的职业修养。

(四)受到领导批评时应把握的四条禁忌

1. 忌过多解释

受到批评时,反复纠缠、争辩是很没有必要的。确有冤情,确有误解怎么办?可找一两次机会表白一下,点到为止即可,完全用不着纠缠不休。

2. 忌牢骚满腹

我们要懂得,批评自有批评的理由。可是,如果你不接受上级领导的批评,一味地抵触,满腹牢骚,这只能让你和领导之间的距离越来越大,情感也会越来越疏远。领导也会觉得你很固

执，不可塑，从此也不会再器重你。

3. 忌当面顶撞

当面顶撞是最不明智的做法。因为你让领导下不了台，反过来也会使自己很尴尬。如果在领导一怒之下而发其威风时，你给足了他面子，能坦然大度地接受其批评，领导也会在潜意识中认识到你是个有修养、认知能力较强的人，必然对你倍加留心。

4. 忌满不在乎

领导在提出批评时，就有一个权威问题和尊严问题。如果你对批评置若罔闻，依然我行我素，那么很容易给领导留下"你的眼里没有领导"的恶劣印象，长此以往，领导会在心理上将你放弃，甚至在工作中把你雪藏起来，视而不见。

对于领导的批评，下属应该采取"有则改之，无则加勉。"的态度，虚心接受会使自己在以后的工作中少走弯路，增强自律，放大格局；如果对自己的见解确定有把握，对某个方案有不同意见时，可以开诚布公地和领导坦诚相谈，切记不要与领导发生争执、反复纠缠、争辩，非得弄个一清二楚才罢休，这是很没有必要的；若确有冤枉、误解，即使领导没有给你做出解释的时间，也没有必要纠缠不休，可以找一两次机会表白一下，点到为止。

当受到领导批评时，你一定会在情感上、自尊心上受一定影响，可你不要情绪低落，要用一种反思维的态度对待自己，显示出自己成熟的一面。

总之，善于接受批评是一种高情商的表现，成熟的职场江湖人应该具有勇于接受批评的品质，并且用一颗感恩之心来面对批评你的领导。

项目小结

本项目介绍了倾听的内涵、层次、方式和倾听障碍，克服倾听障碍的技能和有效倾听的技能，有效说服的原则和技巧，委婉巧妙拒绝的原则和技巧，赞美和批评在沟通中的原则和技巧等相关内容。要进行有效沟通，就要做一个善于倾听的人，掌握倾听的方法，用心倾听，无声胜有声；就要学会妙语让别人接受，学会委婉含蓄巧妙拒绝的艺术，说服更有效，拒绝不伤人；就要学会巧妙赞美他人，合适的批评艺术，达成沟通目标，使沟通更顺畅，人际关系和谐。

思考与练习

案例分析

助理 A、B、C、D 与领导沟通不畅

A 是一家民营企业的行政部经理助理；B 是该公司公关部经理助理；C 是销售部经理助理；D 是公司人力资源部经理助理。

场景一：

下午，行政助理 A 正在办公室看报纸，张经理从外面回来，神色难看。因为与外商谈判进行得不顺利，所以心情很不好。他怒气冲冲地回到办公室，见到办公室里有点杂乱，心情更加烦躁,不分青红皂白就大骂起来。此刻,A 正在不紧不慢地看报纸,以为张经理是冲着自己来的,加上平时就觉着张经理好像对自己有意见,心想:自己的工作做完了,看会儿报纸还挨臭骂。于是就与张经理争吵起来。另一位同事连忙过来,向张经理打招呼并好言劝慰,张经理此时也有些醒悟过来,直言自己心情不好,而心里却对 A 十分恼火,感到这个行政助理实在不懂事儿。

场景二:

公司要召开部门经理会议,张经理让行政助理 B 拟好会议通知与日程安排,然后下发到每位参会者手中。B 很快做完了这件事,并把电子文本发到了张经理的电子邮箱里。临近开会前两天,张经理很不满意地问她为什么还没有看到她的会议通知与日程安排,B 说三天前就传到他的邮箱了。张经理说那几天他正好和客户谈合同,很忙,所以也没看电子邮件,于是提醒 B 以后要注意,重要的事情应该再打个电话确认一下。后来,B 在给他的一份报告里又犯了两次错误,就这样她给张经理留下了粗心的印象。

场景三:

C 是公司公关部经理新聘的助理,既有才气又漂亮。公关部经理确实会用人、有眼光,单单招了 C 一个助理、部门里的人不但轻松多了,而且办了许多有声有色的活动。每个活动从设计、布置、发新闻到举办开幕酒会、全由这位助理一手操办。有一次公司举办一项重要活动,请来媒体记者召开新闻发布会。活动尚未开始、一群记者围着助理 C 问这问那,只见她站在记者中间落落大方,有说有笑。等到公关部经理赶过来招呼记者时,记者们说资料已经足够、可以立刻回去发新闻了。一群记者纷纷离开,公关部经理十分尴尬。

场景四:

销售部经理助理 D 工作很勤奋,办事能力也较强。一次,销售部经理交给 D 一个难度很大的任务,并跟她事先声明“这件事难度大,你敢不敢承担,敢不敢接受挑战”。尽管 D 明白自己的实力,但她觉得经理主动找她征求意见,说明领导器重自己,所以她一咬牙就接受了。结果,由于领导给的期限较短,D 助理没能按时完成任务,不仅遭到了批评,还受到经济处罚。D 助理感觉非常委屈,也很气愤,认为既然任务这么艰巨,做不完本是预料中的事。自己当时那么努力,没做完也不该算是工作失误。“老板真是过分,这么短的时间里,让我干那么难的活儿,没做完还罚我。”事后,D 忍不住跟身边同事抱怨。结果不久,老板把她叫到办公室训斥了一通。一气之下,D 助理递上辞职报告一走了之。

(资料来源:根据网络资料整理)

技能实训

1. 实训任务

任务 1:案例分析。分组研讨本案例的四个场景,综合运用与领导有效沟通的理论知识详细分析案例中几位助理与领导沟通失败的缘由以及其失败的教训给我们的启示。以小组为团队,每组制作一份本案例的分析报告;派代表登台演讲,时间不超过 5 分钟。

任务 2:案例操作。从有效沟通的角度,结合本案例的内容,进行改编细化,分组情景模拟,演示助理应该如何与领导巧妙沟通。

2. 实训提示

作为行政助理，一般不能当面顶撞领导。场景一中行政助理 A 的表现非常不职业。在领导发火时，下属要控制住自己，不要意气用事。因为领导做惯了领导，习惯了成功。有些事情一旦没有达到预期效果，他就会感到不顺心，就会发火骂人。在不了解情况时，作为下属千万不要冲动，因为领导发火有时是没有什么依据的。此时应该弄清原因对症下药，这样不仅能够化解领导的怒气，还会让他对你的冷静留下深刻的印象。

与领导沟通，主动的态度十分重要。作为下属，做事情应该积极主动，与领导保持默契。场景二中行政助理 A 的问题就是沟通不主动，细节不讲究。不要自以为是，认定自己所发出的邮件或传真一定会被对方及时收到；给领导审阅的书面报告等文本不加以仔细核对便上交给领导，这是 A 的教训。

作为下属，角色定位要准确。工作主动而不越位、不脱轨，谨慎对待领导的信赖。把握好适度的原则，知道什么事情该做，什么事情不该做，是一种智慧，更是一种气度。这样，才能够与别人和谐相处，并得到领导的信任和赏识，在个人事业的发展上，也会少一些不必要的阻碍。

作为职场人士，在职场中要管好自己的嘴巴，不然就很容易“祸从口出”。说话不经大脑，是直率的表现，但是在职场，也是不成熟的表现。别奢望你私下说的话领导就听不到。要想清楚该说什么，不该说什么；不该说的绝对不能说，可说可不说的也尽量不说。

有效说服领导，让领导理解自己的主张、同意自己的看法并不容易，要讲究技巧。

项目六　与下属有效沟通技能

学习目标

1. 理解与下属沟通的重要性和与下属有效沟通的内涵。
2. 理解并掌握向下属有效下达指令的方法和技巧。
3. 理解和掌握与下属高效沟通的内涵和技巧。
4. 理解和掌握批评下属的步骤。
5. 理解批评下属的方法和领悟艺术地批评下属的要点。

能力目标

1. 掌握与下属高效沟通之道。
2. 掌握识别与下属沟通的障碍,及克服障碍的技能。
3. 掌握如何向下属有效下达指令,指挥下属按照指令行事。
4. 掌握批评下属的技能,学会艺术地批评下属。

素质目标

1. 理解与下属高效沟通的重要性,能够做到尊重与理解下属。
2. 能够自觉参加小组项目研讨与操作,具有团队合作精神。
3. 具有灵活机智的沟通情商和应变能力。
4. 理解与下属沟通的障碍,有效管理下属,提高工作效率。

任务一　与下属高效沟通的艺术

引导案例

某部门小张为公司新员工，通过试用期后被安排在一个自己并不喜欢的部门，当然在从事的工作中效率也得不到提升，无法在工作中找寻乐趣，导致工作状态不佳。通过半个月的工作，小张在思想上产生了动荡，认为公司没有按照自己的特长安排合适的工作，自身也无法在现有的工作中有较好的表现，处于迷茫之中，找寻不到目标，也不清楚自己该怎么摆脱恶性循环。部门领导感受到小张的不佳状态后，主动找其谈话沟通，为小张消除困惑，帮助其在工作中找寻目标，使其适应现有的工作环境。此外还关心小张的生活状况，帮助小张解决生活中的困难、排除思想上的顾虑。小张在与领导沟通结束后，逐渐适应了工作环境，思想上不再迷茫，也慢慢地在工作中发掘出兴趣，从而提高了工作效率。

（资料来源：根据网络资料整理）

本案例中，部门领导就员工的思想动态主动与下属进行沟通，及时端正员工的思想，帮助员工排除思想压力，解决生活中的困难，感动员工，提高员工的工作积极性。由此可见，上级主动与下级沟通也至关重要。在员工思想动荡、对工作迷惘的关键时期，领导应给予员工指导和分析，不仅在工作上给予指导，还要在生活上给予关怀。“同事重于亲朋”体现的正是同事之间互相关心、互相帮助的品质，作为部门领导，无论在工作上还是生活上，都要主动与下属沟通，从心理上使员工感受到温暖，进而接受领导的意见和建议。

作为公司管理人员，不仅需要扎实的业务技能和专业知识，而且需要良好的与下属沟通的能力和沟通技巧。希望大家通过以上的小故事，有所思考和感悟，在实际工作中有目的地运用沟通技巧，提高公司整体的工作效率。

一、管理者与下属沟通的意义

对于管理者来说，与下属有效沟通是至关重要的。而实际工作中，很多管理者都忽视了与下属之间的沟通，一味地强调工作效率。其实，与下属有效沟通所花的些许时间成本，绝对能大大提高下属的工作热情和工作效率。沟通看似小事情，实则具有十分重要的意义。

（1）能够及时了解下属的心理状态和工作压力，从而有针对性地进行指导和缓解。

（2）能够准确了解下属的长处与短板，从而有针对性地部署工作。

（3）能够传递有效信息，保持信息上传下达。

（4）能够增强领导层与下属之间的情感，提高下属的忠诚度，帮助增加部门之间的凝聚力。

二、管理者与下属在沟通中常见的障碍

阻碍管理沟通的因素是十分复杂的，但大致可以归纳为以下四个方面：

（一）管理者对有效沟通的作用认知不到位

思维是沟通的基础，任何一个有目的的沟通都始于自我，但过于迷信自身思维方法的管理

者容易主观、武断，缺乏客观、公正、公平之心，既不能正视自我，也不愿正视他人，更谈不上设身处地站在对方的角度考虑问题。管理者往往注重把信息传递出去，却忽视了信息接收回来的重要性。管理者在分派任务时不考虑下属的个人倾向爱好，也不耐心听取下属的意见，如经常打断对方的谈话或在谈话过程中接听电话等，这些均阻碍了管理者的有效沟通。以自我为中心，过于迷信自我的管理者往往对有效沟通的作用不认可，习惯于简单地下达指令，只重视在物质方面奖惩，搞一言堂，管理者绝对权威制。这种管理者认为不需要与下属沟通，也认识不到与下属沟通的作用和价值。这就陷入了一种管理者固守于自身的思维的恶性循环之中。

(二)缺乏信息反馈

反馈是指信息接收者接收到信息后，根据自己的理解做出一定的反应，将自己的意见编码，向发出者传送过去，从而构成一个循环。通过沟通过程的反馈，可以核实信息是否被真实传递了。在复杂的社会环境下，组织内部多样化程度越来越高，相互之间的依赖也越来越强，各种对目标、职责、利害关系等认识的分歧也越来越大，因此，对管理者来说，信息反馈尤为必要。同时，也只有在增强主客体上下交流的过程中，才能引导人们从不同的角度看问题，消除一些不必要的误解和偏见，只有这样才能达到组织所追求的目标。而专制风格的管理者会漠视信息接收者的反应，使得沟通变成自上而下的单向沟通，而自下而上的沟通才是信息反馈的主要来源。

(三)沟通方式不当

沟通必须借助一定的媒介渠道，不同的信息需要通过不同的沟通渠道进行传递，这些沟通渠道在信息传递方面所起到的作用是不尽相同的，如果选择不恰当，势必造成沟通障碍。如有的公司规定，下属、员工凡在外地出差，所有的请示都要使用电子邮件式短信，原因是当使用电话请示时，管理者发现很多工作处理的结果和在电话中所指示的不相一致。使用电话进行信息传递时，双方因语言表达方式方法等原因会造成信息失真，尤其领导者电话较多，有时要同时处理几个电话，这样的沟通方式难免出现差错。

(四)领导和下属文化层次的差异

如果沟通双方来自不同的国家、地区、民族等，在日常的管理活动中就不可避免地要面临着跨文化沟通。跨文化沟通所面临的主要障碍有：首先是语言障碍。不同的文化背景有不同的语言，如果沟通双方听不懂对方的语言时，那么这种沟通是无效的。另外，每一种语言又包含着其特定的俚语，即使沟通一方能听懂对方所说的每个字词，也很有可能无法理解对方所要表达的真实内容。其次是习惯差异。人们往往习惯于原有的做事方式和方法，在沟通过程中，大多数管理者都会根据自己的价值观、动机和经验去判断，甚至还会加入自己的兴趣和倾向，这必然会导致沟通障碍。再次是思想观念和心理因素的影响。有的管理者和下属之间文化层次有相当差距，这也会导致沟通障碍。

三、难以沟通的类型及方法

人与人之间是不一样的。人有各种类型，下属中难免存在难以相处的人。作为上司，应该运用沟通技巧有效地应对并正确引导下属进行高效沟通。下面介绍几种难以相处的类型、表现以及应对方法：

第一种：盲目攻击型，此类人总是把矛头指向别人，很多时候都是为了挑刺而挑刺。应对方法是引导他们关注自身行为，要求他们提出关于自己如何为项目作出积极贡献的见解。

第二种:喋喋不休型,不停地说话,其言论充斥着整个团队,垄断了所有的团队。应对方法是寻找机会,在说话者换气停顿或者出现片刻犹豫时,打断他们的讲话,把话题转向积极有利的一面。

第三种:悲观失望型,主要表现是言谈举止中充满怀疑和悲观情绪,认为无论如何都行不通。应对方法为直面问题,要求他们明确指出哪些地方他们认为不行,原因何在?问他们如何改进创意,使之可行。

第四种:满腹牢骚型,主要表现为把每次讨论都当成发泄自己不满的机会。他们的做法会完全破坏团队其他成员的热情。应对方法是只允许他们表达一次自己的消极看法,之后或者引导大家不再思考这一问题,转而继续进行下一主题,或者以积极的方式把它解决掉。

第五种:狂妄自大型,主要表现为过高地估计自己的能力,对同事甚至上司的意见不屑一顾,自说自话,经常违抗指令,顶撞上司。应对方法是在经验、决策等各方面高于对方,使他无法用自己的言论影响更多的人,同时尝试获得他的钦佩。

四、与下属高效沟通的技巧

(一)以身作则、心胸宽广

坚持正确的政治主张、严于律己、宽以待人、领导者要善于掌握沟通的感知特点,它的核心要领在于被授予者感受到上级必须以轻松的状态来完成交流,沟通的最终效果来源于对方的接受程度,而不是表达者这一面。

(二)以诚相待、积极倾听

上级和下属进行情感交流时,一定要做到相互坦诚、相互尊重,赢得下属的信任感。有相信才能使人际关系向着良好的趋势发展,在进行信息的有效沟通时,要接受对方的情绪和心态,客观鼓励员工表达自己的观点,并做到认真倾听他们的内心想法,把握住对方说话的真实目的,并给予一定的关怀、支持,这样才能正确解决问题,做到双方整体有效沟通。

(三)沟通准确清晰

领导与下级沟通时,要尽量做到表达准确,语言清晰易懂。做到一句话就要代表一种思想,条理清晰,精简恰当,一定要让下属明白领导的真实想法。因为恰如其分地语言表达会直接影响沟通的效果。

(四)避免情绪化

在接受信息的时候,接收者的情绪会影响到他们对信息的理解。情绪能使人无法进行客观的理性的思维活动,取而代之以情绪化的判断。管理者在与员工进行沟通时,应该尽量保持理性和克制,如果情绪出现失控,则应当暂停进一步沟通,直至恢复平静。

(五)尊重和信任下属

领导与下属往往呈现的是雇佣与被雇佣的关系,但这不表示领导实行强权,重视下属也并不代表要一味地宽容,要做到令行禁止、赏罚有度,才是平衡领导与下属之间的关系、实现企业管理运营的正确方式。一个赢得下属信任的管理者,其自身也一定是信任下属的。当然这种信任必须表达出来,必须付诸行动才会有实效。信任下属,一方面会给自己平时的威严中增加几分亲和力,另一方面员工也能从中感觉到来自领导者的善意和被信任的美好,更容易心情愉快,对领导崇敬有加。从而搭建起与员工的感情桥梁,进一步促进领导与下属间的有效沟通。

(六)建立良好的沟通氛围

精准的语言表达、落落大方的态度,恰当的场合对沟通很重要。但作为企业管理者,不能随心所欲,不分时间、地点,随便在任何场合就与下属交谈。领导者一定要学会洞察,为沟通营造一个合适的场所。通过共同劳动、休闲旅游,团建联欢,聚会等丰富多彩的形式,与员工同心同力,创造出平和、轻松的沟通氛围,这样下属才能和你倾心相谈。

现代企业管理中重要的手段无疑是有效沟通,它让上下级间坦诚以待,平等互助,管理者要明白下属的意图和诉求,了解下属的难言之隐,要提供最大的支持与帮助。同样,下属也要明确企业未来的发展目标,努力做好本职工作,更好地为企业服务。

案例

业绩下滑该怪谁

隋女士,某美容产品公司销售经理,管理着一个由三十多名女销售业务员组成的团队。作为女上司,隋女士做事果断,雷厉风行。

上任之初,为了激励下属更好地完成任务,隋女士在公司总的奖励政策下,又花了几个晚上独自制定了若干奖惩条款,进一步将公司的奖惩政策细化,甚至包括业务员每周、每天的工作量都要进行量化评比。

部门会议上,隋女士拿出自己拟定的奖惩条款读给下属听,读到一半,下面就开始议论起来,接着声音也由窃窃私语变成大声抱怨:"这样的规定神仙也难完成,分明不让我们休息嘛,自己做做试试……"。隋女士没有理会,也没有让大家发表意见和想法。宣读完毕,隋女士就结束了会议。因为隋女士想,任何制度都会引起不同的声音,但一定要执行下去。

有了更加具体而细化的奖惩制度,隋女士对提高销售业绩抱有很高的期望。可是一个月后,隋女士看到了一份让她大跌眼镜的销售业绩单:不但没有提高,反而下降了三成。公司高层领导让她查找业绩下滑的原因。

课堂互动

分析讨论本案例中沟通失败的原因。运用所学的与下属有效沟通的知识进行分析:为什么有了更加具体而细化的奖惩制度后,销售业绩反而下降了?应该怎么做,才能重新提升业绩?

"是市场本身变化的原因吗?应该不是,因为同行几乎都在增长。是产品质量的问题?好像也不是,长期以来产品质量都是很稳定的。那么,是什么原因呢?"

任务:

"业绩下滑该怪谁"案例分析与操作:

(1)案例分析:以小组为单位,每组制作一份本案例的分析报告,派一名代表登台演讲,时间不超过 3 分钟。

(2)案例操作:从与下属进行有效沟通的角度,分组进行情景模拟演示,并制作书面沟通脚本。

提示：

“业绩下滑该怪谁”案例分析重点：

(1)向下属明确说明业绩下滑的原因；

(2)应与下属进行双向沟通，避免下属进一步情绪化；

(3)应尊重下属的意见，修改和完善方案，合作共赢，提升业绩。

任务二　向下属下达指令的技巧

如此下达指令

某公司市场部举办老客户答谢会。星期三下午，市场部王经理找到业务专员小刘：“小刘啊，答谢会现场布置任务交托你了，星期五能完成会场布置吗？”小刘回答：“好的，没问题！”接受任务后，小刘联系部门3名员工，准备开始工作。结果到星期五，市场部王经理检查完会场排列后，非常不满意，指出一堆意见：“为了把椅子放一排，不便于大家交流啊！为何只放三排，才二十个位，明天可能会来四十多人，也没有准备，更没有挂横幅！小刘你也不是第一次布置会场了，还会犯这种低级错误。”小刘听后非常委屈，脱口而出：“王经理你事先也没有告诉我这些要求啊！”一个方面，他在心里埋怨王经理，没有讲清楚要求，尽管自己这么积极主动地完成任务，却不能让领导满意；另一方面，小刘感觉已经尽心竭力做好工作，王经理有些“鸡蛋里挑骨头”，语气过于苛刻。工作的热情顿时消失殆尽。

（资料来源：根据网络资料整理）

案例感悟：

(1)试分析上述案例中王经理下达指令的方式有何不妥？

(2)请分析一下，上面的例子中王经理应该如何向下属有效地下达指令？

下达指令是管理人员对下属进行管理的最普遍、最常用的方式，但这不是仅仅说几句话那么简单。善于培养下属的领导常常简洁、准确地给下属明确的指示和命令，并善于指导下属如何正确接受领导的命令，使他在发挥自己的才干中逐渐成长。

一、指令的含义

指令是命令的一种，是指管理者在情况特殊或情况紧急时，要求部属必需立即执行，不得另行提出建议或加上自己的判断。例如：“张组长，把资料复印后立即快递给客户。”对于企业而言，就是企业领导根据企业工作的目标和要求，合理发布下属要员工必须遵守的制度及需要努力的方向的规定。有效地下达指令能够协助下属员工积极工作，在规定的时间和地点达成预期的目标，从而维护企业正常运营，促进企业有序发展。

二、有效向下属下达指令的方法

(一)正确下达指令

身为上司,下达任务、发号施令时,为了照顾到员工的理解能力和接受能力。一定要准确清晰地表述任务的内容,切忌含糊其词,用词高深莫测,下达一些没有章法、抽象的指令;任务要统一、明确,切忌变来变去;不要下达一些过于抽象的指令,让下属无法掌握指令的目标;不要为了炫耀自己的才能和自己的权威而下指令。

为此,在向下属传达指令时,要注意用"5W2H"法去分解、明晰指令,将指令变成容易接受和理解的信息再去发布,这样易于下属的接受和理解,且不会茫然无措,从而减少沟通受阻的发生概率,避免给工作带来损失,提高工作效率。

我们可以以下面的例子用5W2H方法将它进行划分,体会该方法所传递的重点。例如:"小张,请你拟订两份关于新产品发布的计划书,一定写出新产品的特点,周五前必须送到我的办公室,我要拿给总经理看。"

接受任务者(who):小张。

做什么工作(what):拟订计划书。

为什么(why):要给总经理看。

时间(when):周五前。

地点(where):下达任务者的办公室。

怎么做(how):写出关于新产品的特点。

工作量(how many):两份。

通过这个方法,我们可以清楚地把指令传达给员工。

(二)布置任务后要及时确认

通常情况下,领导在初次给下属安排任务时,有些下属并不能完全领会上司的意图,会理解有偏颇。结果导致下属努力工作的方向不明确,不知该去做什么?因此,领导层布置任务时,最好在散会前重申一遍自己所布置的任务,或让下属谈一谈对此任务的理解。一旦发现下属的理解有偏差,也好及时纠正。或者领导在布置任务时,最好能让下属做笔记,记到备忘录中。

(三)引导下属积极接受指令

1. 尊重下属、态度和善

尊重应该是相互的。如果你谦恭有礼,尊重对方,对方也自然会尊重你,喜欢与你交往,上下级沟通亦是如此。一位受人尊敬的上司,首先应该是一位懂得尊重别人的上司。与下级的沟通也要注意多使用礼貌用语,例如,"小张,请你进来一下""小李,麻烦你把文件送去复印一下"。这样的礼貌用语会让下属觉得自己受到尊重,自然也愿意去做此事。

2. 明示工作的重要性

下达命令之后,领导一定要说明这件工作的重要性。例如,"小王,这次项目投标是否能成功,将决定我们公司今年在总公司的业绩排名,对公司来说至关重要。希望你能竭尽全力争取成功。"以此让下属意识到此工作的重要性,同时也能感受到领导的信任,这样既激发了下属的成就感,也让他感觉到领导的信任。从内心激发起下属的工作热情和责任感。把这样重要的工作交给了自己,一定要努力完成,不辜负领导的厚望。

3. 给予自主决策权、采纳意见

一旦决定让下属负责某一项工作，就应该尽可能地给他自主权，让他可以根据工作的性质和要求，更好地发挥个人的创造力。例如，“这次展示会交由你负责，关于展示主题、地点、时间、预算等请你做出一个详细的策划，在正式实施之前我们随时听取你的计划报告。”你也可询问下属有什么问题及意见，例如，“小王，关于这个投标方案，你还有什么意见和建议吗？”你可采纳下属提出的有可取之处的意见，并称赞他。例如，“关于这点，你的建议很好，就照你的建议去做。”

4. 关注事情进展、协助下属探讨策略

即使指令已经下达且进行了相应的授权，下属也已经明白了工作重点所在，也不可就此不再过问事情的进展，尤其当下属遇到问题和困难，希望上司协助解决时，更不可以说：“不是已经交给你去办了吗？”这类话。作为上司，应该意识到，他之所以是你的下属，就是因为他的阅历、经验可能还不如你，那么这时候你应该和下属一起共同分析问题、探讨状况，尽快提出一个解决方案。例如，“我们都了解目前的状况是这样的，那么接下来我们来讨论一下该怎么做。”等及时关注事情，协助下属解决问题。

（四）下指令后的监督、检查和考核

（1）职场中任何事情的发展都应该受到监督，否则容易有被忽视懈怠，或是营私舞弊，玩忽职守的现象发生。所以在事情运作过程中上司一定要负起监督、检查和考核的责任，促进事情的顺利发展。

（2）指令执行结果的考核，如果光有检查，没有奖惩，下达指令时，下属就可能随意糊弄。例如，某领导要求下属负责开展某设备的招标工作，下属直接回答“我没有做过，做不来”。为避免这种情况的发生，就必须对指令的检查、考核等制度进行完善，让下属从心底重视指令。

任务三　批评下属的技巧

小王不服经理的训斥

“小王，你到我办公室来一趟！”

销售部经理“啪”的一声挂了电话，让刚刚和同事还有说有笑的小王一下子心惊胆战，硬着头皮走进了经理办公室。

“你这个月的销售成绩怎么这么差啊？你看看人家小邓，刚来两个月，工作业绩就上升到本月第一名。你以为我能让你拿这么多的薪水，就不能让别人拿的比你更高？再这样下去，你这个销售冠军还能保持多久？”还没等小王开口，坐在老板椅上的经理就一顿连环珠炮般的轰炸，顺便把一叠厚厚的报表扔在小王面前。

“经理，我……我想解释一下……”小王本想趁这个机会就此事与经理正面沟通。“你别说了，你回去好好反省吧。我再给你一个月的时间，要是下个月你的业绩还不能提升，那我就要扣你的年终奖金了。好了,你先出去吧。”经理不耐烦地摆手示意欲言又止的小王出去。

满脸委屈的小王无奈地走出经理办公室,越回想经理那咄咄逼人的架势,心里就越窝火。小王从公司创业到现在一直风雨无阻、任劳任怨地开发新客户、巩固老客户,拓展了公司近 30% 的现有市场。小王的客户投诉率一直保持在全公司最低,年年被评为优秀员工。这个月小王被经理分派到刚开发的新市场,客户数量不多,但与前期相比正以 10% 的速度扩充。再加上本月由于公司总部发货不及时,有很多客户临时取消订单,导致销售额与成熟市场的销售额无法匹敌,而小邓是新员工,一开始被安排到原有的老市场,客户源稳定而充足,客户关系网坚固牢靠,形势大好,自然丰收在即。小王心里觉得经理只看数字,不问事实,心里委屈也是理所当然的。

(资料来源:根据网络资料整理)

案例感悟:销售部经理的批评是否合理?如果不合理,错在什么地方?应该怎样改正?

一、批评下属的必要性

有赞扬就应该有批评。在领导的工作中,批评也是一种必要的强化手段,它与表扬是相辅相成的。虽然说批评会是下属产生的负面情绪和抵触情绪,作为一名管理者,批评是日常工作中一项重要的沟通工作。对待下属,不仅需要进行适当的激励,在下属犯错误的时候,还需要及时有效地进行批评,促使下属尽快改正错误,不断进步,方能提高员工的绩效,使整个组织的绩效提高。反之,如果对下属的错误置之不理,不但会阻碍下属的进步,也会妨碍整个团队的建设,甚至是组织的整体绩效。所以谁有效的批评还是很必要的。

二、管理者不愿意批评下属的原因

金无足赤,人无完人,没有人能保证做事不出错误,尤其是在职场工作当中,工作人员都是在不断纠正错误中成长起来的,可以说工作人员犯错是一件稀松平常的事情。可是,面对下属犯错,很多管理者并不愿意帮助下属提出批评指正。这究竟是何原因呢?

(一)管理者本身未能以身作则

批评下属,首先自身必须在这个方面起到标杆作用。如果一个管理者自身未能起到表率作用,想要批评和指责下属时心里都没有底气,下属也不会服气的。

(二)不愿意得罪人

管理者觉得批评下属就是在揭别人的短,怕下属对自己不信任,从而影响下属对自己光辉形象的看法。也有担心下属受到批评后对自己产生厌恶、憎恨心里,会影响自己的发展。

(三)觉得批评起不到作用

有的管理者看中激励,觉得批评会削弱下属的工作热情,所以干脆不批评。或者,管理者试图批评过,但是下属在受到批评后并不改正,经过多次批评,管理者也就放弃了自己的批评职责。长此以往,就觉得批评下属没有实际意义了。其实,这些都是由于未能掌握批评的方法,而造成了批评工作的无效性。

(四)不知道如何批评

这一般是新晋升为管理者的一个通病。因为刚刚坐在领导者的位置上,还没有习惯这个角色,没有掌握正确的批评下属的方法。而且学会批评下属也是需要突破一个心理防线的,领导者必须要认清角色,克服这方面的心理障碍。

三、批评下属的基本策略——未批先夸

人们在听到批评时，总不像听到赞扬那样舒服。这是因为，人在本能上对批评都有一种抵触心理，人们喜欢为自己的行为辩解，尤其是一个人在工作中已付出很大努力时，对批评会更为敏感，也更喜欢为自己辩解。这也是认知上存在的问题。为了避免这种问题的发生，批评下属时最好采用未批先夸的基本策略。因为赞美能让人谦虚，又能建立友善的气氛。在批评别人前，应先提及别人的优点，对他赞美一番。每个人都需要真诚的赞美，也需要善意的批评。赞美是鼓励，批评是督促；赞美如阳光，批评如雨露，二者缺一不可。所以，要想让对方接受你的批评，改正错误，就必须在批评前先给对方点“甜头”，然后再给他批评的“苦头”，这样才会让你的批评更有效。

未批先夸实际上就是一种欲抑先扬的方式，即在批评之前先找出对方的优点表扬一番，以表扬来营造批评的氛围，它能让对方在愉悦的赞扬中同样愉悦地接受批评。因为人在听到别人对自己的某些长处的表扬之后，再听到他的批评，心里往往会好接受得多。这种方法使人认为你的批评是公正客观的，自己既有过失，也有成绩。这样就减少了因批评所带来的抵触情绪，能收到良好的批评效果。

这等同于一些企业家所主张的“三明治策略”，即赞扬—批评—赞扬。也就是说，在批评别人时，先找出对方的长处赞美一番，然后再提出批评，而且力图使谈话在友好的气氛中结束，同时再使用一些赞扬的词语。其实，这种方式也比较符合人的心理适应能力。当批评者在诚恳而客观的赞扬之后再进行批评时，人们会因为赞扬首因效应的作用，而觉得批评不那么刺耳。例如，某领导发现秘书写的总结有不妥之处，他是这样批评秘书的：“小张，这份总结总的来说写得不错，思路清楚，重点突出，有几处写得很有见地，看来你下了功夫。只是有几个地方提法不妥，有些言过其实，有的地方尚缺定量分析，麻烦你再修改一下。你的文笔不错，过去几次写总结也是越修改越好，相信你这次也一定能改出一个好总结来。”这样说，秘书会感到领导对自己很公正、很器重，充满期望和信任，因而就会很卖力地把总结改好了。

许多人都很认可未批先夸的方法，但在真诚的赞美之后，喜欢拐弯抹角地加上“但是”两个字，然后开始一连串的批评。举例来说，有人想改变孩子漫不经心的学习态度，很可能会这样说：“小林，你这次成绩进步了，我们很高兴。但是，你如果能多加强一下代数那就更好了。”

在上面这个例子里，原本受到鼓舞的小林，在听到“但是”两个字后，很可能会怀疑原来的赞美之词。对他来说，赞美通常是引向批评的前奏。如此不但赞美的真实性大打折扣，对小林的学习态度也不会有什么帮助的。

如果我们改变一两个字，情况就会大为改观。我们可以这么说：“小林，你这次成绩进步了，我们很高兴。而且，如果你在数学方面继续努力下去的话，下次一定会跟其他科目一样好。”这样，小林一定会欣然接受这番赞美了，因为后面没有直接明显的批评。由于我们也间接提醒了应该改进的注意事项，他便懂得该如何改进以达到我们的期望。

四、常用的批评方式

经过大量的实践检验，以下是几条颇有艺术性的批评方式，领导者应加以灵活运用。

一是暗示式。如领导发现某位员工迟到了，就指着对方的手表问道、“帮我看一下现在几

点了?”这就是典型的暗示式批评。

二是模糊式。如在员工大会,领导者为了整顿劳动纪律,便说“最近一段时间,我们单位的纪律总的来说是好的,但也有个别同志表现较差,有的迟到早退,有的上班吹牛谈天。”这里就用了不少模糊语言。如“个别”“有的”等等。这样既照顾了一些人的面子,又指出了问题所在。

三是说服式。也就是说,领导者在批评别人时,应设身处地地替别人着想。如要考虑对方的实际情况和具体情况。同时,需要注意的是,对新员工的要求与老员工也要有所不同,对年轻员工的工作失误也不应光以自己的经验、能力去衡量。

四是请教式。如领导者对一位下属说道:“如果按你这种做法,那这个计划是不是都得重新制作?”这个时候,被批评者大多会自动修正自己的错误。

五是安慰式。直接批评一个犯错的下属,并不一定能被接受。如果采用安慰性的语言进行指导会得到的效果。比如说:“凡事没有轻而易举就成功的,失败乃成功之母,重要的是在失败中吸取教训,总结经验。希望你能重整旗鼓,继续前行。”

六是启发式。即要使对方从根本、从内心认识到自己的错误,需要批评者从深处挖掘错误的原因,晓之以理,动之以情,循循善诱,帮助他认识、改正错误。

七是幽默式。就是在批评过程中,使用富有哲理的故事、双关语、形象的比喻等,以此缓解批评时紧张的情绪,启发批评者思考,从而增进相互间的感情交流,使批评不但达到教育对方的目的,同时也创造出轻松愉快的气氛。

八是警告式。即如果对方犯的不是原则性的错误,或者不是正在犯错误的现场,就可以用温和的话语,只点明问题,做到点到为止,起到一个警告的作用。

五、领导批评下属的技巧

诚然,作为一个老板,批评下属往往是其日常工作的一部分,但是如何批评才能起到良好的效果这是一个深刻的话题。这就要求领导在批评下属时应讲究一些语言表达技巧。语言表达技巧在批评中具有十分重要的作用。实际工作中,对同一个人同一件事,由于领导者所使用的语言不同,表达的感情色彩不同,其批评的效果往往是不一样的。领导者要增强批评的有效性,就要提高语言表达能力,讲究语言表达技巧,增强语言的说服力、感染力,才会大大增强批评的效果。

(一)要准确恰当、言之有理

思想认识问题的解决,不能压服,只能说服;不能搞专制,只能讲道理。领导批评部属,引导他们解决思想问题,帮助他们认识和改正缺点错误时,尤其要注重言之有理,以理服人,虽不求字字珠玑,句句锦绣,但要力求语言中肯,措辞恰当,深入浅出,说理透彻,使其口服心服。

(二)要诙谐幽默、言之有趣

批评固然离不开高声调的语言和严厉的态度,不过在有些时候、有些场合,这样是收不到批评的最佳效果的。在这种情况下,如果用一些幽默诙谐语言,下属反而能接受善意的批评,从幽默中产生趣味,从趣味中陷入沉思,从沉思中品味哲理,受到深刻的教育,从而改正以往的错误习惯和做法。

(三)要以诚相待、言之有情

批评的效果在一定程度上受人的感情制约,只有情深才能意切,出言才能为人接受,批评才能让人心服口服。过去说“有理走遍天下”,但是批评仅仅有理,未必能“走遍天下”,有时需要先通情,然后才能达理,正如白居易所说"感人心者,莫先乎情"。这就要求领导者在批评时,要用一分教育之水加上九分情感之蜜,酿成批评艺术的甘露,这样才能收到事半功倍的效果。

(四)要刚柔并济、言之有威

批评是一件严肃的事情,既不能轻描淡写,也不能草率从事,要认真对待,触及灵魂深处。一团和气或隔靴搔痒的批评,不能解决实际问题。特别是对那些犯有严重错误,影响极坏而又屡教不改的人,尤其不能采取轻软温和的言语进行批评,要采取严厉的语言和严肃的态度,一针见血地进行批评。但是,批评不是为了压制人,而是为了治病救人。这就要求领导在批评时,既要讲原则,又要讲团结,既要严,又要慈,刚柔相济,言之有威。

(五)要尊重对方、言之有理

从法律上说,人人都是平等的,具有相等的人格和尊严。因此领导批评下属时切忌以质问的口吻,"你怎么搞的?""你这么不作为?""你怎么能这样做…… "之类有伤自尊的语言。工作的失误有可能是因为他本人的一时疏忽大意,也有可能是不可抗拒的外力所致。应注意,开展批评时,只对事不对人,切忌对下属进行人身攻击,或以谈判或审判这种错误的方式来面对下属,也不可将其以往工作中出现的错误集中起来,一齐兴师讨伐,永远不要那样只会招致他的反感,不但难以接纳你的观点,反而更容易自甘堕落。

要对对方保持人格上的尊重,善于运用语言和沟通技巧,缓解下属紧张的心理情绪,又能消除过于严肃的面谈气氛。双方开诚布公地交流,更有利于解决问题。

(六)批评的重点在于评而不是批

即使是面对犯了严重错误的下属,你大发雷霆把他赶走了,泄了心头之恨,也不可能挽回已经造成的结果和损失。如果犯错的是你特别中意的爱才,也许你更会有恨铁不成钢之感,让他收拾铺盖走人,你于心不忍,但不给他点教训,你又心有不甘。俗话说,金无足赤,人无完人。世界上不存在完美无缺的人,所以在对待下属的错误时,要先缓解自己心中的怨愤,尽量不要把过分激昂的情绪带到面谈中去。一个精明能干的上司对下属的平时表现和工作绩效了如指掌,在心里早就对他们有一个明确的评价,这种"评"就是下属在你心中分量的体现。

(七)善于倾听、析之有益

沟通当中,倾听是很重要的。在对下属进行批评教育时,下属往往会进行申辩,不要以为下属在你面前申辩就是狂妄、目无领导。要抛弃自己的成见,学会耐心地倾听下属的解释,再作客观的评价。适当的时候不妨把自己置身于下属的工作场景和工作角色中去,站在对方的角度去思考问题:"如果我是他,我会怎么做?是否有能力扭转局面?"

作为上司,批评下属时要耐心倾听,加以和善的口吻循循善诱,使下属能够敞开心扉,开诚布公地向你倾诉。这样更有利于领导了解实际情况,更好地解决问题。同时也不损害下属对企业及对你的忠诚度,无形当中又增强了企业的内部凝聚力。

(八)重视下属、助之动力

在批评他的时候,用类似于"你不应该用一般员工的标准来要求自己,应注意在各方面不断完善自己"之类的语言来激励那些有培养潜质的下属。让他感受到被重视,促使他养成严格管理自我的习惯,并逐渐形成使命感。这将会为他的工作带来很大动力。

(九)了解实情、以理服人

有些老板对自己安排下去的事情如果员工在规定时间内没有完成的话,不分青红皂白,就大发脾气责问员工。而不先去了解员工在执行命令时的难度，自己是否安排恰当，考虑员工的办事能力等。作为上下级关系，员工一时可能会忍气吞声，但事后可能会反感，一有机会就另谋高就。老板应冷静面对问题，分析利弊，作自我检查，同员工找出问题的症结所在。比如，面对一位经常迟到的老员工，应该会有一些你平时没有想到的原因。是不是他有以为长期需要照料的病人，或是他上班的路上交通状况比较复杂，还是对自己的待遇不满等情况。了解之后从实际情况出发该指出就指出，该批评的就批评，做到以理服人。

（十）问题引导、行之有效

领导在与下属沟通时不要轻易下结论，要学会克制自己，从解决问题的角度考虑沟通策略。问题导向的沟通，关注的是问题的发生、发展和解决过程，要求以事实说话来表达沟通者的思想。领导在与下属的沟通中应注意问题导向，给下属以信服感，双方达成共识，从而提高沟通的有效性。

六、批评下属的误区

对于管理者来说，批评是一项比较难以掌握的口才艺术。批评好像是在别人的身上动手术，稍一疏忽，就会伤人。因为实践中会有很多误区存在，形成这些误区，既是对被批评的下属的不公正，也从侧面暴露出管理者的人格素质和职务素质的低水平。所以，管理者在批评下属时一定要小心谨慎，避免步入下述批评误区：

（一）全面否定

批评是使人改正现有的错误，更好地创造未来。实施批评时，对下属的错误言行，要恰如其分地指出来。应只限于指出下属现在的问题，是什么就说什么，有多少就是多少。千万不能说“真是不可救药”“木头疙瘩”“一事无成”“你是没希望了”之类的话，这不仅否定了对方的一切，还会将下属的斗志完全磨灭，使之意志消沉殆尽。直接地违背了激励的原则。批评是另一种形式的激励，而激励则是面向未来，提高开创未来的勇气，增强走向未来的信心，而不是否定未来。

（二）仗势欺人

作为管理者，在下属犯错误时，是具有批评下属、纠正下属错误的权力的。但是不能仰仗这种权力来压制、打击下属。下属做错了事情，可能会招人生气，但作为管理者则要学会控制自己，要充分意识到虽然是管理者，但在人格上与下属是平等的，你并没有对下属发脾气、使态度的权利。更何况，发脾气本就已经偏离了批评的目的。

有些管理者在同下属发生争执时总是以命令的口吻在训斥下属，说“是你说了算，还是我说了算？”“这是我的命令，你必须执行。”甚至说“你这是目无领导”，等等，或者是说“我处分你”“我撤你的职”“扣你的工资、奖金”等语言来威胁和压制下属。诸多事实证明，采取的任何压服的办法，是不能使下属信服的，反而还会给下属留下仗势欺人的印象。

（三）捕风捉影、主观行事

上面已经谈到，上级批评下级，要使下级达到心悦诚服，不要有以权压人，以势压人之感，很重要的一条就是要做到实事求是。所以，上级批评下级，切忌捕风捉影，主观行事。这就要求领导者必须心胸豁达，最忌讳神经过敏、疑神疑鬼、听信流言、无中生有，必须牢记“没有调查就没有发言权”。

（四）反反复复、没完没了

有效的批评往往能一针见血地指出问题的实质，使下属心悦诚服，而絮絮叨叨的指责却会增加下属的逆反心理。所以，如果下属能自我反省，承认错误，就不应该太过苛求，没完没了。

（五）恶语伤人

每个人都有自尊心，一旦伤害了下属的自尊心，增加的就只有怨恨和对抗，收不到批评的效果。所以领导者在批评下属的时候一定要记住，不要损伤下属的人格。妥善处理一件事情，应该摆事实，讲道理，而不应讽刺挖苦、污辱人格，甚至当众侮辱或者嘲笑对方的缺陷等。态度上的严厉不等于言语上的恶毒，因为这种做法除了让被批评者心寒外，于事无补。所以，批评下属时绝不可恶语相向，不分轻重，令下属难堪。

（六）盘点总账

批评应针对当前发生的问题，帮助下属提高认识，改正错误。有些管理者为了说服对方认识问题，总是把对方以往所犯错误如流水账一样，一一数落，大盘点，算总账。这种揪住他人弱点不放的行为会使下属产生逆反心理，下属会认为领导一直在做收集他全部缺点的工作，自己无论做得怎样好都不会扭转之前的不好形象，因而会与领导直接产生对立情绪，更不会做出任何配合解决问题的举动。

（七）推卸责任

有些管理者在批评下属时，不直接说出自己的看法，而转弯抹角地说“有人”或“某某”如何反映的，等等，用意是为了说明他的批评是有依据的，但更多的是推卸自己的责任；说对了是自己高明，说错了是别人瞎说，与己无关。这样做既会影响同志之间的关系，造成纠纷，也暴露了管理者职业水准很低，敢说不敢当。

（八）求全责备

对下属的批评要针对妨碍工作，损害各方利益方面的问题，对与此无关的事不要过多干涉。不能以个人的好恶为标准，总是拘泥小事，对不合自己心意的行为横加指责，对一些琐事喋喋不休。长期下去，会使下属谨小慎微，会使单位毫无生气。而且一种批评如果反复地进行，将失去它的作用，批评应该在有必要的时候才去进行。

案例

小罗意外发牢骚

一个周五晚上的9点多，在外地出差的贺处长突然接到上级紧急电话：“你省发生一起突发事件，直到现在还未上报相关情况。”贺处长不敢怠慢，立即给负责上报工作的副处长小罗打电话，却听到那边声音嘈杂，很是喧哗。小罗告诉他：正与朋友聚会喝酒。当贺处长将上级机关的要求说明后，没想到小罗很不耐烦，不但发了几句牢骚，甚至还说了几句特别难听的话。贺处长顿时感觉热血上涌，忍不住当下就想给小罗怼回去，但理智还是让他把已到嘴边的话又强咽了下去，只淡淡说了句“一定要抓紧，辛苦了”。贺处长对小罗还是比较了解，知道他平时一直都很负责任，并不是把工作当作儿戏的人。尽管这样，晚上11点的时候，他还是有些担心，给上级机关值班室打了个电话。听到那边说“情况已经按时报过来了”，他悬着的一颗心才算落下来。两天后，周一上午全处“例会”刚结束，贺处长就把小罗叫到自己的办公室。小罗有些忐忑地进了门，迎面看到的却是笑脸相迎的贺处长，不仅热情地让他坐下，还亲切地端上一杯热茶。享受“殊遇”的小罗，有些激动，也有些不知所措，动了动嘴，却不知该说点什么。

（资料来源：根据网络资料整理）

课堂互动

贺处长该怎样与小罗沟通？可以采用哪些批评的技巧？

在此案例中，贺处长与小罗的对话可以如下展开：

“第一个话题：最近，我是不是在说话、办事上有哪些不妥的地方，让你感到不舒服了？”“没有，没有！”

贺处长，诚恳谦逊地询问，小罗肯定会不好意思地否认不迭，

“第二个话题：最近，你家里是不是发生什么事了？需要我帮忙吗？”

“没有，没有！”贺处长，关怀备至；小罗呢，感激中却有点茫然。

“第三个话题：上周五晚上，你跟朋友吃饭时是不是酒喝多了？”

“没有，没有！”

贺处长不怒自威，渐渐严肃；小罗也肯定不愿意承认自己负面的行为。

管理者在批评下属时，应指出下属所犯错误的行为会带来的后果，以便让下属进一步认识到问题的重要性，让下属对下一步的改进计划能有效而认真地执行。还以案例“小罗意外发牢骚”为例，双方的对话如下：

“你给我站起来！”贺处长笑容一收，脸色凝重，严厉而缓慢，一字一顿地大声说道：“如果，我刚才问的三个问题中有一个问题存在，那么，你周五晚上的做法，我不但理解，还能够体谅。但是，这三个问题都不存在。那么你告诉我，周五晚上为什么用那种态度对待我？那些难听话是说给谁的？”

“我………”小罗支支吾吾了半天，最终却无言以对。

“首先，上报工作是你这个副处长的重要职责，对不对？”看到小罗无法解释自己的错误，贺处长继续说道。

“对。”

“其次，假如这项工作不是你负责。那么，我作为上级临时让你去做，你该不该去？”

“该去。”

“最后。如果你因为个人原因，耽误了事件上报，出现了更严重的伤害和损失，你该不该承担主要责任？”

“那是肯定的。”小罗看处长非常真诚，语重心长，句句都戳在心坎上，激动地脱口而出道，“抛开其他不说，更何况，还是您把我调来，又是您手把手亲自培养的我！那天晚上，我真不知是怎么昏了头，才会说出那样的话来。我真的对不起您。”

（资料来源：根据网络资料整理）

在本步骤中，需要掌握提出后果的原则：

（1）一定要有依据；

（2）如果员工再犯，一定要严格按照约定执行，否则就失去了批评的意义。

找到解决问题的方法：

当下属意识到问题的存在，并知道再犯的后果后，管理者需要发挥一下催化作用，与下属一起找到解决的办法。这也是实施批评工作的最后一步。其实很多问题并不难，之所以拖着不解决，可能是因为下属没有意识到问题的严重性和可能产生的严重后果。一旦管理者明确指出，下属一般都会主动去想办法解决。这时候，管理者一起帮助下属找到合适的解决办法，下属才能真正去改进。继续案例“小罗意外发牢骚”的对话：

这个时候，贺处长又给小罗杯子添了点热水。“处长，是我错了！您处罚我吧。”

“好在工作没有耽误。要处罚你，还用把你单独叫过来吗？谁都有犯错的时候。这次谈话主要是想让你真正认识到，必须立行立改，以后不再犯浑。”

“处长，请您放心，绝对不会有第二次了。”小罗赶紧说道，“我以后再也不喝多了，朋友聚会点到为止。今天中午我请您吃饭，算是正式赔罪。”

“饭就不吃了，你好好干，工作上帮我分担，业绩上给处里添彩，比什么都强。咱们行动上见！”

后来，副处长小罗经常对别人说起：“贺处长，我服！就是挨批都心服口服。”

（资料来源：根据网络资料整理）

任务：

“小王不服经理的训斥”案例分析与操作：

（1）案例分析：以小组为单位，详细讨论和分析本案例。运用所学的艺术地批评下属的相关知识进行分析，每组制作一份本案例的分析报告，派一名代表登台演讲，时间不超过3分钟。

（2）案例操作：从艺术地批评下属的角度，分组进行情景模拟演示，并制作书面沟通脚本。

提示：

“小王不服经理的训斥”讨论分析重点：

（1）案例中，经理没有调查客观原因而一味指责，其应摆正心态，尽可能使双方达成共识。

（2）运用艺术地批评下属的技巧，注意批评方式，换位思考，提出后果，分析解决问题的方法。

项目小结

本项目明确了与下属沟通的重要性，帮助读者掌握上下级有效沟通的方法和技巧，领悟与下属高效沟通的内涵和技巧；学习克服沟通障碍的技能；完成有效沟通，提升职场中上下级的有效沟通能力与效率。

案例分析

冷主任与下属牛先生因沟通不畅而关系僵化

主要人物：

冷主任——某公司大客户中心主任，男，36岁，工作认真，性格内向。

牛先生——大客户中心资深客户经理，38岁，业务能力强，脾气倔强。

案例内容：中午快下班的时候，公司老板打电话向冷主任布置了一项紧急任务，并特别强调一定要在下午两点以前办好。于是，冷主任拦住了正收拾东西，准备下班的牛先生，请他把吃午饭的时间变动一下，要么在班上吃一份盒饭，要么推迟一会儿回家吃饭，以便把这项急件突击出来。其实，这项工作并不复杂。冷主任知道，这件事对于牛先生这样一个业务熟练的老手来说，根本不费吹灰之力，只不过需要一点时间而已。可是牛先生表现出了明显的不情愿。他说："对不起，我还要去一趟银行。而且，我午休时间还有点私事，恐怕不能遵命。"冷主任非常不满地说："你怎么总是这样，每次让你干点工作，你就有事。你的事可以挪到下午办嘛。""午休时间是所有职工都应享有的权利，你没权占用。"牛先生也气冲冲地顶了回去。两人就这样争执了起来。

冷主任和牛先生的矛盾由来已久。两年前大客户中心的前任主任调离，有小道消息传来，说牛先生是新任主任的候选人。他也认为凭自己的业务能力和工作经验可以当之无愧。但是，上级却从别的部门调来了冷先生当主任。冷先生对大客户中心的业务完全是一个外行，性格也不像前任主任那样热情开朗。他总是冷冰冰的，一本正经、严肃认真，从来不开玩笑，也不善于跟部门里的人多来往，一副公事公办的样子。牛先生觉得冷主任一点也不喜欢他。他推测冷主任多半是提防着他这样一个经验丰富的人。而冷主任觉得牛先生没有当上主任一定对自己充满了敌意，而且像他这样一个业务能力强的人准会讨厌一个外行来领导他。

前一阵发生了一件事，更加深了他们之间的猜疑、隔阂。事情是这样的：牛先生突然得了流行性感冒，高烧不退，病得不轻，遵医嘱病休在家。在他休息的第四天，接到冷主任的电话，问他病好了没有，能不能尽快回来上班，因为人手不够，积压了大量工作。牛先生回答说，他的病还没好，还在发烧，医生给他开了一周的病假，还需要休息几天才能上班。碰巧第五天天特别好，牛先生感到自己的病好了不少，想出来活动活动，就上自行车，去超市买了点东西。这里距他家只不过 10 分钟的路程。可是，就在他买好东西要离开的时候，一抬头看见冷主任正走过来。他敢肯定，冷主任也看见了他。在回到大客户中心上班后，他觉得应该向冷主任解释一下。

"冷主任，上周我去买东西，是……"牛先生结结巴巴地开口了，一看到冷主任冷若冰霜的脸，他不知该怎样说下去。

"好了，不用说了，我都知道。病好了就上班吧。"冷主任不等他说完就走开了。

牛先生不知道冷主任都知道了什么，反正他知道冷主任是不会相信他的。

又过了几周，大客户中心需要提拔一个业务能力很强的副主任。牛先生肯定自己完全可以胜任这个职位。于是，他向主任提出了申请。但冷主任告诉他："提升，除了反映一个人的工作能力之外，也得反映出一个人的责任感。你的确是这里最懂业务的员工之一。但这个职位要求个人具有高度的责任心，而你当了这么久的雇员，在这方面的表现太一般了。"

大客户中心的人都为牛先生打抱不平，让他去找老板提出控告，不能就此罢休。牛先生生性倔强，因为自己的要求被置之不理，感到非常丢人，就什么也不想说了。他只希望冷主任在这里待不长，否则，他就要求调离。反正他是不能与冷主任共事了。现在冷主任要求他午饭时间加班，他就存心与他过不去。他在想，既然你说我工作没有责任心，那我就真的做给你看，看你到底能把我怎么样。

冷主任也非常生气。他想，上次拒绝牛先生想晋升为副主任的请求是做对了。他太不负责任了。他的出勤记录一向平平，又不服从工作安排，这样的人怎么能够得到提升呢？之后，这两人的关系越来越僵。

（资料来源：根据网络资料整理）

案例点评：分组研讨本案例中造成僵局的缘由。分析冷主任与牛先生产生隔阂的原因有哪些，假如你是冷主任，该如何利用上任之初这个时机与包括牛先生在内的下属进行有效沟通。以小组为团队，每组制作一份本案例的分析报告；派代表登台演讲，时间不超过5分钟。

案例操作：从与下属高效沟通的角度，结合本案例的内容，进行改编和细化，分组情景模拟，演示冷主任应该如何与下属巧妙沟通，打破僵局。

“冷主任与下属牛先生因沟通不畅而关系僵化”案例分析重点：

(1)与下属沟通有两种：一种是工作上的沟通，体现在工作上就是安排工作与反馈执行情况，作为领导要提高安排工作的艺术，也就是尽力让下属在接受任务时清楚明白，如时间要求、达到什么效果等。作为下属，在执行工作任务的过程中，要及时和定期向领导报告工作的进展情况，让领导能及时了解和把握工作执行的情况和偏差，发现问题时能作出调整。

另一种是生活上的沟通，要知道领导和职工都是有感情的，只有领导和下属之间的情感沟通好了，才能更有利于工作。作为领导，要时刻为下属的困难和待遇考虑，多关心下属的工作条件；要抽时间与下属交流，帮助下属解决好工作与生活中的实际困难，就算是一句关心的话，也会得到下属的欢迎；要防止那种“又要马儿跑得好，又要马儿不吃草”的管理和要求。

(2)与下属沟通应该注意礼节。一方面，领导在沟通和传递信息时，要考虑下属的情感因素，做到平等相待、礼遇相加，尊重下属的人格。另一方面，领导要能站在下属的立场上来传递信息。要运用肯定的、令下属愉悦的陈述方式；要学会肯定下属，并善于从下属的言语中提炼出正确的思想。领导一定要明白，肯定下属就是对下属的尊重，在沟通中领导没有必要刻意显示自己高出下属一等，因为那样不但不会赢得下属的好感，而且可能导致沟通的失败。

(3)与下属沟通应该保证沟通的连贯性。领导要做到：第一，给下属平等的说话机会。在下属陈述自己的观点时，领导要耐心倾听，不要随意打断下属，让下属完整地讲清自己的观点，以平等来保证沟通的通畅顺达；第二，领导在下属陈述观点时不能沉默太久，以免下属误认为领导不同意自己的观点，进而导致沟通中断；第三，领导在沟通中不能单方面决定转变沟通的主题，或者突然将主题转移，否则，沟通就可能因此而无法连贯进行。

(4)领导在批评下属时，要多用事实性语言，而不要只是概括性地给予评价。简单下结论、贴标签的沟通方式会使下属感觉受到了攻击而产生防卫心理，结果是问题非但没有解决，下属情绪也变坏了，甚至会破坏上下级之间的关系。使用描述性语言进行沟通，可遵循下述三个步骤：第一步，描述需要下属做改进的事情或行为。这种描述应与公认的标准做比较，而不能以领导个人的好恶为取向，要避免对下属的动机作主观判断。第二步，描述已发生或将发生的客观结果，明确你的反应与感受。只要你对自己的感受或客观结果的描述不是以一种苛责的方式出现，下属就会考虑怎么集中精力解决问题，而不是先为自己找好开脱的理由。第三步，建议一种更有利的替代方式。领导应该向下属建议一种可以被下属接受的更有利于解决问题的方式，而不要过多地指责下属的过错，这样更能赢得下属的感激和信任，从而有利于沟通的顺利进行。

项目七　跨部门有效沟通技能

学习目标

1. 理解跨部门沟通的意义,认识跨部门沟通在组织沟通中的作用。
2. 掌握跨部门沟通的有效策略。
3. 了解和分析跨部门沟通。

能力目标

1. 能够有效运用跨部门沟通的策略进行沟通。
2. 能够从企业全局的角度进行跨部门沟通。
3. 掌握建立并维护跨部门之间良好的关系。

素质目标

1. 具有全局观念。
2. 具有社会责任感与担当意识,践行社会主义核心价值观,增强团队意识。

任务一　跨部门有效沟通的艺术

引导案例

案例1:张总监的解聘事件

某知名互联网公司北京分公司的财务总监王女士刚刚休假回来,迎接她的是一张解聘通知书。休假期间,分公司老总由于业绩原因被调职了,很多人员被辞退或是调岗。王总监凭借出色的专业背景和业务能力,完全可以平调到任何一家分公司。但是由于之前与行政总监的一次不愉快的沟通断送了所有的机会。

王总监工作一向严谨认真。去年年终审核中,她发现行政部有10 000元的餐费不符合公司的报销规定,她给行政总监发了一封邮件,并同时抄送给主管行政、财务的常务副总。这种处理方式行政总监对她非常不满,两人因此在工作中闹得很不愉快。

如今,在这次公司变动中,行政总监被调到公司总部。两人曾经工作上的不愉快沟通,造成了王总监此次无法留任的关键。

案例2:想学Opera系统操作的小张

酒店礼宾部的小张是新来的员工。和酒店前台隶属于前厅部。他知道酒店Opera系统操作是前厅部员工必备的技能之一,但由于自己在这方面的知识和技能有限,他就想跟前台经理尹姐学习系统操作。在一天上班的过程中,小张就对正在进行Opera系统操作的尹姐说:"姐姐,你收我当徒弟吧。"尹姐说:"你想做什么?"小张回答说:"我想做前台接待。"尹姐回应说:"前台接待不轻松,Opera系统操作需要熟练和超强的英语能力,要求很高的。"小张笑着说:"我觉着你很轻松啊,动动鼠标,就把系统操作完成了。"尹姐有些不悦,说道"你如果想学Opera系统,你可以自己到网站上找课程学习。"小张说:"那不得占用我的休息时间吗!"尹姐不悦地说:"那也会占用我的工作时间。"过了一会,小张突然说道:"那我跟我们陶总监商量一下,他能让你教我吗?"

(资料来源:根据网络资料整理)

案例思考:

1. 案例1:导致王女士收到解聘通知书的主要原因是什么?王女士在跨部门沟通中应注意什么?在跨部门沟通中要掌握怎样的沟通艺术?

2. 案例2:小张与尹姐的沟通出现了什么问题?为何尹姐的脸色不悦?小张应注重怎样的沟通艺术?

注重沟通艺术,小则可以讨喜、动人,大则可以保身、兴邦。沟通是一种技巧,更是一门艺术。恰到好处的沟通,可以改变一个人的命运,言不得体的沟通,可以毁掉一个人的一生。会沟通,懂艺术,可以帮你办好难办的事。同一个问题变换不同的沟通方式将得到截然不同的效果。有求于人,想要拉近关系;遇到僵局,想要无形化解;遭到拒绝,想要说服对方,都需要掌握沟通的艺术。

会沟通,可以助你掌握通达的做人智慧。沟通没分寸,没艺术,即使是赞扬的话,别人也充耳不闻。沟通有分寸,讲方法,即使是批评的话,别人也乐于接受。

会沟通,可以助你掌握圆通的处世之道。在人生的各个场合,在什么情况下、对什么人、在什么时机如何沟通,都要讲求艺术性。对方豪爽,你就说直率的话;对方保守,就说稳妥的话;对方崇尚学问,就说高深的话。这是语言之道,也是处世之道。

杰出的沟通能力不是天生的,而是可以通过后天培养训练的。所以,学会沟通是很重要的,我们应该把沟通当成是一门生活的艺术,一门自身的技巧;只有用心去体会、去摸索、去尝试着与各种不同的人去沟通、去交流,才能发现它的意义与价值。

一、看入人里

什么是沟通？沟通是指人与人之间、人与群体之间思想与感情的传递和反馈的过程。同一件事情，不同人的主观感受、处理方式都可能不同，甚至可能完全相反。人的这些特性，使沟通从简单形态变成了一个复杂过程，涉及的因素也越来越多。人与人之间的沟通，不仅要搭建渠道，还要考虑主体的影响。那么，有哪些自身因素会影响沟通呢？

（一）自我概念

所谓自我概念，就是指你对自己的认知，也就是你认为自己是一个什么样的人。自我概念具有两个特征：第一，自我概念是主观而不是客观的，因此不一定准确。也就是说，你对自己的认知都是你认为的，不一定是符合实际的。第二，自我概念抗拒改变。自我概念一旦形成，我们就倾向于坚持并维护自我概念，不会轻易改变。

自我概念的这两个特征，导致了我们在与他人的沟通交流中，会更容易接受那些符合自我概念的观点，而拒绝那些与自我概念相违背的观点，哪怕自我概念是错的。

（二）知觉

它指的是我们对外界的人、事、物的感受和认知。由于获取信息、生理因素、文化习俗和社会角色等方面的不同，每个人的知觉也存在差异。比如，一个老师对学生们很严厉，学生们会认为他是个古板的老学究；但下班回到家后他对女儿温柔体贴，他的女儿认为他是个慈爱的好父亲。这种知觉差异，会使我们对同一事实的理解不尽相同，进而影响我们沟通的方式。

具体来讲，我们每个人都习惯于根据自己的知觉，将其他人按照一定的标准进行分类。这种分类方式，在很大程度上塑造了我们与人沟通的方式。

比如，你将某个上司归类为友善的，你也会用更加友善亲切的方式向他请教问题；如果你将他归类为坏脾气的，那你会用更加小心谨慎的方式与他沟通。

在依据知觉对别人进行分类归纳的同时，我们还习惯于按照不同的分类模型对别人进行预测。比如，提到运动员，我们会想到身形矫健；提到演员，我们会想到多才多艺。适度地运用这种方式并无不妥，但如果过度地使用分类系统对其他人进行归纳和预测，很可能会与事实产生巨大偏离，形成对某类群体的刻板印象。刻板印象的存在，在很多时候会造成沟通障碍，甚至加深两个人之间的分歧。这是因为，一旦我们陷入了某类刻板印象，为了支持自己的判断，我们会搜集一些孤立单一的事件或者行为作为例证。

比如，当男女发生争执时，他们通常只记得那些符合对方性别的刻板印象的言行，并以此为依据来反驳对方。就像男士说："这点小事你总抓住不放，说起来没完没了，女人就是小气！"而女士说："这点小事说这么多次你都记不住，男人就是粗心！"这样的沟通，显然是起不到任何积极作用的。

（三）情绪

简单说，能否在沟通中合理且清晰地表达情绪，是影响沟通质量的关键之一。良好的情绪表达，会促成良好的沟通结果。而粗暴的情绪表达，会阻碍沟通的进行。既然自我概念、知觉和情绪这些因素会对沟通产生影响，那么有什么办法可以应对这些影响呢？

第一，适当地自我坦露。所谓自我坦露，是指有意透露与自己相关的、重要的、不为人知的信息。换句话说，就是在沟通过程中透露一些自己的小秘密，展现一些隐藏的自我。那么自我坦露有什么用处呢？它有助于减弱自我概念所带来的抗拒感，拉近与别人之间的心理距离。具体来说，要综合考虑以下几个因素。首先，要考虑你与对方关系的远近，关系近的多坦露、远的少坦露；其次，要考虑你所处的情境是公开还是私密，私密的情境可以坦露，公开场合不宜坦露；最后，要考虑坦露的风险是否合理，风险相对低的可以坦露，风险高的不能坦露。

第二，学会知觉检核。意思是检查和核验自己的知觉。检查、核验自己对某个事实、某个人的认知是否正确，是开展有效沟通的重要前提。知觉检核包括三个步骤：描述你注意到的行为；列出关于这个行为至少两种可能的诠释；请求对方对行为诠释作出澄清。

比如，你的室友快步走出了房间，并大力地关上了房门。如果不经过知觉检核，你和室友的对话可能是这样的："对我有意见直说啊，那么用力关门干什么？""谁说我对你有意见了？"而经过知觉检核的对话是这样的："你刚才快步走出房间，还大力地关上了房门"（这是描述行为），"我不确定你是对我生气了"（这是第一种诠释），"还是你只是比较匆忙"（这是第二种诠释），"你可以告诉我到底是因为什么吗？"（这是请求澄清）。通过上述步骤，我们能够避免掉入刻板印象的陷阱，对别人有更加正确的了解，进而选择更加适合的沟通方式，改进沟通效果。

第三，扩充情绪词汇。能否在沟通中合理且清晰地表达情绪，是影响沟通质量的关键之一。但在现实生活中，我们大多数人常用的情绪词汇都很有限，基本不会超过还行、一般、马马虎虎、不太好等几个词的范围，这在很多时候让别人难以理解我们真正的感受，影响了沟通效果。而如果我们能够用更加具体、准确的词汇去表达想法，则可以有效避免这种问题。

比如，老板征求员工对于公司管理制度的意见，如果每个员工都告诉老板还行、一般、不太好，但又给不出具体描述，那么老板也没法弄清楚大家到底是满意还是不满意。而如果员工告诉老板："公司的考勤制度太严，让大家感到过于紧张"，或者"公司的考核激励制度不公平，让大家感觉有些沮丧"，老板就可以更加清楚地了解到员工的真实感受，并有针对性地做出改变。

因此，在与别人的沟通中，如果我们想要表达某种情绪，就要尽量扩充情绪词汇，用更加精确的词语代替笼统的感觉，使别人能够更清晰地了解我们的真实感受。

二、看出人外

语言和非语言对沟通会产生哪些影响？我们又该如何运用语言和非语言促进沟通？语言是人与人之间沟通最重要的媒介，是维系人类社会运转的核心纽带。但实际上，语言不只是用来帮助交换信息和了解彼此的媒介，它也在很大程度上影响着别人看待我们的方式，以及我们对他人所持的态度。具体来讲，语言在沟通中发挥如下作用：

（一）塑造别人对我们的印象

在沟通中，语言的使用会影响别人对我们的印象，包括对个人性格、品质、能力的印象。比如，一个人在交谈过程中总是口带脏字，对方会认为他是个粗鲁的人；如果他总是夸夸其谈、空话连篇，那么对方多半会认为他是个不切实际、爱慕虚荣的人；而如果他出口成章、妙语连珠，对方则会认为他是个文化素养很高的人。

（二）反映我们对别人的态度

使用不同的语言会给别人带来不同的感受。在与别人的沟通过程中，如果使用更多肯定和积极的语言，比如你很出色、你很聪明，会使对方感觉到被重视和被认可；如果使用更多中性的语言,可能会使对方感觉你很客观;而如果使用更多否定的语言,会让对方觉得你对这次谈话不感兴趣、不耐烦。

非语言也在我们与他人的交流中发挥着重要作用,比如姿势、动作、表情、外貌等。在我们与别人的沟通过程中,这些非语言与语言互相结合,构建了更为完整的表达体系,使我们能够用更多样的方式向别人传递信息。具体来讲,非语言在沟通中主要发挥着五种作用:第一是重复语言信息;第二是补充,非语言行为会与沟通者用语言表述出来的想法和感受相配合,从而强化信息表达;第三是替代,就是不想说话时用非语言行为替代。比如用摇摇头、摆摆手来替代说不;第四是强调,也就是用非语言信息加强语言上的信息;第五是表达真实信息。人们常常会在语言与非语言上表现出不同甚至矛盾的信息,比如一个满脸通红的人大声吼叫:"我根本就没生气!"这时候的非语言发挥的主要就是表达真实信息的作用。

既然语言和非语言对沟通有着如此重要的作用,那么我们又该如何运用它们来促进与他人之间的沟通呢?

(1)合理运用低权力和高权力语言。所谓低权力语言,是指有礼貌但缺乏权威性的语言,主要包括用于解释和请求的语言。与之相对,高权力语言指权威性高但缺乏礼貌的语言,包括强硬的陈述句和命令等。一般来说,高权力语言更容易表现出权威性,从而使对方按照自己的意愿行动;而低权力语言则会让人感觉更加亲切,有助于增进与他人之间的亲密关系。因此,高权力语言更多适用于上级对下级发布命令的情境,比如战场上指挥官对士兵下命令;而沟通协商的情境则更适合使用低权力语言,比如与邻居协商解决问题。根据不同情境合理选择使用高权力或低权力语言,可以有效增进沟通效果。

(2)多用事实性陈述,避免使用意见性和推论性陈述。所谓意见性陈述,就是我认为某件事是怎么样的;推论性陈述,就是我猜某件事是怎么样的;而事实性陈述,就是只讲这件事是怎么样的。意见性和推论性陈述,很多时候掺杂了强烈的个人情感,与事实存在偏差,容易造成沟通中的误解和冲突。

一次成功的沟通总是先从找到共鸣开始。它关乎我们是否能够顺利交谈下去以及沟通的氛围如何,而不是刚一开始就变成了你死我活的生死速决比赛——这往往只需 10 秒就宣判了一个人的失败:"走开,我不想跟你谈! 我们没什么好谈的!" 与人交谈不是在唱"独角戏",而是让双方的思想得到交流。在交谈的过程中,应该让双方都享受到对话的乐趣,达到彼此心灵上的共鸣,并最终实现交谈目的。因此,谈话双方一定要首先明确此次谈话的真正目的,并且以此为着眼点,进行友好协商。

沟通的重点在于,双方要有一个共同的话题,而不应该鸡同鸭讲,自说自话,想到哪说到哪。如果你与别人在交流的过程中,没有找到一个共同感兴趣的话题,没有融合点,那通常会让对方感到枯燥厌烦。如果你说的他不关心,他讲的你又没兴趣,这种沟通就乏味到了极点,根本没有进行下去的必要,只是在浪费彼此的宝贵时间。要想与对方畅通无阻地进行交流,你就必须找到对方的兴趣点,找到你们的交集。从对方最关心的话题入手,总能让氛围变得友好欢快起来,也能让双方紧密地走到一起,团结协作,最终建立共同的利益。

案例:

在巴黎,有一位叫巴哈尔的犹太商人,经营着一家葡萄酒公司。他非常想将自己公司的葡萄酒推销给巴黎的一家大饭店。于是,他在四年的时间里,持续不断地给这个饭店的老板克莱恩打电话，还曾多次去参加克莱恩出席的社交聚会。为了能让这笔生意成交，他甚至在这个饭店里住了下来。巴哈尔的这些做法都是白费心机，克莱恩对他的葡萄酒丝毫不感兴趣。巴哈尔经过苦苦思索之后，终于找到了症结所在。他立即改变了自己的策略，去寻找克莱恩感兴趣的东西。他发现，克莱恩对一个“法国旅馆招待者”的组织非常上心，只要这个组织有活动，不管路途多远，他都会去参加。

第二天，待巴哈尔再见到克莱恩的时候，就跟他谈起这个“法国旅馆招待者”组织。谈话结束时，巴哈尔得到了一张该组织的会员证。虽然在这次谈话中巴哈尔只字未提葡萄酒的事情，但几天后，那家饭店的采购经理就主动给他打了个电话，下了订单。事后，巴哈尔感慨万分，他说：“在商业活动中，商人必须学会跟着客户的兴趣走，对于客户最热心的话题或事物一定要表现出极大的兴趣。并要巧妙地以这些兴趣作为话题的切入点，还要多多迎合客户的观点，对客户表示出足够的尊重和钦佩，这对生意的促成有着非常大的帮助。”

（资料来源：根据网络资料整理）

在谈话过程中，又该怎样找到双方共同关注的话题，最有效的方式就是用提问的方式去试探，你就能很快地找到对方的兴趣所在，再从对方的兴趣入手，慢慢地转入谈话的正题，这样，就会收获意想不到的效果。只有找到共同的话题，才能引起共同的兴趣，才能拉近彼此的距离，进而建立共同的利益。在与人谈话时，除了要懂得投其所好，跟着对方的兴趣走，还要注意处理好这其中的一些细节。

任务二　跨部门有效沟通的策略

王强的烦恼

星期一早上，同事们先后来到办公室，销售部的人员陆续到位。这时公司的销售能手王强找到部门秘书晓玲反映工作上遇到的问题。

“咱们公司的管理行政和财务的部门到底负责什么？我这刚刚完成的招标书，好不容易跟客户沟通清楚，摆平了招标方，这后院还起火了！”王强气愤地说着。

“怎么回事？”晓玲很疑惑。

“昨天我需要一份公司的营业执照复印件，先找行政部门，他们说需要财务部门出具。我辗转找到公司会计，她说需要财务总监同意才可以，而财务总监关机，无法联系。”

“昨天是周末，下班时间估计人家不想被工作打扰吧。”

“这当‘乙方’的真倒霉！既得攘外，又得安内，怎么回到公司就不能做回‘甲方’呢？”

“我和其他部门的人吃饭的时候，他们还总是羡慕我们做销售的，一切资源和投入都是销售优先，说他们这些部门累个半死也没人看见，而且谁都能冲着我们喊。”

（资料来源：康青．管理沟通[M]．北京：中国人民大学出版社，2009.）

案例感悟：王强的烦恼主要来自什么方面，是什么原因导致的？

从案例中能够深刻感受到跨部门沟通对于个人及部门顺利开展工作的重要性。

一、跨部门沟通的意义

（一）跨部门沟通的概念

跨部门沟通是指在同一组织内不同部门间的沟通。每一个组织都是一个有机的运作体，每一个部门都会与其他部门有交流和协作。在完成工作的过程中，会涉及跨部门的事务。

（二）跨部门沟通的目的

跨部门沟通的目的是实现跨部门协作，企业运转灵活。有沟通才能把握全局、拓宽大家的视野，运筹帷幄；有沟通才能有凝聚力，构成坚强的团队；有效沟通才能使人心畅通，企业长久立足。

（三）跨部门沟通的作用

在企业运营中，跨部门沟通是非常重要的，员工和中层主管花在内部沟通上的时间要占工作时间的 40% ～50%，而对于高层主管，这个比重会更高。许多快速发展的成长型企业，随着市场业务的拓展，部门设置越来越多，职责分工越来越明确。但是，跨部门沟通却越来越难以协调，常常会影响公司整体的运作效率，很多公司领导者为此苦恼。因此，提供企业内部沟通的有效性以改善运营效率已经成为企业亟须解决的问题之一。

（四）跨部门沟通的启示

跨部门沟通是现代企业发展的重要组成部分，它能够帮助企业更好地实现协同合作，提高企业整体的运营效率。

首先，跨部门沟通能够有效地改善企业内部沟通。企业有各种不同的部门，每个部门都有不同的职能和任务，但是如果每个部门都不能有效地沟通，就不能够实现有效的合作和协作。跨部门沟通可以使企业内部的沟通更加有效，从而提高企业的协同效率。

其次，跨部门沟通有助于提高企业的决策效率。每个部门都有自己的职责和责任，但是他们之间也有许多联系，如果部门之间不能有效沟通，就不能做出正确的决策。当部门之间沟通有效时，企业就可以更快地做出正确的决策，从而提高企业的决策效率。

最后，跨部门沟通有助于提高企业的执行效率。一个企业的决策只有在制定了正确的计划和进度之后才能够实施，而跨部门沟通可以帮助企业有效地组织各部门的工作，确保每个部门都能够按照计划和时间表执行任务，从而提高企业的执行效率。

总之，跨部门沟通对于企业发展至关重要，它能够帮助企业实现协同合作，提高企业整体的运营效率。因此，企业应该加强跨部门沟通，并确保所有部门之间的有效沟通。

（五）跨部门沟通的障碍

组织内部不同部门之间，常常会因为一些原因导致沟通不畅或出现矛盾冲突，深入挖掘跨部门沟通问题的根源，识别存在于跨部门沟通中的障碍，有助于更好地化解部门之间的沟通问题，为沟通扫清障碍。

二、专业化分工的影响

（一）组织分工的好处

许多企业的经营管理模式都强调专业化的分工，将企业的经营活动过程分解为最简单、最基本的工序。专业化分工带来企业内部门的划分，一项经营活动要经过若干部门、环节的处理，各个部门也按照专业职能进行划分。

传统的小型家庭作坊不需要进行明确的组织分工，家庭成员进行简单分工就足够了，但若将家庭作坊发展为集团公司，则不可能再仅由家庭成员进行分工，需融入更多员工，对各工序和环节进行划分和分工，让不同特长的人做其专业的工作。

（二）不进行组织分工的弊端

不进行组织分工，会导致企业内权责不明，遇到好事则人们争抢着管理，出问题时却无人负责。此外，现在很多家族企业中会产生家族控制的现象，导致正常工作无法开展，所以建议家族企业也应权责分明，进行明确的组织分工。

案例

三个和尚的新故事

从前，山上有三座庙，每一个庙里有三个和尚，他们挑水的方式不太一样。

第一座庙里，三个和尚把庙到水源的距离分成三段，张和尚负责第一段，李和尚负责第二段，王和尚负责第三段，每个人都有自己的事情做。最后非常轻松地挑完了水。

第二座庙里，大和尚提出了激励措施：每天挑水最多的人不仅有正常的饭菜，还可另加一道新菜作为奖励；挑水最少的人则只能吃白饭，没有菜可以吃。和尚们为了吃到自己喜欢的菜，纷纷努力挑水。

第三座庙则运用地理位置想办法，三个和尚在山里砍了很多竹子，把竹子一劈两半做成水槽，引水到庙里，后期只进行维护就可以天天喝到水。

（资料来源：根据网络资料整理）

在这个小故事中，三座庙都没有出现“没水喝”的现象，第一座庙进行了机制创新；第二座庙进行了管理创新；第三座庙进行了技术创新。

（三）各部门目标存在差异

任何组织都有组织目标，并有各部门目标及个人目标。当所有目标确定完毕后，会发现各类目标有差异。

案例

部门目标差异

某公司研发部的目标是月底之前推出市场需求的新产品A，但是月底时新产品却迟迟出不来。经过调查，发现问题出在采购部。考核采购部的关键业绩指标之一是采购价格，由于提供新产品所需关键零部件的供应商不能提供优惠价，采购部门负责人为了满足要求获得奖金，不愿意迅速采购新产品所需要的关键零部件，直接影响了研发部门的进度。

（资料来源：根据网络资料整理）

公司内各部门由于考核指标不同,例如采购部考核成本、生产部考核质量、财务部考核利润、销售部考核销售额等,目标就会存在差异,工作中难免会产生冲突。

(四)不容忽视的"部门墙"

企业内的部门划分使具有相同技能和知识背景的人集中在同一部门中从事同种类型的工作,部门内部职工处于相对封闭的环境,考虑问题时就会很自然地偏向本部门,这就在各部门之间树立了一堵"墙",各部门只关心本部门的工作,重本职而忽视全局,执行任务时从本部门的实际利益出发,强化了竞争而削弱了合作,容易造成跨部门沟通障碍。

 案例

两份报告的困惑

某公司研发的新产品在市场销售一段时间后,发现效果不尽如人意,总经理要求销售部和技术部各提交一份分析报告,以了解新产品没有吸引力的原因。

销售部提交的报告中分析了两个主要原因:第一,产品在市场中超前,适应市场需花费很多的时间和成本;第二,新产品在使用过程中有很多不完备的部分,消费者在使用过程中问题很多。总而言之,认为销售业绩差和设计部有关。

设计部的报告则反映的是,消费者在市场中需要性价比高的产品,现在的新产品超前于市场中的同类产品,这是技术部门研发的结果,而销售状况不好主要是销售部的原因。

两个部门都站在自己部门的角度分析问题,强调本部门的功劳,总经理看着两份报告,依然不能得出可靠的结论。

贡献最大的部门

某公司每年开年终总结大会时,销售部都非常张扬,因为销售部受表彰的人很多。受表彰的人都要站在台上发言和报告,这时销售部的人总是充分表述自己部门的成绩,并承诺第二年要干得更好,要求其他部门全力配合,并点出今年配合不好的部门。这时,其他部门当然会有意见,但考虑到销售部的功劳,老板没有说话。

第二年,销售部经理甚至开始与老板谈判,希望能够得到一定的利润或分红作为奖励。虽然老板和销售部经理谈妥了价格,但心里总归很不舒服。

两年之后,这家公司发生了很大的变化,那位销售经理的团队散了。因为老板需要在公司中达到平衡,认为公司里每一个部门都很重要,都有其所在位置的功能和价值,资源会引起利益分配不均,从而产生矛盾和问题。

(资料来源:根据网络资料整理)

由此可见,部门之间容易出现"部门墙",从而影响跨部门沟通。

(五)客观存在的个体差异

人们的经历不同、知识体系不同、所处的环境不同、认知能力不同、角色地位不同,决定了人们对外界事物的是非、好坏、善恶、美丑和重要性的评价标准不同,即价值观存在分歧,往往

容易造成部门间沟通的障碍。

正如，在很多大公司中，市场部和销售部是两个独立的部门。总体而言，市场人员文化程度更高，善于利用知识理性地分析问题，喜欢经过精心策划，既能提升品牌、促进销售，又能表现自己专业能力的市场推广活动；销售人员的阅历更丰富，更注重行动，喜欢采用降价、赠送等直接刺激销售增长的方式，这是细微的差异。

而对于员工的差距，财务、技术和人力资源的人往往有很大差别，技术人员比较固执，人力资源人员比较容易沟通，销售人员则比较活跃。同时，基层、中层和高层人员也有差别，基层一线员工业务操作能力较强，中层人员对事物的判断及管理能力较强，高层管理人员的沟通能力和决策能力较强。

（六）沟通能力与技巧问题

在公司中，人们经常会根据某个人讲话的表情及表述方式判断一个人的性格类型，企业员工确实存在很多类型，管理者应该根据类型进行有区别的管理，对所有人一视同仁的做法是不对的。例如，有些员工态度较好、能力一般，有些员工能力很强、态度消极，有些员工能力很强、态度也好，有些员工能力一般、态度也不好，管理者针对这些人的领导方式是不一样的。

（七）横向沟通机制不健全

建立内部横向沟通机制，能够确保各部门之间信息通畅，使公司的各种指令、计划等信息能及时上传下达，否则就容易造成跨部门沟通障碍。例如，对于下个月生产的产品及数量，计划部的数据来源于上级规划，销售部的数据来源于市场需求，如果双方沟通不好，生产部就无法进行生产。

此外，如果企业中沟通渠道单一，员工之间信息传递就会受到限制，造成部门之间的信息不对称，久而久之，领导、员工和组织的价值观和目标取向就会产生差异，直至影响企业总目标的实现。

沟通机制不健全的突出表现是缺乏信息反馈机制，譬如上级将任务布置下去后，员工迟迟没有反馈，上级就难以掌握和了解实际情况，使工作执行大打折扣。如何让员工养成及时汇报的习惯，就是管理者应该思考的问题了。反馈的形式是多样的，可以是提交报告、打电话、发邮件等。

（八）企业良好的沟通文化未形成

1. 模糊地带的存在

公司进行分工，明确部门职能和岗位职责，制订清晰的工作流程之后，部门之间仍然存在模糊地带。对于这个地带，企业中必须有人负责，但是由于模糊地带不会给人带来利益，人们都不愿意负责。这就要求建立良好的沟通文化。

2. 建立良好的企业文化

再完美的制度也只是相对的完美，企业必须建立融洽的工作氛围，形成良好的企业文化。不同的企业文化是不一样的，每一个企业的文化都有其独特性，但是建立融洽的工作氛围绝不是“你好、我好、大家好”，一团和气、浑水摸鱼，需要正视当前状况，提出合理化的改善建议。

三、跨部门有效沟通策略

要打破各部门间各自为政的状态，形成和谐的沟通氛围，要从跨部门的根源问题入手，打破部门壁垒。跨部门沟通不畅说到底就是人的问题，只要拥有正确的沟通理念，掌握跨部门有效沟通的策略，就可以使跨部门沟通更为顺畅。

（一）沟通中知己知彼

要想让跨部门的沟通更加顺畅，就得多了解其他部门的业务运作情况，做到知己知彼是一个非常奏效的方法。很多情况下，跨部门沟通出现问题往往是因为双方之间相互不了解。建议不同部门的员工可以通过多学习其他部门的业务知识来了解这些部门，这有助于我们站在公司的整体利益的立场去考虑问题，而不是站在个人或自己部门的角度。公司各部门之间可以多走动，互相了解其他部门运营的现状及可能存在的问题；经常召开部门汇报会议，让不同部门的成员了解各自正在进行的活动，并鼓励各部门的员工积极参与提出具有建设性的建议；定期召开员工大会，组织员工团建，让部门和员工之间更多地了解公司的发展情况，从公司的发展角度来理解本部门与其他部门间合作沟通的重要性。

（二）明确部门权责

面临多个部门的合作冲突的问题，沟通双方应该如何处理。这是困扰很多公司运营的问题。权责明确，分工合作。对于一些需要合作的项目，各部门之间应该事先沟通清楚，部门负责人之间，员工与员工之间，约定各自负责的内容，梳理权责不明确的模糊地带。有效的管理模式是建立在责任明晰的基础上。建立完善的责任体系，把每个部门和每个岗位要完成的任务明确到人，沟通就会有效率，有成效。

（三）运营双赢策略

跨部门之间有时需要相互合作，有时需要他人协助自己完成一些任务。由于部门间存在“部门墙”，对于非自己本部门分内之事，有些就会推托或拖拉；有时即使是本部门之事，也会因利害关系不是太明显而显得漫不经心或敷衍了事。此时，想要说服他人，达到自己的目的，必须找到一个大家都能接受的方案，并找到能让他人配合的利益点。只有从大局出发，强调共同解决问题的重要性，并通过实在的利益让对方接受你的意见和建议，才能达到“双赢”的目的。

（四）尊重个体差异

部门与部门的沟通其实就是人与人之间的沟通。每一个部门都是由不同个性的人组成。每个人的性格特点各不相同，导致其为人和做事的方式也各有差异。因此，在与其他部门的人交往时，首先要了解每一位交往沟通对象的脾气特点与行事风格，然后做到尊重每一个人，容忍其不同的个性差异，最后注意选择适合对方的沟通方式，并在做事过程中尽量配合理解他人的行事风格。

任务三　处理跨部门矛盾冲突的技巧

案例1　粽子引发的冲突

某公司端午节发粽子,行政部让各个部门派一个代表过去领。A部门因为刚好没人在公司,行政部就让B部门帮他们一起领了。公司规定每人发三只肉粽和三只豆沙粽。B部门的代表把粽子领回去后就堆在一张桌上让大家自己来拿,结果B部门有几个员工带头每人拿了六只肉粽,其他员工看到这种情况也拿了六只肉粽回家。A部门派人过来把剩下的粽子拿走,回部门后每人发了六只豆沙粽子。第二天,A部门的员工在公司遇到其他部门的员工,聊天中知道他们的肉粽被人拿了,顿时感到非常气愤。于是来到B部门讨要说法,因为双方言辞过于激烈,从争吵变为大动干戈,最后直接导致4名员工被送进医院。

案例2　公派车辆引发的矛盾

某公司销售部要接待一位很重要的大客户来公司洽谈业务,为此,销售部的肖经理找行政部的邢经理,希望派车去接客户,由此引出了以下对话:

肖经理:"最好派一辆好车去接,因为这位大客户很重要,要尽可能周到地招待好。"

邢经理:"实在抱歉,咱们公司的好车都派出去了,现在只剩下一辆老款桑塔纳了,你看可以不?"

肖经理:"这个客户是咱们的大客户,车的档次不够会让客户感觉到我们在故意怠慢他呢。咱们不是有奥迪A6和奔驰吗?怎么就不能派呢?"

邢经理:"那些车都已经派出去了,现在实在是无法调整了。"

肖经理:"你看,你们行政部总是干这种事,平时办私事、开车回家、去吃喝玩乐时都有车可用,一到关键时刻,该办正事的时候就派不出车。"

邢经理:"怎么说话这么难听呢!谁说车都派出去办私事了,你看看派车单,都是公司各个部门的用车需求,每一个派车都是有依据的,哪个都是公事,谁去办私事了?说话要有依据啊!"

(资料来源:根据网络资料整理)

案例讨论

1. 案例1:导致A部门和B部门争吵的主要原因是什么?他们处理问题的方式是否正确?如果是你,你认为应该如何处理此事?

2. 案例2:导致两位经理产生矛盾的主要原因是什么?这次沟通是否会影响他们今后工作的开展?如果你是邢经理,会如何处理此事?

一、解决跨部门冲突的重要性

跨部门协作是公司运作中必不可少的一环,它能有效提高工作的效率,减少重复劳动,同时也让公司运营更加活跃。

跨部门协作的好处是，它能让不同部门的人员之间建立起良好的关系，并促进彼此的合作。比如，销售部与市场部可以紧密合作，制定销售策略，提高组织的效率。同时，它也有助于组织的决策进程，促进企业的发展。

此外，跨部门协作还能有效解决组织中的领导者与下属之间的冲突。比如，领导者可以和下属沟通，了解他们的想法和建议，从而更好地实现组织的共同目标。

最后，跨部门协作也能有效提高工作效率。当多个部门合作完成一项任务时，每个部门可以发挥自己的优势，充分利用资源，实现更高效率的工作。

总之，跨部门协作在组织中起着重要作用，它能有效改善决策进程，加强部门之间的合作，有效提高各部门的工作效率，从而实现各部门的共同目标。

（一）跨部门矛盾冲突的表现形式

1. 分歧型

意见分歧在企业中是很常见的，部门之间考虑问题的出发点不同，对工作内容和方法的意见也就不完全一致。例如，销售部门为完成任务希望投入更多的经费进入市场推广，财务部门可能从成本控制的角度出发限制这种业务拓展活动，设计部门通常有一种“技术情结”，倾向于在产品设计中采用最先进的技术，往往使新产品过于复杂。

2. 回避型

回避型指部门之间某些工作环节出现问题以后，双方出于某种考虑（如不愿意多承担责任，不愿意部门的利益受影响等）彼此都装作没看见，这种装糊涂的结果是工作被耽误，公司整体运作效率低下。

3. 矛盾冲突型

矛盾冲突型是跨部门沟通障碍中较严重的一种情况，往往是由于跨部门沟通中的分歧或摩擦没有及时解决，日积月累到一定程度而形成的。

（二）解决跨部门矛盾冲突的必要性

跨部门矛盾冲突往往是多个部门在协调过程中产生的矛盾和冲突。世界上的矛盾无处不在，部门与部门间的矛盾也客观存在，形式也多样。跨部门的矛盾冲突如果处理不及时或处理不当，将直接影响员工的工作情绪和工作效率，给个人的成长和发展都带来不利的影响。

二、处理跨部门冲突的六种行为风格

沟通是双向的，因此矛盾冲突的产生可能是由于一个人的因素，也可能是双方的原因。要想有效化解跨部门矛盾冲突，需要每一个人都站在相互合作、共谋企业发展的角度。

1. 如有矛盾，主动化解

部门之间的很多矛盾其实往往是因为沟通方式不正确或缺乏沟通造成的，而这些误会完全可以通过有效沟通得以解决。部门之间的沟通其实并不需要很多的技巧，对话是解决冲突的最常用方式之一，而关键是主动迈出第一步，主动找当事人去沟通，通过协商解决问题。当双方有冲突时，如果双方碍于面子，不肯低头，则会激化矛盾，使得矛盾升级；但如果有一方能主动站出来承认错误，一般会使冲突顺利化解。通常来说，能主动道歉的一方气量较为大度，因此希望我们在与其他部门有矛盾时，能做那一个主动化解矛盾的有大气量的人。

2. 换位思考，谁都有理

当与其他部门沟通而产生冲突时，不少人总会第一时间认为这肯定是其他部门的错，甚至推卸责任，这个时候我们就要尝试一下换位思考，站在别人的角度来看待相互沟通的问题，不要总认为自己有理，而应跳出自我的圈子，站在他人的立场，具备同理心，应该理解他人看待和认识事物的方式，这样才能找到合适的沟通方式，并取得效果。总之，当出现矛盾时，应该换位思考，试着站在他人的立场和角度，设身处地地替他人着想，并理解他人的看法，这对解决问题是有益的。

3. 从我做起，宽容待人

在处理人际关系时不能斤斤计较，应从我做起，这样才能有效化解恩怨。影响双方人际关系的主要因素是人的言行，而个人的一言一行，势必给他人带来影响。跨部门沟通中，遇到冲突，如果我们可以从自我做起，用高标准来要求自己，以宽容大度来对待他人，相信矛盾冲突会很快消除。

4. 以理服人，以情动人

部门间有些工作是协作性的，也有些工作是支撑性的，像行政岗位、后勤岗位、人力资源岗位和财务部门等都是以支撑为主的部门，他们在为其他部门服务的同时，也起到了管理的作用。因此在管理过程中，如有员工质疑你们的处理结果而来上诉，对其的处理原则很重要，在沟通过程中应耐心倾听，认真解释，控制情绪，客观公正地解决问题。如果是员工自身的问题，应当“以事实为依据，以公司规章制度为准绳”，对员工进行解释和说服；如果确是企业的问题，应虚心听取并加以改善，这样便可以避免引起矛盾冲突。

5. 调整心态，积极处事

当前有些公司内部存在着并列的几个部门，几个部门间存在着竞争关系。从某种角度来说，竞争可以有效地促进大家工作的积极性，尤其是在好的激励下，竞争的效果更为显著；但从另一方面来说，竞争也会加剧部门之间的矛盾冲突。作为相互竞争的部门中的一员，该如何来处理部门间的矛盾冲突，这是非常重要的。部门间的冲突和分歧不一定是由你引起，但是可以由你而终止。面对在工作中所处的地位的不平等或处于激烈的竞争的境地，应调整心态，控制情绪，保持平和心态，正确看待得与失，尊重竞争对手，摒弃一些不正当的手段，坚持原则，正当竞争，通过自身的实力来证明自己。出现问题时，应与对方真诚坦率地交流，积极寻求解决之道，定能避免矛盾与冲突。

6. 巧借外力，化解矛盾

要解决跨部门的矛盾冲突，有时找到正确的沟通对象非常重要。和最关键的人沟通，做最有效果的事，可以达到事半功倍的效果，千万不要没有解决问题，反倒意外地增加了沟通障碍。处理矛盾冲突，要学会借力使力不费力，即请第三方来协调解决。这个第三方可以是双方的上司，也可以是双方都信得过的人或与双方关系都较为密切的人。同时我们也要注意，请第三方来协调解决矛盾时，沟通的内容同样不可忽视，自此方可达到沟通的目的，而不是激化矛盾。

项目小结

本项目明确了跨部门沟通的含义，帮助读者充分认识到跨部门沟通在组织沟通中的重要作用,掌握跨部门有效沟通的策略,为今后在职场中进行跨部门沟通奠定基础。

思考与练习

【案例】

跨部门如何有效沟通

王强在单位负责人事工作,每年系统内的评优工作也由他来负责。评优中很重要的参考项目就是每年系统内各公司的效益情况。这其中的很多数据都要和财务部门对接。当时王强去找财务处的领导,可惜那段时间主管财务的领导公出没在单位。他当时就积极跟当班的财务人员沟通,把评优涉及的资料复印下来给财务的工作人员,让他们可以先与主管领导沟通一下,这边的材料先做起来,等领导公出回来,看过之后再签字盖章,这样可以节约时间,避免时间过期。通过两个部门的沟通,最终达成共识,先做材料之后领导签字盖章,事情最后很顺利地如期完成了。

(资料来源:根据网络资料整理)

课堂互动

王强是如何做好跨部门的沟通的?从中你有受到什么启发?

项目八　与客户有效沟通技能

学习目标

1. 了解不同客户的类型,与客户沟通的基本方法。
2. 理解与客户有效沟通的意义,及与客户沟通所需要的基本职业素质。
3. 掌握与陌生人沟通、接待客户、拜访客户、说服客户的方法与技巧。

能力目标

1. 掌握处理客户投诉的沟通技巧。
2. 掌握与客户沟通的技巧。
3. 掌握建立并维护客户关系。

素质目标

1. 能够强化问题意识。
2. 培养社会责任感与担当意识,践行社会主义核心价值观,增强团队意识。

任务一　与客户有效沟通的艺术

引导案例

卖水果的三个小贩

一天一位老太太拎着篮子去楼下的菜市场买水果。她来到第一个小贩的水果摊前问道:

“这李子怎么样?”

“我的李子又大又甜、特别好吃。”小贩回答。

老太太摇了摇头没有买。她向另外一个小贩走去问道:“你的李子好吃吗?”“我这里是李子专卖,各种各样的李子都有。您要什么样的李子?”

“我要买酸一点儿的。”

“我这篮李子酸得咬一口就流口水,您要多少?”

“来一斤吧。”老太太买完李子继续在市场中逛,又看到一个小贩的摊上也有李子,又大又圆非常抢眼,便问水果摊后的小贩:“你的李子多少钱一斤?”

“您好,您问哪种李子?”

“我要酸一点儿的。”

“别人买李子都要又大又甜的,您为什么要酸的李子呢?”

“我儿媳妇要生孩子了,想吃酸的。”

“老太太,您对儿媳妇真体贴,她想吃酸的,说明她一定能给您生个大胖孙子,您要多少?”

“我再来一斤吧。”老太太被小贩说得很高兴,便又买了一斤。

小贩一边称李子一边继续问:“您知道孕妇最需要什么营养吗?”

“不知道。”

“孕妇特别需要补充维生素。您知道哪种水果含维生素最多吗?”

“不清楚。”

“猕猴桃含有多种维生素,特别适合孕妇。您要给您儿媳妇天天吃猕猴桃,她说不定能一下给您生出一对双胞胎。”

“是吗? 好啊,那我就再来一斤猕猴桃。”

“您人真好,谁摊上您这样的婆婆,真有福气。”小贩开始给老太太称猕猴桃,嘴里也不闲着:“我每天都在这儿摆摊,水果都是当天从批发市场找新鲜的批发来的,您媳妇要是觉得好,您再来。”

“行。”老太太被小贩说得高兴,提了水果边付账边答应着。

(资料来源:根据网络资料整理)

案例思考:三个小贩对着同样一个老太太,为什么销售的结果完全不一样呢?

第一个小贩没有掌握客户真正的需求,第二个小贩只掌握了表面的需求,没有了解深层次的需求,第三个小贩善于提问,三个小贩了解需求的深度不一样。

一、客户沟通的意义和形式

客户沟通是指与客户之间的沟通,不但包括业务沟通,而且包括个人的情感沟通。客户沟通不仅是企业领导、销售人员和客户服务人员的工作,也是公司每一位员工的本职工作。与客户建立真诚、信任和尊重的关系,有利于公司的发展,也有利于自身的发展。而我们和客户之间的桥梁就是沟通。懂得倾听客户的话语,从客户的话语中可以得知对方是否真正理解了我们说话的意思;懂得如何说,使客户的尊严得到维护,并且拉近与客户之间的距离。

(一)客户沟通的意义

客户沟通的意义主要体现在以下几方面:

(1)沟通是为了销售或促进销售。

(2)沟通是为了更好地了解客户需求。

(3)沟通是为了更好地化解与客户之间的矛盾。

(4)沟通是为了更好地巩固客户及开发客户。

(5)沟通是为了更好地与客户建立永久性合作关系。

(二)客户沟通的形式

1. 电话沟通

电话沟通是最常见的且经济、实惠的沟通方式。业务上的电话沟通不用时间过长,控制在4~6 min最佳。既要给客户留印象,又要能说明事情,还不能让客户觉得烦。电话沟通一定要文明礼貌,用词到位。文明礼貌能让客户感到温馨,又容易接受你所提的问题。用词不恰当,就无法达到你所预期的效果。无特殊原因,电话沟通一般不要谈与工作无关的事。与客户电话沟通应让客户先挂电话,这是基本的商务礼仪。

2. 上门回访沟通

上门回访沟通是最有效的沟通方式之一。上门回访要注意的是个人形象。个人形象体现了对回访的重视程度、回访人的个人素养及专业度,还能体现一个人的个人魅力。

3. QQ 或微信沟通

QQ 或微信沟通是一种较休闲的沟通方式。

4. 电子邮件沟通

电子邮件沟通是一种成本低廉而又高效的沟通方式,有时可以代替当面沟通。

5. 礼物沟通

礼物沟通包括送贺年卡、日历及其他一些小礼物。

按照不同的标准,沟通又可分为:工作沟通、思想沟通和情感沟通。工作沟通包括产品介绍、谈判等;思想沟通是通过交流达到某种共识、认可,影响客户的思想、转变客户对自己不利的行为,把原有的劣势逐渐转变成优势;情感沟通则是通过情感的交流让客户对公司有一个全面的了解,和客户的距离变得更近,让客户心情愉快地认可公司的产品。

二、不同客户的沟通需求

(一)领导和高管

领导一般比较务实。他与你沟通纯粹是工作上的沟通。除身份对等或个人工作以外,一般他不想在你身上花费太多的时间。

高管往往是企业中实力派的代表,所以他不仅有学历而且有经验、有能力。他看重的往往是物超所值这个原理,所以你一定要做到让他觉得“物超所值”。

(二)事业单位与私营企业

从性质上客户可以分为:事业单位客户与私营企业客户。

事业单位客户重人际。他在乎你的身份和地位,一旦认为你是一个不起眼的角色,他就不想和你交往,不想再和你沟通。

私营企业客户重实务。因为他们工作的临时性,所以他们一般看重眼前。如果你让他们觉得除了眼前的工作以外,没有别的利益,他们的工作积极性就会下降,沟通就变得困难。

客户不同,客户的需求就不同,沟通的导向也就不同,沟通方式自然也就不同。

由于不同的人有不同的时间安排，不同的人有不同的生活习惯，有的人不喜欢接电话，有的人喜欢聊微信或QQ，有的人喜欢运动，而有的人可能更喜欢面对面地聊天。这就要求我们在适合的时间，以正确、有效的方式与客户进行沟通，多渠道、多方式、立体化地与客户进行沟通。这样才能让我们与客户更快更好地建立关系，与客户成为真正的朋友。

三、与客户沟通的原则

与客户打交道免不了要进行交流，因为彼此有利益往来，所以必须要注意交流的方式。初次见面，应尽量给对方一个良好的印象，自我介绍要得体，所用的语言要符合本人的身份，既不能自我炫耀，又不能自我贬低，而是要保持自我本色。

（一）语言表达简明得体

与客户交流时，语言表述简明得体很重要，语言简明会使对方有兴趣和耐心听你讲话，如过分啰唆则容易使对方产生厌烦感。除了语言简明，说话得体也很重要。不得体的语言会使对方不高兴，甚至造成尴尬的局面。

（二）制造轻松和谐的谈话氛围

在与客户对话的时候，由于双方关系的特殊性，常常导致双方的对话气氛僵滞，缺少轻松、和谐。这时，完全可以寻找其他话题。例如，以一些怪诞的奇闻、有趣的事件当作话题，这样既活跃了气氛，又淡化了彼此的陌生感。

另外，也可以用一些周围的事物作为话题，也就是说与日常生活有关的普通话题，如孩子上学等。家常话并不都是一般的寒暄，它更能引起人与人之间心灵上的共鸣，进而使双方达到心灵上的沟通。

（三）在客户面前要不卑不亢

在人际交往中，说话恭敬，对人客气是一种美德，但是过分客气和过分的恭维往往会令对方反感。对客户也是这样，即使你想套近乎，也要不卑不亢，才能有好的效果。

1. 切忌过分地恭维

在客户面前，缺乏诚心、千篇一律的客气话，并不能引起对方的好感，特别是听惯了恭维话的大人物更是如此。他们早已听腻了久仰大名之类的话，你的恭维绝不会增加他对你的好感。

如果你不多加思考，一见到特殊人物就忘乎所以，什么话好听说什么，极尽吹捧之能，恨不得把对方捧到天上，那么你就犯了大忌了。

听惯了恭维话的人早就不把这些话放在心上了；相反，对于过分恭维他的人还会产生一种轻视感，从而影响了你在对方心目中的形象，降低了你在对方心目中的地位。

2. 巧用幽默破解僵局

与客户交往的过程中，难免意见不合，产生分歧，双方都坚持自己的立场不肯迁就对方，于是就出现了僵持的局面。这是我们谁都不愿看到的事情。

既然发生分歧是与客户交往时避免不了的，我们就应该试着去化解分歧。在双方因分歧而僵持不下时，不妨说个笑话，用一段幽默的语言缓和一下紧张的气氛。僵局是谁也不愿意面对的，多数时候客户都愿意见好就收，破解僵局是双方都渴望的。

3. 显得稳重而有风度

大家都知道，给客户的第一印象很重要。你的言谈举止能透露出你的文化素质、知识水平及品格情操等。因此，在与客户交往的时候，要特别注意自己的言谈举止，应尽量显得稳重而有风度。稳重会增加客户对你的信任，风度会增加客户对你的好感。

4. 时刻不忘自己的身份

客户是一种很特殊的交往对象，它与朋友、同事等都不同。要想维护好与客户的关系，必须时刻注意在客户面前的特殊身份，该说什么话，该做什么事，都不能任意妄为，否则就可能失去客户。

客户是与事业密切相关的，与客户沟通的成功与否，将直接影响到事业发展。因此，我们有必要多动脑筋，掌握与客户有效沟通的方式与原则，从而更好地与客户沟通。

四、与客户沟通的礼仪

（一）称谓上的礼仪

无论是打来电话沟通还是当面沟通，彼此之间都需要互称，这就产生了称谓上的礼仪要求。称谓千万不要出错，这是客户沟通的基本要求。

有人认为一个简单的称谓不用讲究什么礼仪，其实不然。如果首先在称谓方面就使对方产生了不悦，那么接下来的沟通就很难产生积极的互动作用。因此，必须熟悉并掌握与客户沟通时在称谓方面的礼仪。

1. 熟记客户姓名

至少在开口说话之前要了解客户姓名的正确读法和写法。读错或写错客户的姓名，看起来似乎是一件小事，却将使整个沟通氛围变得很尴尬。如果在见面之前对客户姓名读音存有怀疑，最好认真查一下字典，确定准确无误的读音之后再与客户联系。如果对客户名片上印着的姓名不能确定，不妨有礼貌地直接向客户询问，而不要想当然地瞎猜。

2. 了解清楚客户的职务、身份

如果不能确定客户的职务或身份，你可以通过他人介绍或主动咨询等方法弄清楚。当你把客户介绍给他人，或与客户进行沟通时，还需要在了解清楚客户职务、职称的基础上注意以下问题：

（1）称呼客户职务就高不就低。有时客户可能身兼多职，此时最明智的做法就是使用让对方感到最被尊敬的称呼，即选择职务更高的称呼。

（2）称呼副职客户时要巧妙变通。如果与你交流的客户身处副职，大多数时候可以把“副”字去掉，除非客户特别强调。

（二）握手时向客户传达敬意

握手作为一项最基本的社交礼仪，其传达的意义可以非常丰富，可是如果不掌握握手的礼仪与技巧，那就只能代表一种程式化的程序。利用握手向客户传达敬意，引起客户的重视和好感，这是人们经常运用的方式。要想做到这些，需要注意以下几点：

1. 握手时的态度

与客户握手时，必须保持热情和自信。如果以过于严肃、冷漠、敷衍了事或用缺乏自信的态度同客户握手，客户会认为你对其不够尊重或不感兴趣。

2. 握手的先后顺序

关于握手时谁先伸出手，在社交场合中一般都遵循以下原则：地位较高的人通常先伸出手，但是地位较低的人必须主动走到对方面前；年龄较大的人通常先伸出手；女士通常先伸出手。

要注意的是，无论客户年长与否、职务高低或者性别如何，都要等客户先伸出手。

3. 握手时间与力度

原则上，握手的时间不要超过 30 s。如果面对的是异性客户，握手的时间要相对缩短；如果面对的是同性客户，为了表示热情，可以紧握对方双手较长时间，但时间不要太长，同时握手的力度也要适中。作为男性，如果对方是女性客户，需要注意三点：第一，只握女客户手的前半部分；第二，握手时间不要太长；第三，握手的力度一定要轻。

（三）名片使用讲究多

名片虽小，但是在与客户沟通过程中的影响不可忽视。如果不注意使用名片时的礼仪，那么本来可以起到“自我延伸”作用的名片就可能会成为横在你与客户之间的一堵墙。而在接受客户的名片时，一些人不讲究礼仪的做法常常会令客户感到不满。使用名片时的礼节看似细微，可是良好的客户关系往往就在这些细节中得以微妙地体现。

除了人们通常了解的双手向客户奉上名片，使客户能从正面看到名片的主要内容，双手接住客户递过的名片，拿到名片时表示感谢并着重地重复客户姓名之外，与客户交换名片时，还应该注意其他一些事项：

1. 善待客户名片

先准备一个名片夹，在接到客户名片后慎重地把名片上的内容看一遍，然后再认真放入名片夹中。既不要看也不看就随便塞入名片夹，也不要折损、弄脏或随意涂改客户名片。

2. 巧识名片信息

除了名片上直接显示的客户姓名、身份、职务等基本信息之外，还可以通过一些“蛛丝马迹”了解客户的交往经验和社交圈等。例如，客户名片上印的公司电话号码前是否有区号，如果没有，那么很可能说明他们通常只在本区域内活动；如果客户公司的电话号码前有区号，但没有“86”这一代表我国的国际长途区号，那就说明客户的业务往来大多属于国内范围。

通常客户的名片上不会印有住宅电话，如果上面有住宅电话，不妨用心记住，这将有助于今后更密切地展开联系。

3. 对名片进行分类

这主要包括两方面的工作。

(1)对自己的名片进行分类。这里主要是针对身兼数职之人而言的。如果是由于工作关系头衔较多，不妨多印几种名片，面对不同的顾客选择不同的名片。

(2)对客户的名片根据自身需要分门别类。这样既可以在需要时方便查找，也会使名片夹更加整齐、有效。

（四）不可忽视地方风俗和民族习惯

如果你要去拜访外地的客户，或者知道客户不是本地人，那就需要了解清楚客户所在地是否有某种特别的礼仪要求，或者客户所在地的风俗习惯，或所属民族的特殊习惯等。例如，如果得知客户是回族，那在谈话时就注意不要提他们特别忌讳的事情，吃饭时要尽可能地选择清真饭店。

（五）以客户为谈话的中心

一定要把客户放在你一切努力的核心位置上。时刻以客户为中心，摆正自己与客户之间服务与被服务的关系。不要以你或你的产品为谈话中心,除非客户愿意这么做。

这是一种对客户的尊重,也是赢得客户认可的重要技巧。此时,你必须摆正自己的位置,即明确自己扮演的角色和行动目标——满足客户的需求,为客户提供最满意的产品或服务。

这就需要你在与客户沟通的任何时候务必以对方为中心,放弃自我中心论。当你请客户吃饭的时候,应该首先征求客户的意见,他爱吃什么,不爱吃什么,而不能凭自己的喜好,主观地为客人点菜。

如果客户善于表达,那就不要随意打断对方说话,但要在客户停顿的时候给予回应,如夸对方说话生动形象、很幽默等。如果客户不善于表达,也不要只顾着自己滔滔不绝地说话,而应该通过引导性话语或者适当的询问让客户参与到沟通的过程中。

五、与客户沟通的基本方法

有效的沟通技巧可以帮助我们与客户建立合作关系,应该注意以下几个基本点:

(一)真诚相待、礼貌先行

在营销过程中,有时一个细节就能让客户认同服务或产品,但有时一个不经意的缺陷也能令客户觉得失望,甚至打消购买意向。在与客户沟通的过程中,要注意真诚坦率,注重礼貌礼节。这是与客户沟通的第一步,也是关键的一步。

(二)目的明确、主题突出

不管什么样的沟通交流形式,在与客户沟通之前,先要明确此次沟通的目的。在交流过程中,应紧密围绕沟通的目的进行,注重沟通效率。因此,与客户有效沟通的前提是做好充分准备,目的明确。

(三)尊重客户、取得信任

不论是发展新客户还是维护老客户,都要充分地了解客户,包括其性格特征、兴趣爱好、宗教信仰乃至人生信念等。在与客户沟通的过程中,应真正地做到尊重客户,换位思考,从客户的角度和立场看待产品,以取得客户的信任。

(四)及时跟进、维护客户

在营销目的实现后,售后跟进和客户维护就显得更为重要了。将客户视为朋友,平时保持联络,多多沟通,增进了解。如节假日以电话、短信等方式问候,平时闲暇时邀请客户参加企业所举办的各类开放型活动等,让客户对企业的认识更进一步。

六、与客户沟通的技巧

(一)给客户留下良好的印象

在现实生活中,人们都有一种共识,就是喜欢和有修养、会说话、会办事、有分寸的人打交道。在与客户交流时,如果能给客户留下良好的印象,自然就容易沟通了。那么,怎样才能给客户留下良好的印象呢?

1. 仪容整洁

与客户交流,仪容整洁是关键。保持整洁的仪容会使客户对你产生好感,同时也会让自己心情舒畅、信心百倍。

2. 衣着大方

见客户时,穿着打扮一定要得体大方,给人以耳目一新的感觉,不要奇装异服。男性一般以西装为主,其他配饰(皮包、手套等)不要过于华丽或寒酸。

有一位著名企业家对职场着装总结出十条建议,不妨参考一下。

(1)业务员应当穿西装或轻便西装。

(2)业务员的衣着样式和颜色要保持大方稳重。

(3)切忌戴一些代表个人身份或宗教信仰的东西。

(4)不要戴太阳镜或变色镜,这是不礼貌的装束。

(5)可以佩戴代表公司的标记,使客户相信公司的信誉。

(6)可以携带一个公文包,使客户相信你的言行和能力。

(7)带上一支比较高级的圆珠笔(或钢笔)和一个精致的笔记本。

(8)不要脱去上装,以免削弱你的权威和尊严。

(9)见客户时,忌食辛辣及气味不好的食物。

(10)可以喷洒一些淡雅的香水,会给客户一种舒服的感觉。

3. 言谈得体

1)少说多听

通过有意识地引导,让客户多说,自己做一个倾听者。不要打断客户的话,与客户交谈时,眼睛应注视对方的鼻翼处,切忌东张西望。

2)善于提问

在倾听的过程中,不时向客户提问,提出的问题要新颖且易于回答,激发客户谈话的动力,表示你对客户的谈话很感兴趣。例如,当客户提到自己是杭州人时,你可以问:“西湖一定很美吧？我还从来没有去过那里呢。”客户有可能会兴致勃勃地向你介绍他的家乡,这对他来说应该是如数家珍。

3)遵循原则

得体的言谈可以弥补一个人外表的欠缺,尤其在和客户沟通时,要注意语速适中、语音适量、身体略向前倾、面带微笑,这样才能给人一种亲切、谦虚的感觉。可遵循以下原则。

(1)进门之前,先按门铃或轻轻敲门,得到允许才能进门。

(2)看见客户时,点头微笑。

(3)客户未坐定前,自己不要先坐。

(4)递送名片时,要用双手。

(5)切忌随手摆弄客户名片。

(6)谈话时态度温和而又积极。

(7)坐姿端正,身体略微前倾。

(8)认真倾听客户讲话,眼睛要看着对方。

(9)客户起身离席时,要同时起身致意。

(10)与客户初次见面时,应先向对方表示打扰的致意;告辞时,感谢对方的交谈和指点。

4. 保持风度

与客户沟通时要保持良好的君子风度。

(1)不与客户起争执。

(2)不主动贬低同行推销人员、公司或产品。

(3)始终保持笑容和耐心。

(4)举止文雅。

与客户交往时,要保持良好的卫生习惯,不乱丢果皮、纸屑,不随地吐痰;不在客户面前擦鼻涕、掏耳朵、修指甲、打哈欠、跷二郎腿等。

(二)首次和客户接触的技巧

1. 自我介绍

在进行自我介绍时不要怯场,态度不卑不亢,既要有自信,又要尊重对方。自信是成功的关键。

自我介绍时要介绍自己的姓名,不可给自己冠以先生或女士等称呼,也不能介绍自己的头衔,可以告诉对方自己从事的职业。鉴于中国的国情,如果你想让对方了解你的职务情况以便于对方称呼,可以通过递送名片的方式来解决。

不能只介绍自己的名字,还要向客户提供有用的信息,这样双方就比较容易继续下面的话题,不至于太尴尬。同时这些信息还可以向客户起到暗示的作用,为将来的业务交往作铺垫。例如,“张总,您好!我是××银行的陶××,一直从事客户服务工作。这是我的名片。”简洁明了,表意清晰,给人以干练、清新的感觉。

2. 确定适合的谈话主题

要根据以往对客户信息资料的了解,确定一个谈话的主题。客户一般处于被动交流的状态,因此,你要尽快把谈话的主题引到客户感兴趣的事情上来。

要避免过多谈论具体产品,那样很容易给别人造成推销的印象。可以以自己的职业为主线,选择一些相关的话题。

可以就地取材。客户案头上的东西就很有用,它能够泄露主人的性格、爱好和个人风格。悄悄留意一下上面摆放着什么,摆放的位置等,对你选择一个合适的话题会有很大的帮助。

要避开敏感的话题。敏感性的话题很容易引起争议,会破坏和谐的气氛,造成客户心理上的抵触。不要谈论关于宗教和哲学方面的问题,更不可谈论涉及客户隐私的话题,如客户的身体状况、年龄、收入等。

最好选择一些容易引发评论和讨论,并能拓展到别的领域的话题。

处理客户抱怨、获得对方好感的方法

七、正确处理客户投诉

在日常工作中往往会遇到前来投诉的客户,当客户对企业的产品或服务进行投诉时,我们应运用沟通技巧,与客户进行认真的沟通,认真倾听投诉,初步判断处理,确定责任部门,答复处理意见。

注意在客户投诉时,不要一味地向客户解释辩白,更不要急于下结论,否则会令客户更加反感。

(一)处理客户投诉的程序

1. 认真倾听投诉

客户进行投诉时,我们必须以礼相待,认其倾听,详细记录。可以通过提问的方式,通过有针对性的提问，大致了解客户投诉的内容与原因，充分了解所需的信息资料，为处理问题收集有效的信息。

2. 初步判断处理

了解了客户投诉的原因和问题，要对其投诉的具体情况进行初步判断。如果不属于企业产品或业务问题，要以委婉的方式解释给客户，获得客户谅解，进而消除误会；如果的确是企业自身产品或业务问题，则应向客户真诚道歉，答应及时帮助客户解决；如不能立即确定问题所在，则与顾客户沟通，待企业调查清楚后，及时反馈给客户具体意见及处理办法。

3. 确定责任部门

分析客户投诉属于哪一方面的问题，比如是质量问题、服务问题、使用问题、价格问题、物流问题等，同时分析客户投诉的要求，以及具体问题属于哪个部门。然后根据客户投诉的内容，确定相关的具体受理部门和受理负责人。

4. 答复处理意见

依据本企业相关制度，参考《消费者权益保护法》等相关法律规定，提出处理意见，并及时与客户沟通，争取客户对处理意见的认可。如果自己确实无法解决，则应提交给上层领导。投诉处理完毕后，应进行回访，并对本次投诉及处理资料整理归档。

（二）处理客户投诉的技巧

1. 真诚道歉、平息怨气

由于大多数投诉属于发泄性质，客户所希望得到的是同情和理解，一旦消除了怨气，心理平衡后，问题就容易得到解决。因此，不论责任是否在于企业，都应该诚心诚意地向客户道歉，并对客户提出的问题表示感谢，这样可以让客户感觉受到重视，才能使问题朝着有利于解决的方向发展。

表达歉意时态度要真诚，而且必须是建立在认真倾听了解的基础上。如果道歉与客户的投诉根本就不在一回事上，那么，这样的道歉不但无助于平息客户的愤怒情绪，反而会使客户认为是在敷衍而变得更加不满。

【小资料】

处理客户投诉“三不七要”。

“三不”：不回避，不害怕，不随意。

“七要”：要真诚，要平等，要虚心，要记录，要报告，要及时，要反馈。

2. 快速处理、注意措辞

对待投诉应快速处理。解决问题是最关键的一步，只有妥善地解决了客户的问题，才算完成了对这次投诉的处理。一般来说，除了马上做出道歉外，还要当着消费者的面把投诉意见记录下来，告诉消费者其意见对企业很重要，并留下消费者的联系方式。如对客户的投诉无法当时立即解决，需要说明原因和确切解决时间，到时主动约见客户。在与客户沟通过程中，应注意运用恰当的措辞应对客户的不满，处理投诉可以是道歉，也可以是说明，甚至可以是说服。

【小资料】

处理客户投诉应避免使用的句型：

"你可能不明白……"

"你肯定弄错了………"

"你应该……"

"这不可能的……"

"你不要激动……"

"你平静一点……"

3. 把握尺度、公平公正

使客户得到满意的答复是处理投诉所追求的目标,但在处理投诉时,要把握好尺度,不能没有原则地讨客户的欢心,原则性的问题要用委婉的语气明确告诉客户。处理投诉要持公平公正的原则,对于一些盲目投诉的客户要详细解释,或操作示范,或专家答疑,使其口服心服,同时展示企业的良好形象。

4. 及时答复、适时回访

投诉处理结果应及时回复客户,并通过发短信、打电话等方式与客户再次沟通,调查了解客户对投诉处理结果的满意程度,感谢客户及时提出批评意见或改进建议,以维护好客户关系。

八、与客户沟通的十大禁忌

在与客户谈话过程中,要注意哪些说话技巧呢?沟通要有艺术,良好的口才可以助你事业成功,良性的沟通可以改变你的人生。因此,在与客户交流时,要注意管好自己的嘴,用好自己的嘴,要知道什么话应该说,什么话不应该讲,避免踏入沟通雷区。在与客户沟通过程中,应该注意以下十大禁忌。

1. 忌争辩

在与客户沟通时要记住,你不是来参加辩论会的,要知道与客户争辩解决不了任何问题,只会招致客户的反感。

你首先要理解客户对你的产品或企业有不同的认识和见解,允许人家发表不同的意见;如果你刻意地去和客户发生争论,即使你占了上风,赢得了胜利,把客户驳得哑口无言、体无完肤、面红耳赤、无地自容,你快活了,但你得到的是什么呢?是失去了客户,丢掉了生意。所以,时刻不要忘记你的职责和身份。

2. 忌质问

在与客户沟通时,要理解并尊重客户的思想与观点,要知道人各有志,不能强求。他不买你的产品,说明有其他原因,切勿采用质问的方式与客户交谈。用质问或审讯的口气与客户谈话,是不尊重人的表现,是会伤害客户的感情和自尊心的。如果你想赢得客户的青睐与赞赏,切忌质问。

3. 忌命令

在与客户交谈时,微笑要多展露一点,态度要和蔼一点,说话要轻声一点,证据要柔和一点,多采取征询、协商或者请教的口气与客户交谈,切不可采取命令或指示的口吻与人交谈。

人贵有自知之明,要明白你在客户心里的地位,你需要永远记住一条——你不是客户的领导,你无权对客户指手画脚、下命令或下指示。

4. 忌炫耀

与客户沟通谈到自己时,要实事求是地介绍自己,稍加赞美即可,万万不可忘乎所以,得意忘形地自吹自擂,自我炫耀自己的出身、学识、地位、财富,以及业绩和收入等。这样会人为地造成双方的隔阂和距离。要知道人与人之间,“脑袋与脑袋是最近的;而口袋与口袋却是最远的”,如果你过分炫耀自己的收入,对方就会感到你向我销售产品是来赚我的钱的,而不是来给我送保障的。

记住:你的财富是属于你个人的;你的地位是属于你单位的(暂时的);而你的服务态度和服务质量,却是属于你的客户的(永恒的)。

5. 忌直白

与客户打交道,要掌握与人沟通的艺术,客户成千上万、千差万别,有各个阶层、各个方面的群体,他们在知识和见解上都不尽相同。在与其沟通时,如果发现他在认识上有不妥的地方,也不要直截了当地指出。俗语道:打人不打脸,揭人不揭短。与客户沟通时切不可过于直白,一定要看交谈的对象,做到言之有物,因人施语,要把握好谈话的技巧。

6. 忌批评

在与客户沟通时,如果发现他身上有些缺点,我们也不要当面批评和教育他,更不要大声地指责他。要知道批评与指责解决不了任何问题,只会招致对方的怨恨与反感。与客户交谈要多用感谢词、赞美语;要多言赞美,少说批评,还要掌握赞美的尺度和批评的分寸,要巧妙批评,旁敲侧击。

7. 忌独白

与客户谈话,就是与客户沟通思想的过程,这种沟通是双向的。不但我们自己要说,同时也要鼓励对方讲话。通过他的话语,我们可以了解客户个人的基本情况,如工作、收入、投资、配偶、子女等。双向沟通是了解对方的有效工具,切忌营销员一个人唱独角戏,个人独白。

如果自己有强烈的表现欲,一开口就滔滔不绝、口若悬河,只顾自己酣畅淋漓,一吐为快,全然不顾对方的反应,结果只能让对方反感、厌恶。

8. 忌冷淡

与客户谈话,态度一定要热情,语言一定要真诚,言谈举止都要流露出真情实感,要热情奔放、情真意切。俗语道:“感人心者,莫先乎情”,这种“情”是真情实感。只有你用自己的真情,才能换来对方的感情共鸣。在谈话中,冷淡必然带来冷场,冷场必定带来业务泡汤,所以切不可态度冷淡。

9. 忌生硬

与客户说话时,声音要洪亮,语言要优美,要抑扬顿挫、节奏鲜明。切忌说话没有高低之分,语速没有快慢之分,没有节奏与停顿,生硬呆板,缺少朝气与活力。

10. 忌问个人隐私

一般情况下,以下问题不要轻易发问,除非对方愿意主动告诉你。

(1)不问学历。学历不代表能力。

(2)不问具体住址。一般而言,工作与家庭无关。

(3)不问健康状况。健康状况影响工作与晋升。

(4)不问现状收入。收入不代表地位。

(5)不问以前是做什么的。英雄不问出处。

(6)不问婚姻状况。这属于个人隐私。

案例

失败的推销

业务员小王早早地来到一家烟酒店,希望能拜访一下这家店的老板。由于是第一次见面,进店之后,与老板寒暄了几句,说明了来意,顺便花了3分钟时间介绍了公司的产品,本来还想继续说下去,但是看到老板很不耐烦的样子,也就不好意思再说了。于是,小王赶紧接着说:"老板,这次来拜访您,主要是向您推荐一下我公司的最新产品,价位88元,零售可以卖到98~108元,而且公司还有促销,力度很大,买一箱赠送价值50元的可乐,您看,要不来一箱,试试看?"老板只是轻描淡写地说了一句:"哎呀,现在业务员比顾客还要多呀!你看,我这哪儿有地方摆放啊?等有地方再说吧!"说完,指指堆满白酒的货架,示意小王自己去看。小王看了一眼,的确是这样,到处都是酒啊!无奈之下,小王向老板告辞后,走出了这家烟酒店。

(资料来源:根据网络资料整理)

课堂互动

小王沟通失败的原因是什么?

任务二　与陌生人沟通的技巧

引导案例

一天,林皓开车带着儿子庆庆去河边拉沙子。路很难走,到处都是小石块。在回来的路上,汽车被一块锋利的石头扎爆了胎,二人赶紧下车修理。可是修车需要千斤顶,他们的千斤顶偏偏又坏了。没办法,林皓只好让庆庆找人借去,但又担心庆庆办不好自己交代的事情,就在庆庆耳边叮嘱了几句。庆庆看了看爸爸,半信半疑地朝路边的房子走去。果然,一会儿庆庆抱着千斤顶回来了,他高兴地对林皓说:"爸爸,你真高明,一切都跟您说的一样。"

原来,庆庆走到一户人家的门前去敲门,开门的是个年轻小伙子。庆庆一看对方不耐烦的样子就有点忐忑,但他还是按照父亲的叮嘱,笑着说道:"哥哥,不好意思,这次又有事要麻烦您帮忙了。"小伙子看着眼前的这个陌生人,似乎在努力回忆着什么,最后莫名其妙地问道:"什么意思?我们不认识吧?我以前帮助过你吗?"庆庆赶紧笑着说:"哥哥,是这样的,您家就在马路的边上,我一看就知道您一定帮过不少人。所以,我这次当然是又有事需要您帮忙了。"小伙子听了眼前这个陌生人的话,爽快地答应说:"那好吧,你说,有什么需要我做的?"庆

庆将自己的来意说明之后，那个小伙子迟疑了一下。原来，他家里并没有千斤顶，可他最终还是放下手中的活，爽快地说："别担心，没问题，你先在这里等一下，我现在就去给你借，一会儿就回来。"于是小伙子骑上摩托车到村子里挨家挨户地借，最终借到了千斤顶。

（资料来源：根据网络资料整理）

案例感悟：想一想，庆庆成功得到帮助的秘诀是什么？

"这次又有事要麻烦您帮忙了。"就这样一句话，让一个本来很冷漠的年轻小伙子变得热情、乐于助人。一句话，说到了对方的心里，得到了对方的欢喜。当陌生并不再是两个人之间的隔阂，你想要达到的目标也不再遥远。

一、良好的人际从初次见面开始

初次见面，说好第一句话，能够奠定良好沟通的基调，开启良好的人际关系。在日常交际中，通过第一印象赢得信任，是建立良好人际关系的重要技巧，与人交往，第一印象往往是最深刻的，也是最重要的。

和陌生人说话要掌握分寸

（一）说好第一句话，吸引对方注意

在和别人进行交流的时候，通常都会遇到这种情况：不知道该怎样和对方说第一句话，吸引对方的注意。此时，第一句话就奠定了整个沟通过程的基调。第一句话说得好，就能够较为顺利地交流，起到事半功倍的效果；如果第一句话说得不好，就会无形中在彼此间形成了一个障碍，丧失众多机会，不能体现自己的水平与能力，也不能将交流继续进行下去。

那么，如何才能把第一句话说好呢？以下几点可供参考：

1. 说话要有礼貌

对陌生人表示尊敬是礼貌的第一表现，也更能拉近彼此之间的距离。但是，采用这种方式必须注意：要掌握好分寸，褒奖适度，不能胡乱吹捧，谈话的内容要因时因地因人而异。

2. 借助关系来攀认

可以通过攀认法，简单来说，就是找到能和对方联系上的事物或者交情来介绍自己。如"我曾经和你哥哥小王是好朋友""听说你是北大毕业的，我也曾经在北大读过书，这么说来咱们还是校友呢"等诸如此类的介绍来拉近你和对方的关系。

通常来说，想与一个素未谋面的人进行一番成功的攀谈，如果能在事前做一番认真的调查研究，也许可以找到或明或隐、或近或远的亲友关系。而当你们见面时，如果能够拉上这层关系，就能使对方产生亲切感，一下子缩短双方之间的距离。

3. 揣摩对方的心理

说话是双向的，除了要注意说话的语言，还要注意说话的对象，如果你不会揣摩对方的心理，那即使再能言善辩，别人也不会买你的账。拥有一流的口才的人会依照说话对象的不同而说不同的话，这也是他们能将话说得扣人心弦的原因。

4. 多让对方做肯定回答

与人交谈，要让对方接受自己的观点，不要先讨论双方不一致的问题，而要先强调，并且反复强调你们一致的事情。让对方一开始就说"是""对的"，而不是要对方一开始就说"不"。

（二）塑造良好的第一印象

两个人初次见面时，留给对方的第一印象非常重要。也许很多人会说："我不以第一印象来判断别人。"但实际上，第一印象或多或少都会对人物的整体评价产生影响。第一印象在一个人的内心中占据很大的分量，如果给他人的印象好，对方会愿意与你认识并进行第二次及第 N 次的交谈，反之，第一印象不好，对方当即就不想再见到你。

"第一眼"的印象并非总是正确的，但却是最鲜明、最牢固的，并决定着双方交往的进程。一定要重视人家看你的第一眼，只有第一眼留下好印象，才会让人难忘。懂得利用"第一眼"让人喜欢的人，容易在社交中获得成功。

第一印象对于一个人的整体形象塑造来说意义重大。如果你想对方快速喜欢上你、如果你想和对方把话深谈下去、如果你想不被他人厌恶，那就别忘了塑造一个好的第一印象，并且让对方深刻地记下你的美好。想留下好的第一印象，我们可以从以下几点加以注意：

1. 提升自身修养

一表人才，主要来自一个人的学识修养。先天相貌由父母的遗传决定，后天相貌则可以经由自己的学习，通过"相随心转"的运作来加以改变。学识丰富、内心充实、行为端庄，加上仪容整洁，不就是一表人才了吗？心一改变，外表也会跟着改变。

2. 恰到好处地"附和"对方

任何人都有自觉得意的事情，但是，再得意、再值得骄傲和自豪的事情，如果没有他人的询问，自己也不好主动提及。而这时若能适时而恰到好处地将它提出来作为话题，对方一定会欣喜万分，并敞开心扉畅所欲言的。

3. 脸上时刻挂着笑容

发自内心的微笑不但会给他人留下美好的印象，还会让自己显得风度翩翩、魅力十足。与之相反，有这样一种人，他们不论何时见到谁，总是面沉似水。要知道人与人交往本是高兴的事情，谁也不愿意给自己找不痛快。如果你总是心绪不佳，那么注定你不会给他人留下什么好印象。

4. 举止大方、自然

表情、举止自然随意，不过分拘谨，使你显得自信、干练、见过世面，这会增强别人对你的信任。面带微笑，会使你显得乐观、积极、热情开朗，有一个好人缘。应避免跷二郎腿、双目游移、表情木然、身体僵硬等不良举止，这些都会给别人留下不好的印象。

我们每认识一个新朋友都离不开首次交往，不管跟某人认识的时间多久，"第一次"也只有唯一的一次。第一次是最深刻的，即便后来如何改变，但还是会记住那个"第一次"。因此，对我们每个人来说第一印象是非常重要的。

（三）慎用口头禅

很多人不曾意识到，在职场中不当的口头禅和习惯表达，正在悄悄侵蚀自己的职场形象。在各种场景的实际沟通中，往往正是那些"再自然不过的"口头禅，让一个人的职业形象或专业化程度大打折扣，更严重的可能会让整个沟通无法继续。

小王以前工作忙碌的时候总喜欢说"等一下哈"，慢慢地，这句话就成了他的口头禅，于是便发生了让人不愉快的一幕：小王的女儿上小学了，第一天上学是小王的妻子去送的女儿，下午妻子有事，让小王去接女儿，由于这是第一次见班主任，小王的妻子一直叮嘱他下午早点去，问问女儿的表现如何。但是，小王还是迟到了，他女儿小学班主任打来电话埋怨说：“王先生啊，其他同学已经都被家长接走了，您到底啥时候才能过来接孩子啊，我现在有事不能久留，您能快点吗？小王张口就回答：“等一下哈。”话一开口，班主任老师急得不知说什么好了。可见，口头禅在一个人的第一印象中留下了不好的影响。

后来小王也觉察到了这一点，便有意识地将自己的口头禅换成“行，没问题，放心好了！”

有一次公司任务紧，领导过来找小王，问他最近能不能忙里偷闲地再接个案子，小王自信满满地说了句：“行，没问题，放心好了！”话一说完，小王自己就傻了，因为自己根本没有时间去做新的任务。对此，小王懊悔不已，并暗暗下定决心要摒弃那些不良的口头禅，否则会对自己产生极大的不良影响。

（资料来源：根据网络资料整理）

口头禅带来的危害是显而易见的：沟通效果下降，原本可以通顺的一句话因为口头禅的加入变得让人难以理解。有时候由于不注意自己的口头禅，就会给对方留下不好的影响，很多口头语很强硬、刺耳，也容易引起对方的反感。

 案例

小琳在某公司做业务员，她对待工作认真负责，对待同事热情而又有礼貌，但有一点很令领导担忧，小琳的签单率非常低。每次给客户打电话，对方都不耐烦，拜访客户的时候也不受欢迎，小琳非常气馁，思来想去，她怀疑问题出在自己的口头禅上。

小琳也是在一次给客户打电话时，才发现自己总是动不动就说“随后呢”这三个字。纵然讲话的内容确实有个先后顺序，那也不一定句句都要加上“随后呢”。再说了，有些话语之间根本就不适合用“随后呢”来连接。小琳自我分析了一下，然后就发现之所以总是说“随后呢”，多半是因为在说下一句之前，脑子出现了片刻的空当，无法自然流畅地衔接，于是“随后呢”就脱口而出。

此后，小琳开始下意识地练习说话，把不良口头禅都扔得远远的，她的沟通能力果然提高了，签单率也提高了。

（资料来源：根据网络资料整理）

很多“口头禅”在心理上极易给人造成一种不舒服的感觉，尤其是在初次见面的时候，别人并不了解你这个人到底是怎样的，你要做的是维护好自己的形象，如果你总是一句一句地说口头禅，那么就很容易让人反感，第一次见面就被你的不良习惯给毁了，那你还怎么期望对方与你再交流下去呢？

“口头禅”并不是不可改掉的，只要你从心理上认识到它的危害，努力去实践，相信一定可以让自己的话语变得更顺畅，我们可以从以下几点来实践：

1. 请求朋友为你录音，做好监督

让身边的朋友在你不知情的情况下帮你录音，然后反复听自己在说话过程中有哪些词语出现了多次，将其记在纸上，或者询问身边朋友的感受，让他们对自己进行监督，随时提醒自己。当自己不经意地说出口头禅时，旁边有人能够提醒，这样就会改变长期形成的习惯，杜绝

不良的口头禅。

2. 说话干净、利落

如果你是管理者,说话更要干净、利落、文雅,这不仅是交际的需要,也是培养个人良好谈话修养的需要。管理者讲话最忌带不文雅的口头禅,它有失管理者的风度,必须坚决戒除。

3. 不容忍自己犯错

有人说:如果容忍自己的不良习惯一次,就能容忍一千次、一万次。因此,如果已经下决心改掉不良的口头禅,就必须坚定地"痛改前非",绝不能原谅"每一次"犯错。

4. 心态要好、不要紧张

保持心态的平和,放松心情,在与别人交流的时候不要急于表达自己的观点,尽量思考之后再说话。在没有把握的情况下尽量不说话,以免因为思路的中断而不得已使用口头禅。

5. 严禁脏话口头禅

要改掉讲粗话、脏话的不良习惯,需要严格要求自己,自觉从自己的言行入手,讲究文明,树立良好的个人形象。古人云:世上无难事,只怕有心人。每天提醒自己,不要说粗话、脏话,有意识地加以控制,就一定会成功。

几乎每个人都有各自的口头禅,就像每个人都有不同的习惯动作一样。在不知不觉中,它已构成你个人形象的一部分,甚至是重要的一部分。所以说,要想在社交中给人留下好的印象,还是戒除口头禅为妙。

(四)推己及人,尊重对方

在任何情况下,尊重都是人与人之间交往的基础。一个人只有懂得尊重他人,给予他人尊重,才能赢得他人的尊重和信任,从而使人际关系更加和谐融洽。尊重,不仅在陌生人之间必不可少,在熟悉亲密的人之间也是沟通的桥梁,是友谊发展的基础。

每个人,不管是在日常生活中,还是在工作中,都难免要与他人沟通。尤其是现代职场,我们经常因为工作关系需要与陌生人打交道。在给他人留下良好第一印象时,讲究"礼仪"、给予对方足够的尊重,是必不可少的。人人都有强烈的自尊心,渴望得到他人的认可、肯定以及尊重,我们只有推己及人,恰到好处地照顾他人的颜面,才能博得他人的好感。

尊重他人,原本是我们应该做的,不管对方是老人,还是年幼的孩子,我们都应该给予对方足够的尊重。否则,我们又如何奢求得到对方的尊重呢? 人与人之间的很多事情都是相互的,我们必须先尊重他人,才能如愿以偿地与他人彼此尊重,也会使得人际关系更加和谐融洽。

(五)装扮得体

一个人最先在无声中打动别人的办法就是靠自己的形象。好的形象可以给人留下心情愉快的印象,见了第一面,期盼第二面,或者不反感见第二面。而较差的或者不适当的形象则会给别人留下再也不想见的印象。所以说,用什么样的形象打动对方的心,怎么才能通过形象使对方心动是很值得去细心体会和研究的问题。

古人云:"人要衣装,佛要金装。"自古以来,着装一直是个盛世不衰的话题,着装关乎一个人的外在形象。在交际中,着装的作用就更明显了,尤其是在与人初次打交道与应酬中,得体、有品位的服装能给别人良好的第一印象。因为人们对他人的印象很大一部分是视觉上的,这就是"三分钟印象"。

可能很多人认为穿着打扮是一个令人费神的问题，要怎样穿着才能穿出品位、穿出神采？其实，要想穿出一身富有精气神的行头，也并非难事。对此，不妨从以下几个方面努力：

1. 独特的着装风格

不管干什么事情，最忌讳的就是跟风，因为跟风很容易迷失自己，着装也是这样。既然着装反映了一个人的修养和品位，就应该保持自己的着装风格，不要盲目地追赶潮流。

2. 整体协调

着装的时候，不要把各个部分分开看，而要把它们作为统一的整体进行合理地搭配，使之看起来和谐自然，完美衬托出你的气质。

3. 干净整洁

不管在什么场合，也不管你所穿的衣服是昂贵还是便宜，首先是要干净整洁，即使你因为家境贫寒而衣服上有补丁，也要保持干净清爽，因为这样才能使别人觉得你的内心是热爱生活的。当然，现在已经很少有人穿打补丁的衣服了，所以在保持衣服干净整洁的基础上，还要保持衣服的平整，不要有洗不掉的污渍等。

4. 着装文明

现在很多人在着装的时候为了标新立异，往往穿得非常暴露。其实，正规社交礼仪要求人们不要穿过于暴露的服装，尤其是在正式场合，尽量不要穿袒胸露背、露大腿、脚部和腋窝的服装，更不要在大庭广众之下赤裸着胳膊。

5. 着装技巧

在着装方面，假如有心学习，其实是有很多讲究的。例如，女士穿裙子时，所穿丝袜的袜口应被裙子下摆所遮掩，不宜露于裙摆之外；男士穿单排扣西装时，三粒纽扣的要系中间一粒或是上面两粒；两粒纽扣的要系上面一粒等。

俗话说“人靠衣装马靠鞍”。作为社会的一员，不管我们是否有足够的收入满足自己对服装的要求，都要保证着装的朴实大方、干净舒适，这样才能给人留下好印象。

二、善于赞美

每个人都渴望获得来自他人的尊重和肯定，当一个人的尊重需要得到满足，就可以充满信心，满怀热情。人际交往中，我们要善于赞美，满足对方心理需求，赢得对方好感。

（一）赞美对方

任何一个人都希望被他人关注和赞美，都希望自己的劳动得到社会的承认，自己的行为得到别人的理解和尊重。当你用真诚的语言赞美对方时，他会认为你是一个值得信任并了解他的人，自然就拉近了你们之间的距离，他所回报你的便是同样的肯定与信任，焕发出你与他之间相互的热情、友谊和温暖。这样，无形中你就赢得了朋友。事业上最没有风险的就是情感投资，因为“投桃”必然会“报李”。所以，可以说赞美是人际交往中最能打动人心的语言。

案例

有一次，一位姓刘的先生到某位姓吕的教授家里拜访。在拜访之前，这位刘先生已经对教授做足了“研究”工作，他知道，这位教授非常擅长书法，于是在几句话寒暄之后，话题很快就落到了书法上。只听到刘先生很谦虚地说：“教授，我一直羡慕那些字写得好的人，所以，工作之余我还努力练字，但也不知道为什么，书法水平却没有什么提高，恐怕主要是不得要领，我看您客厅这幅字就是您的真迹吧，真是不错，能请您稍微泄露一点秘诀吗？”

听到这样的话，吕教授马上来了兴致，他开始滔滔不绝地讲起了自己的书法“经”：“我最大的体会就是，练字要做‘无剑胜有剑’，就跟令狐冲练剑一样，平时心中多揣摩，多看多记，关键在于心得，不一定非要整天坐在那里练字不可……”刘先生一边听，一边点头，听完以后很高兴地说：“现在我可得到您的真传了，以后我一定要用心去练字，相信肯定会大有长进。”听了这样的话，吕教授更开心了，临别时还送了刘先生几幅字让他临摹。

（资料来源：根据网络资料整理）

案例中刘先生的赞美技术可以说达到了炉火纯青的程度，他的赞美是独树一帜的：相信挂在吕教授家里的那几幅书法作品已经被很多人赞扬过了，甚至可以说，吕教授已经听惯了他人对自己的书法艺术的赞美，但真正能和这位刘先生一样欣赏自己作品的可能还是头一回。吕教授肯定认为，从来没有一位像刘先生一样向自己请教，好像真的对书法感兴趣，而并不是假意奉承自己。在这里，刘先生对吕教授的赞美，先列举了吕教授“书法造诣较高”的事实，至此才有后面的“请教”，就这样，刘先生将几句赞美的话不着痕迹地送到了吕教授的耳朵里。

其实，在我们的生活中，每个人都希望自己被赞美和肯定，而对自身价值肯定的这一信息，必须从他人的眼里才能读得到，他人的肯定与赞美在某种意义上就是恭维，恰当的恭维是每个人都需要的：在工作中，如果你得到同事的恭维，你会更加努力地工作；当你心情不快、感到生活无意义时，如果你受到恭维，会感到生活的美好；回到家，如果你能感受到家人的赞美，你也能尽享阖家欢乐的惬意。

所以，在处理人情关系的时候，我们要学会赞美别人，真诚地赞美，是你送给别人的玫瑰花，在给予别人的同时，手上也会留下一缕清香，它可以使你活得更潇洒、更自在、更充实。而最重要的是，你争取到了别人的友谊，赢得了好的人际关系，这是一种绝对零风险的情感投资，你的成功之路会因为有这些人情而走得更加顺利！

（二）赞美投其所好

在人际交往中，我们要学会变通，要想和对方和平相处，并得到对方的认同，就要彻底了解对方的“所好”，了解对方喜欢听什么。只有这样，才能知己知彼，投其所好。

那么，到底该如何说话，才能制造出一个有利于我们开口的时机呢？

1. 察言观色

说赞美之言，也别口无遮拦。

 案例

清朝时，一位新上任的县令，初次去拜见领导，想不出该说什么话。沉默了一会儿，忽然问道：“大人尊姓？”这位领导很吃惊，勉强说了姓某。县令低头想了很久，说：“大人的姓，百家姓

中没有。”领导更加惊异，说：“我是旗人，贵县不知道吗？”县令又站起来，说：“大人在哪一旗？”领导说：“正红旗。”县令说：“正黄旗最好，大人怎么不在正黄旗呢？”领导勃然大怒，问：“贵县是哪一省的人？”县令说：“广西。”领导说：“广东最好，你为什么不在广东？”县令吃了一惊，这才发现领导满脸怒气，赶快走了出去。不久，这位县令便被借故免职了。

（资料来源：根据网络资料整理）

我们从这里不难发现，这位县令原本想赞美领导，但却因为不会察言观色，口无遮拦，引得领导发脾气，自己也被免职了。案例中，县令第一次询问“大人尊姓”的时候，领导就面露吃惊的神色，意思是“作为下属，怎么能直接问这样的问题呢”？紧接着，因县令不懂得“观色”继续发问，领导的神情由“惊讶”变得“愤怒”，自然而然，县令也为自己的鲁莽付出了代价。

2. 多提及对方喜欢的事

那些深谙赞美之道的人往往都有一个经验，那就是多提及对方关心、喜欢或者自豪的事情，因为渴望被人重视是每一个人的心理。为此，我们有必要多花心思研究对方，对他的喜好、品位有所了解，这样赞美才能顺水推舟。

3. 交流以对方为中心

在交流的过程中，要明白主角永远是对方，而你必须自始至终完全扮演配角才可以。如果本末倒置，在商谈过程中以自己为中心，只是洋洋自得地反复谈论自己的事情、自己的爱好、自己的看法，而不从对方的角度来考虑，这样难免会引起对方不快。所以，我们应尽可能寻找彼此共同关心的问题。

无论出于什么目的的沟通，对方的心情在事情成败过程中都起到重要作用。如果你不顾对方的心情与感受，打一个招呼就开始讲自己的来意，迫不及待地反复强调自己的想法是如何如何，以及帮助自己有什么好处，这样往往事与愿违，因此你最好不要一开始就切入正题，而是先勘查现场气氛，进行一番巧妙的赞扬，以此拉近彼此心理距离。

（三）赞美对方得意的事情

我们都知道赞美在人际关系中的功用，但赞美不是说几句简单的话就能奏效的，好的赞美一定要让对方感到被赞美得很贴心。赞美为什么能够打动人心？那是因为赞美贵在贴心，好的赞美，总是让人如沐春风。在赞美他人时，我们一定要指出对方哪一点值得赞美或者说其做过的什么事情值得你敬佩，这样一说出来，就会让你的赞美言之有据，很有说服力。

其实，每个人都有自己最得意的事，在这一方面，他们也希望自己被认可。自尊和自我实现是一个人较高层次的需求，它一般表现为“荣誉感”和“成就感”。而荣誉和成就的取得，还需得到社会的认可。赞扬的作用，就是把他人需要的“荣誉感”和“成就感”拱手相送到对方手里。当对方的行为得到你真心实意的赞许时，他看到的是别人对自己努力的认同和肯定，从而使自己在荣誉感和成就感接踵而来时得到满足，并在心理上得到强化和鼓舞。

当然，即便是赞美对方，也要有事实依据，也必须是真诚的、自然的，如果仅仅是几句话就想俘获对方的心，那是不可能的，必须学会站在对方的角度，说出对方真正想听的话，这样的赞美足以让对方心服口服，自然，对方对你也会另眼相看。否则，就有可能让对方不明就里，甚至让对方产生反感的情绪。

生活中这样的例子非常多。

案例

张老师经常去学生家做家访，一次他去小宝家里家访，见了小宝的父母之后，才得知小宝的父母都是高官。于是他就想赞美小宝一番来巴结家长。他说："小宝，你爸爸真了不起啊，这么年轻就当上了××长，你妈妈也很厉害，当着×××的主任，还要照顾你的学习，真是太辛苦了。"小宝听了非常的不高兴，他说："他们了不起关我什么事呢？又和你有什么关系呢？"张老师顿时僵在那里，急忙找了个借口离开了。

（资料来源：根据网络资料整理）

很显然，张老师的赞美是无厘头的，对于孩子的赞美，却始终围绕着他的父母在说，难怪小宝要生气了。可见，在赞美他人时，一定要恰当、合适。

当然，一些人可能会说，如果你实在列举不出关于对方"荣誉感"和"成就感"的事呢？这种情况下，你可以朝着他的兴趣爱好着手，因为一般的规律是爱什么、懂什么。对方若是爱好书法，必定有丰富的书法知识；一个人爱好钓鱼，那他钓鱼的经验也会很丰富。如果你想不出赞美对方别的什么，就不妨从"请教"下手，因为你没有必要恭维其爱好怎么样怎么样，这样的话对方听得太多。在这样的情况下，你只需要针对其擅长的方面，虚心讨教一番，毕恭毕敬，对方定会乐意向你传授其中的奥秘。

（四）意外的赞美往往更显真实

人都喜欢听赞美的话，从别人的肯定和认可中得到内心之中的"自我肯定"。但是，并不是任何时候的赞美话都能使被赞美者心花怒放，也不是所有的赞美话都会被接受。事实上，赞美就像我们送出的礼物一样，想必我们每个人都喜欢那些别致、精心准备的意外之礼，当我们收到这样的礼物时，常常会被感动得不知所措，同样，赞美何尝不是如此呢？谁都不想听多余的、千篇一律的赞美之言，也就是说，出乎意料的赞美就好比意外的礼物。

心理学家认为：在每个人的心里，都渴望别人更多的欣赏自己。如果你只是说一些千篇一律的话，则会让对方觉得你根本不了解他，在心理上就会产生落差，继而拉远心理距离。可见，在与人沟通的过程中，我们给对方的赞美最好是出乎其意料的、特别的，只有这样，才能让对方真正产生愉悦的心理。

当然，我们要想给他人出乎意料的赞美，需要从以下几个方面努力：

1. 赞美要透过现象看本质

通常，当一个人取得成绩的时候才会被人关注，因而得到的都是对他的能力的赞扬。殊不知，对方更加在乎自己付出的努力。如果在赞美的时候，透过现象看本质，不要去人云亦云地赞美表面的成就，而是去赞美对方所付出的艰苦和努力，往往在心理上和对方靠得更近。

比如，有一个男孩特别喜欢踢足球，他渴望着能够成为足球明星。终于，在他25岁的时候实现了自己的梦想。于是他的老师和同学们前来为他祝贺。有一个老师说："你真了不起，这么年轻就成了鼎鼎有名的足球明星。"男孩笑着说："这没什么。"这时候有一位同学说道："你的吃苦精神真的很令人折服，不管刮风下雨，你始终在球场上奔波。"这时候，男孩走过去给了这位同学一个深情的拥抱。赞美别人能抓住细节，往往让你迅速地站到了对方内心中近距离的位置上。

2. 赞美要贴切、自然

要恰如其分地赞美别人是件很不容易的事。如果称赞得不得法，反而会遭到排斥。

3. 表情和动作上的赞赏更能产生情感上的冲击力

人对外界的反应有一个基本的是非判断，从而迅速地恒定内心的安全感。对于友善的表情和动作，同样会做出友善的迎合，继而换来更大的友善，对于不友善的情绪，则同样给予敌意，以确保自己安全系数的最大值。

总之，我们若想让赞美他人的话深入对方心里，起到使其心花怒放的效果，就要送给对方一个意外的礼物，出乎意料的赞美，这会为我们赢得好感、增进彼此关系。

（五）用请教式赞美抬高对方

什么是请教式赞美呢？顾名思义，就是赞美对方的某些方面，而话语中带着请教的意味，似乎因为对方的优秀程度已经将其摆在了“老师”的位置上。在生活中，我们经常听到这样的赞美“你的手工做得太好了，怎么做出来的，能教教我吗？”如此别具一格的赞美就是请教式赞美。而大多数人听到请教式的赞美，虽然表面上不作声，但其内心早已兴奋异常了。

请教式赞美一是显示了自己对于对方的爱好感兴趣，从而可以让双方产生共鸣，并打开他的话匣子；二是在请教过程中，让对方显示了自己的优越感和成就感。因此，这种赞美方式可以运用在很多场合中。如果你能很好地利用这个赞美他人的技巧，那你不仅可以丰富自己，还会收获更多的好人缘。

但是，大家需要注意，不是所有的请教都会起到积极的作用，如果你在不合时宜的时刻做了些不合时宜的请教，那只会造成苦恼。

1. 请教的内容要合对方的胃口

每个人都有自己的专长或者感兴趣的一面，如果你请教某人他熟悉的知识，那不仅提高了他，也丰富了自己。但是，如果你不分对象、不分场合地问一些对方不太熟悉，甚至压根都不知道的东西，某种程度上会让对方处于无知的处境，那你会让场面变得很尴尬。

2. 时间一定要把握好

一位管理学大师说过：“在一定时间内赞扬他人的次数越多，赞扬的作用就越小，对同一个人尤其如此。”因此，请教他人的时候，切记要把握好时机，要学会看对方脸色。不要在对方心情不好或者工作烦躁时请教，这等于火上浇油。

3. 放下自己的姿态和面子

想要通过请教的方式赞美别人，那你就不要端着架子，或者是用些傲慢性的语气说话，这样的请教，只会造成矛盾和愤怒。一个能够以低姿态向他人学习的人，更懂得处事的智慧，也会获得更多人的喜爱。

请教是一种赞美，我们可以请教对方的专长，可以请教对方的说话技巧，可以请教对方的处事态度，真诚地请教能迅速拉近彼此的距离，在某种程度上，请教意味着最高的荣誉。一个能放下傲慢姿态多去请教他人的人，会成为一个更丰富的人，一个更有智慧的人。

（六）向对方表达谢意

“太感谢您了，李经理，如果没有您的指点，我还真没把握能完成这个任务。”

“小林，谢谢你在我消沉的时候给我鼓励与支持，如果没有你，我不可能走到今天。”

“刘老板，谢谢您，这几天对我的这些帮助，让我明白了很多道理。”

在生活中，我们经常听到诸如“谢谢您”“多谢关照”之类的话。这样的话可以向别人表示感谢，能沟通人与人的心灵，建立融洽的人际关系。这些感谢词本来没有什么，但是一经说出却产生了显著的效果，它缩短了与他人之间的距离，从而使交往变得更顺畅。

案例

小王在五年前还是基层车间的一名钳工。后来厂宣传科的李科长见小王文笔不错，顶着压力将他调进宣传科当了宣传干事。两年后，小王被抽到厂办当了秘书，而且颇受厂长赏识。但是，小王对李科长的知遇之恩一直牢记在心。

李科长和小王在工作中常常碰面，小王总是面带微笑热情主动地和李科长打招呼。小王常常在背地里对别人说起李科长对自己的恩惠，自己又是如何地感激他 。

有时由于工作原因需要和李科长同在一桌招待客人，小王除了向李科长敬酒外，还公开说自己是李科长一手培养起来的，自己十分感激李科长。小王在节假日还经常与李科长进行感情交流，或向李科长讨教写作经验，或到李科长家和他下棋打牌。李科长也逢人便夸小王有良心，是好样儿的，两人的感情与日俱增。

（资料来源：根据网络资料整理）

常说“谢谢”，会使人变得有礼貌、有教养，对自己身心的健康发展也是有好处的。科学研究表明，生活态度积极向上，处处心怀感激的人，除了拥有更高的幸福感、更加健康的身体外，与人相处也更加融洽。感恩的心态使他们有着积极乐观的生活态度，面对压力与困难能平稳度过。

别人帮了你的忙，好好地表示谢意，是最基本的礼貌。试想一下，人家辛辛苦苦地帮了忙，连你的一句谢谢都换不来，假若是你，心里会做何感想？

1. 及时表达感激之情

感谢的谈话要首先说出来。当接受朋友恩惠或帮忙时，千万不要“感谢之言留着以后再讲”的心理，唯有懂得适时表达感谢之意的人才所到之处皆受人喜爱，受人欢迎。

2. 知恩图报，传承善意

得到了别人的帮助，一定要记得回报。回报的方式可以是多种多样的，既可以在别人需要帮助的时候尽力帮助他，也可以将善意回报给社会，帮助其他需要帮助的人，将善意传承下去。

答谢是对别人的好意或某种高尚行为的一种回报，也是对他人的一种赞美。当别人为你做了一件哪怕是微不足道的小事，通常你必须要说声“谢谢”。尤其在办公室里，假如你的领导或同事帮助了你，你一定要懂得感恩，及时向对方表达谢意。

三、掌握诀窍、有效沟通

卡耐基人际关系九法则

每个人都少不了和形形色色的人打交道，社会是一个大家庭，自然离不开与陌生人的沟通和交往。交际中大部分的沟通来自与陌生人彼此交往、相识、沟通等，应掌握与陌生人打交道的诀窍，资源互换，成就彼此。

(一)真诚相待

除了与父母和亲人之间是天定的缘分之外,生活中的绝大多数人对于我们而言都是陌生人。哪怕是与关系亲密的爱人之间,不管是长大之后的一见钟情,还是从小穿着开裆裤长大的两小无猜,都是从陌生人建立起关系的。

面对原本从不相识的人,我们很难一下子与对方变得熟稔起来。实际上,对于陌生人要想开展友情,我们与陌生人之间必须至少有一方先伸出橄榄枝。当然,如果我们迫切想要与对方交流,那么我们就应该变得更加积极主动,把我们的手伸向陌生人,与他们真诚地相握,从而也得到陌生人的倾心相待。命运就是如此神奇,没有人知道自己最终会与谁成为亲密无间的爱人,也没有人知道自己最终会与谁成为知心好友甚至莫逆之交。在各种不同的场合,我们要想拓展人际关系,赢得他人好感,就要积极主动地与陌生人交谈,从而获得更多的朋友。当然,在此过程中我们的人际关系也会得到不断拓展,我们的社交圈子也会壮大,我们甚至还会成为处处受欢迎的社交达人。

记住,朋友都是从陌生人开始的。不管什么时候,我们都要真诚地对待陌生人,才能让陌生人感受到我们的热情,也才能真正与陌生人成为朋友。其实我们害怕的并不是陌生人,而是害怕无法预测的交往。当我们对陌生人主动伸出友善的双手,相信我们的一生都将拥有他们的友情作为陪伴。

(二)学会营造“一见如故”的气氛

“一见如故”简直就是一个人和陌生人交往时的最高境界。很多人之所以害怕和陌生人交往,就是因为他们不知道如何面对陌生人,不知道和陌生人该谈些什么。但如果和陌生人一见如故,这样的尴尬和难堪也就不复存在了,毕竟两个人初次见面就能侃侃而谈,总是让人感到轻松的。试想,假如一个人有特殊能力,不管面对哪个陌生人都能与对方一见如故,那么与陌生人交往的障碍也就不复存在,同时他也会拥有更多的朋友,甚至朋友遍天下。

如何才能与初次见面的陌生人一见如故呢?当然,这是需要技巧的。毕竟陌生人之间会存在很大的隔阂感,要想消除这种隔阂感并非易事。

首先,我们可以找到与陌生人之间的共同点,从而成功拉近自己与陌生人之间的关系。诸如在很多城市都流传一句话,“老乡见老乡,两眼泪汪汪”,那么当我们与陌生人见面时,完全可以以老乡关系与对方拉近距离。

其次,我们还可以借助于感谢陌生人,从而与陌生人拉近距离。前文说过,我们要主动帮助陌生人,那么当我们从帮助他人的人,变成被陌生人帮助的人,我们当然也就更有理由与对方交谈。我们必须感谢对方,而且我们的感谢要真诚及时。虽然说每个人做好事都不图回报,但是当对方得到我们真诚热情的感谢时,也一定会心花怒放。感谢对方,不但显得我们知书达理,无形中也帮助我们加深与对方的友情和交情。

最后,搭讪的方式是多种多样的。我们可以从对方的长相说起。尤其是当对方长得很像我们的某个亲人或者朋友时,对方心理难免会觉得与我们亲近起来。

在和陌生人初次交流时,我们一定要学会营造“一见如故”的气氛,这不仅会使我们拉近与他人的关系,还会使我们与他人的交流更加和谐顺畅。如果一切顺利,说不定对方还会向我们主动打开心扉,与我们相谈甚欢呢!

(三)真诚友善,态度积极

人的本能就是趋利避害,每个人都喜欢好听的话、赞美的话,而不喜欢被他人批评和否定。同样的道理,人也喜欢与对自己有好感的人相处,而不喜欢面对排斥和拒绝自己的人。因而在面对陌生人时,假如我们能够控制好自己的心态,真正发自内心地友好对待陌生人,那么他人也一定会感受到我们的真诚和善意,从而与我们更好地相处和交往。对于初次见面的陌生人而言,要想让他人感受到我们的好意,我们就必须会表达。当然,因为是初次见面,彼此缺乏了解,过于逢迎对方或者带着讨好的意味赞美对方,都是不可取的。否则一旦给人留下虚伪和急功近利的印象,再想改变就很难了。那么,我们必须恰到好处表现出对对方的好感,才能给对方留下好印象,也才能理所当然与对方拉近关系,也能顺畅沟通。

表现对对方的好感,最直接的办法就是表现出对对方的友善,面带微笑,这是表现好感最直截了当的方式。我们的面部表情、肢体语言,以及眼神等,都能表现出对他人的厌恶和喜好。

在寒暄或者搭讪之后,我们与对方有语言交流,表达好感就显得更加容易。表现对对方的好感,可以表现出想要了解他人的欲望。毋庸置疑,对于一个讨厌,或者我们不愿意继续交往的人,我们很难表现出对对方浓厚的兴趣,而只想马上结束交谈,再也不愿意见到对方。相反,对于一个我们愿意深入了解和继续交往的人,我们则总是想要更深入地知道关于对方更多的事情,也愿意拥有更多的机会与对方见面。在这种情况下,我们的浓厚兴趣,就会让对方意识到我们对他们的好感,也让他们知道我们是愿意深入交往的。这样一来,对方出于投桃报李的心理,也会对我们更友善。

表达好感的方式有很多,诸如微笑、积极回应、主动询问对方一些事情,这都会让对方感受到我们发自内心的好感,也会推动我们与他人之间的关系向良性发展。尤其是在面对陌生人时,我们更要主动抛出橄榄枝,才能得到他人积极的回应,与他人的交往也会渐入佳境。

总而言之,要想博得对方的认可和接受,让对方也对我们产生好感,我们首先就要表现出对对方的好感,从而成功地向对方伸出橄榄枝。不管是理解还是尊重,都是相互的,好感也是如此。我们唯有表现出对他人的好感,向他人传递乐于交往的积极态度,才能得到对方的积极回应,从而与对方一起努力,经营好人际关系。

(四)主动帮助陌生人从而赢得好感

现实生活中,我们每天都要面对很多陌生人。人们一般会主动关心自己的亲人、朋友,也很愿意与自己身边的人交流,却很少与陌生人交流,更别提主动帮助陌生人了。熟悉的人自然非常了解我们,也知道我们的脾气秉性,因而哪怕我们有什么地方做得不到位,他们也能宽容和理解我们。但是陌生人则与我们从未有过接触,更不知道我们是怎样的人,换言之他们对我们的印象还在建立之中,所以我们必须学会主动帮助陌生人,才能以温暖和真诚打开陌生人的心扉,也能给陌生人留下好印象,得到陌生人的好感。

 **案例**

大学毕业后,小雅因为席卷全球的经济危机,一时之间并没有找到合适的工作。为此,小雅来到百货大楼里当售货员。很多同事都觉得小雅作为大学毕业生,从事销售的工作很可

惜，小雅对此却不以为然。她对大家说："行行出状元，我凭着双手养活自己，我很有尊严。反倒是那些毕业后对工作挑三拣四，依然让父母养着的人，更应该反思自己。"小雅的话，使大家都很钦佩她。而小雅的到来也为百货大楼注入了新鲜血液，带来了全新的风气。

有一天，正值周末，天上突然下起大雨，使得原本该人流不息的百货大楼变得门可罗雀，异常冷清。眼看着无事可做，小雅和几个同事开始聊天。这时，突然有个白发苍苍的老太太浑身湿漉漉地走进来。大家当然知道这位老太太是来避雨的，因而全都对老太太不理不睬。只有小雅赶紧拿出自己的凳子给老太太坐下休息，还去百货商品的区域为老太太借来了电吹风，亲手帮助老太太把湿漉漉的头发吹干。小雅还拿出自己日常用的毛巾给老太太，说："阿姨，身上湿了吹空调容易冷，我把您这边的空调关了，你赶紧用毛巾把衣服擦干。"老太太对小雅非常感激，小雅却笑了笑不再言语。

雨过天晴之后，老太太再次感谢了小雅就走了。然而，次日商场经理突然找到小雅，还说要破格提拔小雅当售后主管。小雅有些丈二和尚摸不着头脑，直到看到昨天的老太太走入经理的办公室，她才知道那个老太太是经理的妈妈。从此之后，小雅在百货大楼里身居要职，深得经理的器重，而且还与老太太成为莫逆之交。后来经理因病提前退休，更是鼎力推荐小雅成为他的接班人。

（资料来源：根据网络资料整理）

在上述案例中，如果小雅也和其他同事一样对老太太视若无睹，那么她就不会结识自己生命中的贵人，更无法在金融危机人人都很难找到合适工作的情况下，在职场上平步青云。可以说，正是因为小雅对于陌生人的好意和热情，才使得她成功打动老太太的心，也成功赢得了经理的认可和赏识。

现实生活和工作中，我们几乎每天都会遇到陌生人。我们与其对陌生人爱搭不理，不如更好地帮助陌生人，从而也为自己打开人生的局面。当然，这并非要求我们功利性地对待陌生人，而是让我们要更好地为陌生人着想，从而也更好地为我们自己赢得未来。

（五）有效技巧助你与陌生人轻松交往

在与陌生人的沟通中，应注重沟通技巧，才能形成良好的沟通氛围，提升沟通中的效率。从而达到良好沟通的目的。

案例

某公司在近期有一个特别重要的谈判，关系到公司整年的利润。这次谈判由小林负责。她作为公司的首席谈判代表，因为得到领导的器重，才肩负起如此重要的责任。然而，小林这次面对的谈判对手也很强势，所以她对于这次谈判丝毫不敢懈怠。

在谈判桌上，原本很多谈判细节已经协商一致，但是对于最关键的利润分配问题，小林和对方都寸步不让，谁都想为公司争取更多的利益。因为所谓谈判其实不仅仅在于达成签约，也在于是否能够让公司在合理限度内得到最多利益。当然，这也是公司衡量谈判负责人是否给力的重要因素，所以小林与对方僵持不下，谁也不愿意轻易让步。

眼看着谈判快到结束的时间了，小林决定使出杀手锏，给对方施加压力。小林的杀手锏不是用语言迫使对方就范，因为一旦言语不和，就会导致谈判无法进行。只见她接了个电话回来之后，并没有坐到原本与对方相对的位置上，而是坐在长长的会议桌一头，与对方相距很远的一个位置上。小林的这个举动换作谈判的新手也许看不懂，但是对方却马上表现出焦虑的神态。的确，谈判进行到这一步，谁也不想半途而废。为此，对方马上主动让步，小林也见好就收，同样以小小让步作为回馈。就这样，这盘已经僵了的棋，又活了。很快谈判就在快乐的氛围中结束了。

（资料来源：根据网络资料整理）

在以上案例中，小林之所以能够成功给对方施加压力，就是因为她很擅长使用肢体语言，也深谙人际交往的心理学。她坐到与对方更远距离的位置上，从心理学角度给对方施加压力。这恰恰是在以无声的语言告诉对方："我不愿意与你继续交谈下去了，我想要结束谈判。"这样一来，对方怎能不着急呢！

当然，这是以空间距离给对方施加压力的肢体语言。肢体语言除了能够帮助我们在谈判中取得成功以外，也能帮助我们与他人拉近距离，从而成功打动他人的心。

（六）注重告别礼仪，留下好的印象

和陌生人见面，很多人都特别重视见面之初的情形，甚至想方设法给对方留下良好而又深刻的印象。但是我们还需要注意的是，写文章都不能虎头蛇尾，更何况是做人呢。所以和陌生人见面之后，我们更需要做的就是与对方彬彬有礼地告别，这样才能表现出我们的礼貌，也展示了我们的气质与风度。要想给他人留下良好的印象，除了见面要顺利之外，告别更要非常有礼貌，才能有头有尾，给他人留下一致的好印象。

人际交往是很注重细节的。举例而言，你与客户第一次见面，虽然你接待客户很热情，但是在客户离开的时候，你只把客户送到办公室门口，就丢下客户一个人站在走廊里等电梯，这样合适吗？只怕你之前所有的热情和周到都大打折扣了，客户甚至因你这样不礼貌的待客行为，对你印象恶劣。有的人虽然会把客户送到电梯口，但却不等电梯关门就马上离开，这无疑也是虎头蛇尾的行为。中国有句古话叫"送佛送到西"，意思是说不管做什么事情，都要做到极致，这样才能圆满周全。所以，不要只顾着热情周到地迎接他人，还要看重彬彬有礼地与客人告别，这样才能让客人真正对你留下好印象。

虽然送别客人在整个社交流程中是一件小事，但却是不容忽视的细节问题。如果是在街头送别客人，那么一定要等到客人离开视线，才能转身离开，这和很多人给客户打电话的时候需要等到客户先挂电话是一样的道理。人生处处都是细节，唯有把细节问题做好，我们才算是礼貌周全。

案例

小吕是一名大学毕业没多久的女生，在一家公司从事总经理秘书一职。其实秘书这个职位在公司不算很高，但是和总经理走得最近，所以平常公司里的下属部门同事都对她特别好。因为每次经理出门都要用车，而自己又是经理秘书，所以自然这事就是自己管辖的范围了。陈姐是后勤部的老员工，负责派车，她这个人比较直，说的话会让人听着有些尖酸，平时她也不太喜欢跟周围的人打交道。虽说只是负责派车，可每当各部门人员要车外出时，就必须向她赔笑脸，说尽好话。小吕看不惯这样的人，心想这本来就是她的工作，为什么摆出一副趾高气扬的样子？

不满归不满，但是细心的小吕发现，那些平时对陈姐说三道四的人在陈姐面前却是另一副

面孔，他们都以请教的姿态对待陈姐。小吕终于明白了职场的规则。从此，她改变了对陈姐的看法，放下自己的傲慢，试着去接触陈姐，把她当作一个学习的榜样来对待。

于是，小吕开始改变策略：在向陈姐订车后，并不忙于放下电话，而是和她在电话里闲聊几句；工作做完的时候，到办公室找陈姐聊天，诉说生活中的难题，等等。渐渐地小吕跟陈姐越来越熟，她们成了无话不说的好朋友，订车对于小吕来说自然不再是难事。

（资料来源：根据网络资料整理）

试分析小吕采用了什么样的策略与陈诗交往？

任务三　接待客户的技巧

引导案例

方经理在一家五星级酒店做大堂经理。有一天下午，三个外国客人跟他打听酒店游泳池的位置。可是，酒店游泳池已经被其他部门征用了，方经理只好告诉他们游泳池暂时用不了。

"我们晚上就要回国了，想游个泳都不行，你们酒店真是太糟糕了！"一个外国客人说道。

"对不起，实在不好意思，我们给您造成的不便还请谅解。您不介意的话，可以在这儿稍等我一下吗？"方经理礼貌地问道。

"好的！"客人回答道。

过了一会儿，一辆豪华轿车停在了大门口，方经理过来跟客人说："对不起，让您久等了。离这儿不远有我们集团的另一家酒店，那里的游泳池正放，你们可以到那里游泳。我们将会把你们的行李也带过去，至于轿车费用，全部由本酒店承担。您看，可以吗？"客人满意地点了点头。这家酒店给他们留下了非常深刻的印象，后来他们再出差的时候，又都选择了这家酒店入住。

（资料来源：根据网络资料整理）

案例感悟：在接待客户时，应注意什么呢？

一、接待客户的基本礼仪

（一）准备

1. 了解客户基本情况

接到来宾通知时，首先要了解客户的单位、姓名、性别、职业、级别、人数等。其次，要掌握客户的意图，了解客户的目的和要求以及住宿和日程安排。最后要了解客户到达的日期、车次、航班，然后向主管人员汇报，并通知相关部门做好接待工作。

2. 确定迎送规格

按照身份对等的原则，安排接待人员。对较重要的客户应安排身份相当、专业对口的人士接待、迎送,也可以根据实际情况安排比客户身份高的人士破格接待。

3. 布置接待环境

良好的接待环境是对来宾的尊重与礼貌的表现。接待室的环境应该明亮、安静、整洁、幽雅。应配备沙发、茶几、花卉、字画等。

4. 做好迎送安排

与有关部门联系,安排好接送车辆,提前预订好酒店并安排膳食。若与客户不熟悉,需准备迎宾牌以及本单位的名称牌。

迎宾牌的制作不能太过简陋,尽量避免白纸黑字,牌子上要用正楷字写相关信息,字迹应清楚且足够大。迎宾牌上书写的迎接对象的名字要使用尊称。提前到达机场、车站等处,随时咨询问询处,了解客户所乘交通工具的到达情况。至少提前15分钟在出口处等候来宾。在接待特别贵宾时,还需要事先准备海报或横幅,见面时赠予鲜花。献花时间应把握在贵宾与参与迎接的主要领导相互介绍、握手之后。

在接待工作中,最常用的是双排五人座轿车。在有专职司机驾驶轿车的情况下,车上座次的尊卑自高而低依次应为:副驾驶后座、司机后座、后排中座、前排副驾驶座。如果所乘轿车的车主亲自驾驶轿车,车上其他四个座位的座次由尊而卑依次应为:副驾驶座、副驾驶后座、司机后座、后排中座。为客户开启车门时,一手将车门打开,另一手手指并拢伸直,置于车门框上沿,两脚稍分开站立,上体稍有前倾,两眼余光注视车门框的上沿,轻声提醒客户小心,替客户关上车门时,要先看清其是否已经坐好,切忌关门过急。

(二)迎客

在接待客户时,当听到门铃声或敲门声时,应迅速应答,同时前去开门。在大门开启后,要以微笑的面容、亲切的态度向客人礼貌问候,如“您好”“欢迎您”,对认识的客人也可以直接称呼,如“张先生,您好”。如果有不认识的人,可先问清对方尊姓,然后立刻称呼和问候。在引领客人会见相关人员时,要配合对方的步调,在客人左前侧做引导。引导时可边走边向来宾介绍环境,同时留心观察来访者的意愿。

(三)待客

1. 座位的安排

客户进入办公区域后,通常请客户上坐,即距离房间门较远的位子,而离门口近的座位为下位。目前,国际上通常认为右为上,因此,入座时常请宾客坐在右侧。在请进让座的接待中,要同时有“请”“让”的接待声音和相应的手势,并立即请客人落座。当然要根据实际情况选择座位较好的沙发,椅子。客人来到后,你的主要任务就是满足客人的需要,不要把客人冷落在一旁,要使他感到你处处为他考虑。

2. 款待宾客

当客户落座后,办公室人员应担负起招待的任务。首先应端茶递水,沏茶入杯不要倒得太满,通常七分满即可。送茶时最好使用托盘,将茶杯放入托盘内,先将托盘放在桌上,再取出茶杯,双手敬上,先宾后主,并轻声招呼:“请用茶!”若客人停留时间较长,应随时主动为客人续水敬茶;续水时,要将茶杯拿离茶桌,以免倒在桌上或弄脏客人的衣服。

(四)送客

如客户提出告辞,要等客户起身后再相送。“出迎三步、身送七步”是迎头宾客最基本的礼仪。因此,每次待客结束,都要以“希望能再次见面”的心情来恭送对方离开。与客人在门口、电梯口或汽车旁告别时,要目送客人上车、关上电梯门或离开。要以恭敬真诚的态度、笑容可掬的表情鞠躬或挥手致意,不要急于返回,应待客人完全消失在你的视野内或电梯门关闭后,或车开出视线外后才可结束告别。

二、接待客户的基本程序

(一)认识客户

当客户走进来,应立刻起身,面带微笑迎接,热情地打招呼,表示敬意和尊重。

(二)寻找话题

在迎接客户进入办公室或会客室时,注意观察并找出话题与客户沟通,用礼貌性话语询问客户的需求。问清楚了客户的真实意图,有助于向其推荐适合的产品或服务。让自己的思路引导客户的需求,尽量开启对方与你沟通的意愿。

(三)介绍业务

询问清楚后,有针对性地向客户介绍满足其需求的业务和产品。对产品的介绍越专业、越详细越好,但不能啰唆,应突出重点,主要讲出它的特点和不同,在给客户介绍的同时应时刻观察客户,从其话语、眼神、表情来分析其对产品的反应,进而判断其是否有合作意向。

1. 了解产品和客户需求

在介绍产品前,我们要对所介绍的产品做全面、深入、细致的了解,能够准确地阐述这个产品的性能、结构、特点、使用方法,与其他同类产品相比的优势。最好还能从细节上多了解一些该产品易发生的问题点,以及各种可能或实用的解决方法。

介绍产品之前,还应掌握该产品能满足客户什么需要,只有你的产品能够满足客户的需求,客户才会对产品产生兴趣。因此,沟通的重点不是产品或服务能做什么,而是产品或服务能满足客户的什么需求或解决客户的什么问题。

案例

有一个企业,为了招聘优秀业务人员,给应征者一个测试,请他们将“梳子”卖到庙里给和尚,大部分的人听了,就先入为主地认为“和尚不用梳子,这怎么可能!”结果都放弃了。

后来有三个人成功了,第一个人卖了 1 只,第二个人卖了 10 只,但第三个人却卖了 1 000 只,而且还可持续订购。

第一个人迫于压力,以苦肉计激发和尚的慈悲心,是求来的。

第二个人引发“善男信女要礼佛前,需先梳理头发仪容”的需求。

第三个人刺激出“提供前来上香的人一种纪念品”为由,引来持续性的需求。

(资料来源:根据网络资料整理)

2. 介绍产品信息

每一位客户在决定购买之前,都会问一个重要的问题:“它对我有什么好处?”客户买的不只是产品,而是产品带来的利益。如果你是卖衣服的,你的介绍应该是个人的外形;如果你是卖人寿保险,你卖的是亲人的保障;如果你是卖家庭用品,你卖的是解决日常事务;如果你是卖书,你卖的是知识的价值;如果你是卖汽车,你是在卖路上的喜悦和安全感;如果你卖冷气设备,你卖的是舒适和干净的空气。因此,介绍产品的特点,一定是要能够满足客户需求,否则再好的特色和特点也不会引起客户的兴趣。

介绍完产品信息后,还应了解和确认客户的反应,客户是否对所介绍的产品或服务能够解决他的问题或满足他的需要抱有信心。如果没有反应,可以使用封闭式的问题提问,进而了解客户对产品或服务的看法。

(四)展示产品

在详细而专业地介绍产品的同时,可以向客户展示产品,必要的时候可以展示产品的使用方法和技巧。

(五)商谈价格

客户在详细地了解了产品信息后,下一个关注的问题就是价格。在具体明确地告知客户价格后,可以如实地告知客户公司最近的优惠活动,以吸引客户。在商谈价格的过程中,诚意最重要,从客户的角度出发,站在客户的立场上思考可以避免纠纷和误解。

(六)售后服务

在产品成交后也应该注意服务品质,将产品的售后服务告知客户,并且欢迎客户再次光临,将客户送至门口或目送客户离开,以表示期待之意。售后阶段,还可以进行产品质量跟踪,定期打电话询问客户的使用情况和对产品的建议和意见,做好客户维护工作。

课堂互动

请试总结礼貌的“待客之道”有哪些?

任务四　拜访客户的技巧

引导案例

机会总是留给有准备的人

某大型楼盘销售商要做公交车车身广告,有A、B两家公司联系了楼盘销售的张主管,张主管分别约两家公司的代表商谈。首先找到张主管的是A公司的陈先生,陈先生很自信,也很健谈,但谈的都是比较场面上的话,声称是全市范围内做得最大的一家广告公司,其他几家公司所经营的公交线路都是他们挑剩下的,包括B公司也在内。言下之意就是他们是权威,是最好的选择,但最后A公司提供的资料却是向大家散发的普通宣传资料。第二天,B公司的苏小姐约谈张主管,苏小姐身着职业装,显得很精神、很干练,在简单地介绍了一下B公司后,演示了她们为楼盘专门制作的PPT方案,PPT方案不仅包含有关楼盘的大量资料,而且已经初步设计好了几种公交车身广告的效果图,以及一些推荐的公交线路,张主管不禁被打动了。

(资料来源:根据网络资料整理)

案例思考:苏小姐凭借什么赢得了客户的信任和好感?在拜访客户时,应做好哪些准备工作?有句至理名言:“机会总是留给有准备的人”,你对此有哪些体会?

一、拜访顾客的基本礼仪

(一)守时赴约

拜访客户之前,跟客户约好面谈时间,这是有效拜访客户的第一步。只有守时赴约,才能保证拜访计划的顺利进行。

(二)仪容仪表

拜访客户时,你给客户留下的第一印象决定了合作的顺利与否。因此,合适的仪容仪表有助于你给客户留下良好的第一印象。着装应得体,塑造专业的职业形象。

(三)遵守规定

拜访时应首先向前台报出自己的身份和要见的人,并告知已预约,然后安静等待前台与之联系,服从前台的安排。即使你多次来过这个公司,也不能不向前台打招呼直接闯入。

(四)安静等候

在会客室等候时,不要看无关的资料或在纸上涂画,接待人员奉茶时要表示谢意。一般情况下,等候超过一刻钟,可向接待人员询问有关情况,如受访者实在脱不开身,可留下自己的名片和相关资料,请接待人员转交,不得随意闯进别人的办公室或处所。

(五)言谈举止

在注重仪容仪表的同时,言谈举止也要恰当有度。如拜访客户时应先敲门,得到允许后再进入。以柔和而清晰的言语问候,以正确的姿势握手、交换名片(递交名片要郑重,应起身站立,要用双手,切不可用左手递送)。客户请人奉上茶水或咖啡时,应表示谢意。在会谈时,要注意合适的称呼、遣词造句、语速、语气、语调。一般而言拜访时间宜短不宜长。如无急事,不要接打电话。

(六)适时告辞

在会谈接近尾声时,根据对方的反应和态度来确定告辞的时间和时机。说完告辞就应起身离开座位,不要久说或久坐不走。和对方握手告辞,并感谢对方的接待。如办公室门原来是关闭的,出门后应轻轻把门关上。客户如要相送,应礼貌地请客户留步。

二、拜访客户的基本程序

(一)先行预约

拜访之前要先行预约,说明拜访目的,商定拜访适宜的时间,尽量不要做不速之客。即使是很熟悉的朋友,也不能随意占用他人的时间,不要在客户刚上班、快下班、异常繁忙、正在开重要会议的时候去拜访，也不要在客户休息或用餐的时间去拜访。

（二）充分准备

在拜访客户之前，应做好充分的准备工作，对客户的基本信息有所了解、对客户的做事风格有所掌握、对产品的全部信息了然于心，才能回答客户提出的各类相关问题，而不至于在约谈过程中显得不够自信、不够专业。

（三）注重效率

在拜访的过程中，要时刻注意节省对方的时间，注重拜访效率。以清晰、简洁、明了的语言介绍产品，并有针对性地回答客户提出的各类问题，不要东拉西扯，没有中心，漫无边际地闲谈。

（四）表达得当

客户有很多种类型，在拜访客户时，如果能保持与客户一致的谈话方式，可以很快缩短与客户之间的距离。

案例

保险代理小李

小李从市场营销专业毕业后，在一家保险公司谋得了一个保险代理人职位，其薪资主要由销售业绩决定，所以小李非常努力。这天他通过电话成功预约到了一位客户，但这位客户之前从未见过面，约谈定在周一下午三点在客户的公司。客户的公司距离小李的保险公司很远，小李对那边的路况也不太了解。在拜访这位客户前，小李做了比较充分的准备，他首先通过网络查清楚了去客户公司的线路，并提前将工作安排好。因为之前与这位客户完全不认识，所以小李不了解客户的真实需求和购买意向，于是他将公司所有的险种资料都带齐了。周一下午两点，小李换好职业装提前出发了，他拎着沉重的公文包，坐上了去客户公司的公交车，可是公交车刚开出没多久就堵车了，眼看就要迟到了，小李只好给客户打了个电话，将约谈时间往后延。好不容易到了客户的公司，小李连汗都没来得及擦就急匆匆地走进了客户的办公室，可是客户正在开会，小李只能在门口等候。这时，小李的另外一位客户老田打电话过来，告诉小李他有急事需要做理赔，并约小李四点在保险公司见面。眼看时间不早了，小李只能硬着头皮再次走进了客户的办公室，将带来的所有资料都交给了客户，告诉他先慢慢看，有意向的话就给他打电话，然后留下名片就告辞了。后来，这位客户一直没有给小李打电话。

（资料来源：根据网络资料整理）

小李此次拜访陌生客户成功吗？哪些地方他做对了？哪些地方还有待改进？在拜访陌生客户时，我们应该怎么做？

任务五　说服客户的技巧

善解人意的小青

小青是一家商场某品牌皮鞋销售员。周末下午，柜台来了一对年轻夫妻，从他们的言谈中，小青得知妻子想买一双皮鞋送给爱人做生日礼物。小青热情地接待了他们。丈夫在妻子的建议下试穿了三双皮鞋，每双鞋子都很合适，其中有一双有点休闲风格的皮鞋最吸引丈夫的眼光，妻子看了也觉得很满意，但问了价格后脸色有点不自然了，表示价格太高，超出了他们的预算，因为这双鞋子的价格是三双中最贵的。小青微笑着问丈夫试穿的感受，这时候小青发现妻子有点皱眉头，于是她问年轻的丈夫："先生，您公司要求上班一定要穿正装吗?"丈夫摇摇头，妻子这时候回答说："上班他们倒无所谓，只要别穿运动鞋就行了。只是这双鞋子有点贵，你们最近打折吗?"小青仔细查看了近期价格活动清单，说："您二位的眼光真的很好，一眼就看中这双皮鞋。真是抱歉！这双鞋是今年的最新款，我们最近没有优惠活动，抱歉啊!"妻子听了，脸色有点不好看，小青又说："这位小姐，您今天是给您爱人买礼物吧？这位先生真有福气，娶了您这样一位贤惠又美丽的妻子，我都有点羡慕了。"夫妻二人听后笑了起来，小青这时拿出她自己的一张贵宾卡，对妻子说："这位小姐，我也很抱歉！但我们这个品牌一直以来都是没有优惠活动的，除非在重大节假日的时候参加商场的整体活动。您先生穿这双鞋真的很合适，而且鞋子还很舒服，走路一点也不会累的，您先生穿了它就是爬山都可以。我们的鞋质量非常好，性价比高。这里有一张我自己办的贵宾卡，可以打九折，如果二位愿意的话，我可以借给你们用，好吧?"夫妻二人商量了一下，作出了购买的决定。

（资料来源：根据网络资料整理）

案例感悟：小青成功说服客户的原因是什么?

一、说服客户的基本原则

（一）建立信任

在与客户沟通的过程中，赢得对方的信任可以有效地实现沟通目的。信任优先不仅体现为客户对产品或服务的信任度，还体现为对销售人员的信任感。在说服客户的时候，最重要的是取得对方的信任，只有对方信任你，才会正确地、友好地理解你的观点和理由。

（二）充分准备

1. 知识上的准备

对自己的产品要有100%的了解和绝对的信心。

2. 精神上的准备

把自己的情绪调节到最佳状态。

3. 态度上的准备

精力充沛、热情洋溢，用积极的情绪去影响和感染客户。

4. 工具上的准备

自己的着装、公文包、样品、相关证件和推荐函等。

(三)引导消费

对于考虑购买商品的客户,营销时可以通过提问的方法达成良好的双向沟通效果,引导客户自己排除疑虑,自己找出答案。在回答的过程中,让客户看到更多他所向往的价值,并意识到新的可能,客户就会自己想通,进而购买。

(四)转化异议

转化客户异议,就是将客户对商品的异议巧妙地转化为说服客户的理由,达到说服客户的目的。

二、有效地说服客户的技巧

(一)情绪感染客户

大部分客户的购买策略是建立在情绪化或感性的基础上的,营销人员应该表现出积极的情绪、亲切的态度来感染客户,让客户的情绪也高涨起来,参与到讨论和交流中。

(二)激起客户兴趣

客户对产品产生兴趣是购买的基础,因此要设法激起其兴趣,进而激发其购买的欲望。

(三)分析客户需求

要通过察言观色来了解客户的真实想法,了解和分析客户需求。站在客户的立场上,从客户的切身感受出发,为客户的利益着想,寻找客户情感的需求。

(四)适当给予承诺

说服客户购买产品的过程中,应给予客户承诺和保证,保证客户购买的产品不必承担某种风险,并且对客户而言是有利的。

三、说服成交的几种方法

(一)直接成交法

这一方法是指由销售人员直接邀请成交。例如,“我给您开票吧!”这一直接促成成交的方式简单明了,在某些场合十分有效。

使用直接成交法要把握好时机,若客户对商品有好感,也流露出购买的意向,发出购买的信号,可又一时拿不定主意,或不愿主动提出成交的要求,销售人员就可以用直接成交法来促成客户购买。有时候客户对商品表示兴趣,但思想上还没有意识到成交的问题,这时销售人员在回答了客户的提问或详细介绍了商品之后,就可以提出请求,让客户意识到该考虑购买了,即用直接成交法促成客户购买。

(二)假设成交法

此方法是指销售人员在假定客户已经接受了商品价格及其他相关条件,同意购买的基础上,通过提出一些具体的成交问题,直接要求客户购买商品的一种方法。例如,“假设用了这套设备,你们是不是省了很多电?而且成本有所降低,效率也提高了,这不是很好吗?”假设成交的主要优点是可以节省时间,提高销售效率,适当减轻客户的成交压力。

（三）选择成交法

选择成交法是指销售人员向客户提供一些购买方案，让客户在其中选择的一种方法。例如，“您要这种型号还是那种型号?”销售人员在销售过程中应该看准客户的购买信号，先假定成交，后选择成交，并把选择的范围局限在成交的范围内。选择成交法的要点就是使客人回避要还是不要的问题。

在运用选择成交法时，销售人员应该让客户从中做出一种肯定的回答，而不要让客户有拒绝的机会。向客户提供选择时，尽量避免向客户提供太多的方案，最好是两项，最多不要超过三项，否则就不能达到尽快成交的目的。从表面上看，选择成交法似乎把成交的主动权交给了客户，而事实上是让客户在一定范围内进行选择，可以有效地促成交易。

（四）唯一机会成交法

这一促使客户做出购买决定的方法，是指销售人员提请客户立即采取购买行动，以抓住即将消失的机会。例如，“这种尺寸的服装我们已经不多了，它销得很快，估计星期六肯定就卖完了。”“这是最后 10 件，要买趁早。”运用唯一机会成交法时，还可以从付款条件、广告承诺、包装、现金折扣等方面入手。

（五）保证成交法

这种方法是指销售人员直接向客户提出成交保证，使客户立即成交。成交保证就是指销售人员对客户允诺担负交易后的某种行为。例如，“您放心，这台电视的质量由我们负责。”“您放心，您这个服务全部由我负责，我在公司已经有 3 年时间了，我们有很多顾客，他们都接受过我的服务。”

当商品的单价过高，客户对此种商品并不是十分了解，对其特性、质量也没有把握，产生心理障碍，对于成交犹豫不决时，销售人员应该向客户提出保证，以增强其信心。这种情况是使用保证成交法的最佳时机。该方法可以消除客户成交的心理障碍，增强其成交的信心，同时可以增强销售人员的说服力和感染力，有利于销售人员妥善处理有关成交的异议。

项目小结

本项目介绍了不同客户的类型，与客户沟通的基本方法。通过学习，能够理解与客户有效沟通的意义。领悟与客户沟通所具备的职业素质。掌握与陌生人沟通、接待客户、拜访客户以及说服客户的方法与技巧。并且能够掌握处理客户投诉的沟通技巧，能够很好地建立并维护客户关系。

思考与练习

【案例】

小陈推销保险产品

吕小姐：“上次听了你的介绍，我是想买一份养老保险，可是想想又觉得不划算，利润太低了。”

保险销售员小陈:"吕小姐,您看啊,我们现在每天存20元,对我们的生活可以说是毫无影响。1年交纳7 000多元,交满20年,就是16万元左右。最后可以得到多少呢?我们一起来看看,20万元的身故保险金,20万元的满期保险金,还有12.5万元的养老金,一共能拿到52.5万元呢,这利润很高了吧?"

吕小姐:"你都把期满保险金算进去了,我还不一定能活到80岁呢。"

小陈:"吕小姐,您身体这么健康,一定能活到80岁啊,再说了,现代人的平均寿命都有80多呢。而且您还一直很重视养生。"

吕小姐:"那你能给我打折吗?"

小陈:"吕小姐,我们公司明确规定,每一份保单的价格都是经过精算师很多次的核算的,不能打折的,要按照合同严格执行的。您签了合同就是我们的VIP客户了,我们会定期举办一些沙龙,文化类的、养生类的都有,到时候我给您发邀请函,请您来参加,您也可以和我们分享一下您的养生经验。现场还有丰富的礼品哦。

吕小姐:"好吧,看您这么有诚意,我签单了。"

(资料来源:根据网络资料整理)

课堂互动

小陈向顾客介绍保险产品用到了哪些方法?面对顾客的疑虑,小陈是如何说服客户的?

参 考 文 献

[1] 吴雨潼．人际沟通实务教程[M].3 版．大连:大连理工大学出版社,2018.
[2] 陶莉．职场沟通技巧[M].2 版．北京:中国人民大学出版社,2020.
[3] 李燕,刘金凤．团队合作与职业沟通[M]．大连:大连理工大学出版社,2021.
[4] 汪德宁．语言交际艺术．大连:大连理工大学出版社,2015.
[5] 吴婕．有效沟通与实用写作[M].3 版．北京:中国人民大学出版社,2017.
[6] 石磊．墨菲定律[M]．北京:金盾出版社,2019.
[7] 张瑞．最能让人接受的说话方式[M]．沈阳:辽海出版社,2017.
[8] 王用源．沟通与写作:语言表达与沟通技能[M]．北京:人民邮电出版社,2020.
[9] 陈立之．非语言沟通[M]．南昌:江西人民出版社,2020.
[10] 张向东．沟通技巧[M]．北京:中国人民大学出版社,2022.
[11] 吕宏程．职场沟通实务[M].3 版．北京:北京大学出版社,2020.
[12] 徐飚,王建华．沟通技巧[M].2 版．北京:中国工信出版集团,2017.
[13] 谢红霞．沟通技巧[M].3 版．北京:中国人民大学出版社,2018.
[14] 张笑恒．精准表达[M]．北京:中国法制出版社,2020.
[15] 邓兮．如何提升和陌生人的沟通能力[M]．北京:中国纺织出版社,2020.
[16] 耿兴永．领导力修炼法则[M]．北京:中国法制出版社,2019.
[17] 魏江．管理沟通:通向职业成功之路[M].2 版．北京:高等教育出版社,2022.
[18] 杨珩,尹彬．职场礼仪与沟通[M]．北京:机械工业出版社,2022.
[19] 罗纳德,拉塞尔．沟通的艺术[M]．黄素非,译．北京:世界图书出版公司,2020.